DIERCKE Erdkunde

Band 5
Schleswig-Holstein
Klassen 9/10

Moderator:
Jürgen Nebel

Autoren:
Markus Berger
Dieter Engelmann
Ursula Faust-Ern
Peter Gaffga
Steffi Helbig
Peter Kirch
Gottfried Kirschen
Wolfgang Latz
Jürgen Nebel
Thomas Rößner

Fachberater:
Gottfried Bräuer

westermann

Einband: Twelve Apostles, Port Campbell/Victoria, 38° S 143° E

Inv.-Nr. 05/A 40 115

1. Auflage   Druck   5   4   3   2
Herstellungsjahr 2006   2005 2004 2003
Alle Drucke dieser Auflage können im Unterricht parallel
verwendet werden.

© Westermann Schulbuchverlag GmbH, Braunschweig 2000
www.westermann.de

Verlagslektorat: Dr. Markus Berger, Rosita Ahrend
Herstellung: Hans-Georg Weber
Druck und Bindung: westermann druck GmbH, Braunschweig

ISBN 3-14-**114384**-6

Inhaltsverzeichnis

Ökosystem Weltmeer   4

Die Meere und ihre Bedeutung   6
Die Nutzung der Meere   10
Die Gefährdung der Meere   16
Ein gefährdetes Ökosystem – Die Ostsee   18
Wenn ein Tanker auseinander bricht   24
Methode: Gedankennetz   26
„Heizung abgedreht" (Golfstrom)   28
Das Wichtigste kurz gefasst   29

Pazifikraum: Motor der Weltwirtschaft   30

Japan – Industriegigant und Welthandelsmacht   32
Die vier kleinen Tiger   42
Wirtschaftsgemeinschaften im Pazifikraum   46
Ozeanien – Kontinent am Meer   50
Das Wichtigste kurz gefasst   51

Energiegewinnung und Umweltbelastung   52

Energie: die Nachfrage wächst!   54
Mensch und Umwelt   58
Ozonloch und Treibhauseffekt   62
Ausstieg aus der Kernenergie?   68
Alternative Energiequellen   70
Projekt: Energiesparen in der Schule   72
Anlegen und Auswerten von Diagrammen   74
Das Wichtigste kurz gefasst   75

Deutschland – Räume verändern sich   76

Landwirtschaft in Ost und West   78
Vom Plan zum Markt:
Die ostdeutsche Landwirtschaft   88
Industrieräume im Wandel   90
Ruhrgebiet   92
Stadt und Umland: Lübeck   98
Methode: Auf Spurensuche in unserem Ort   102
Zum Vergleich: Marrakech   104
Das Wichtigste kurz gefasst   105

Europa – Ein Kontinent wächst zusammen   106

EU: Europa ohne Grenzen   108
In der Vielfalt liegt die Stärke: 112
Armut und Reichtum in der EU   124
Methode: Wirtschaftskarte   126
Die Überwindung von Disparitäten   128
Euregio – Zusammenarbeit über Grenzen   130
Erweiterung der EU nach Osten   134
Das Wichtigste kurz gefasst   143

Die „Dritte Welt" in der Einen Welt   144

„Dritte Welt" – was ist das?   146
Entwicklungsstrategien   148
Exportprodukt Kaffee   150
Los Masis – Entwicklung in Bolivien   154
Das Wichtigste kurz gefasst   155

Planet Erde   156

Die Erdgeschichte im Überblick   158
Die erdgeschichtliche Zeittafel   160
Die Bildung von Theorien   162
Der Schalenbau der Erde   166
Die Plattentektonik   168
Das Wichtigste kurz gefasst   172

Minilexikon   173
Bildnachweis   176

Die Kapitel im Buch enthalten Zeichen zur Orientierung:

Hier werden wichtige Arbeitsweisen erklärt.

Hier werden wichtige Informationen gegeben.

Die so gekennzeichneten Seiten enthalten Fächer übergreifende Themen.

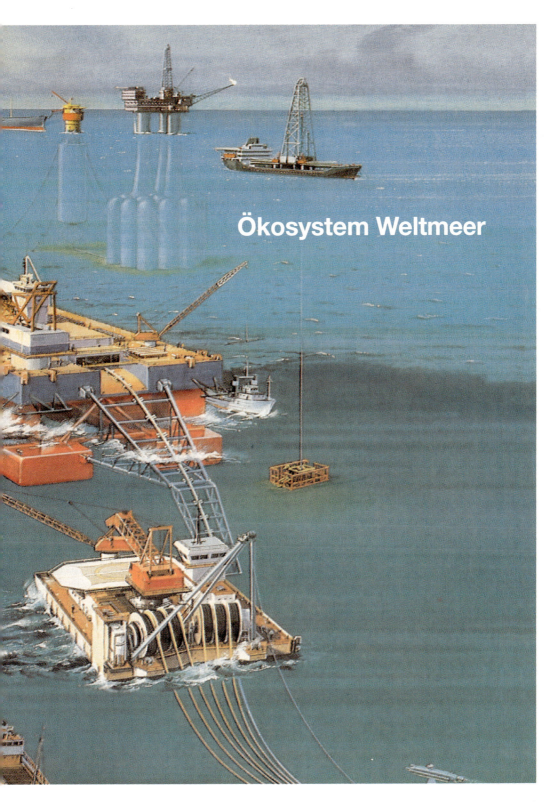

Ökosystem Weltmeer

Die Meere und ihre Bedeutung

Der größte aller Lebensräume – unerforscht

Es ist paradox: Unser blauer Planet heißt zwar Erde, doch sind mehr als 70 Prozent mit Wasser bedeckt. Alles Leben stammt aus dem Meer. Doch über diesen größten aller Lebensräume wissen wir nur wenig. Videoaufnahmen aus 5000 m Tiefe im Nordatlantik haben zum Beispiel Spekulationen geweckt, dass auf dem Tiefseegrund Millionen unbekannter Arten leben. Nur in groben Umrissen ist bisher bekannt, welche Bedeutung die Meere als Klimafaktor, als **Ökosystem** und als Ressourcenquelle haben. Rund die Hälfte der Menschheit lebt in Küstennähe, 99 Prozent der weltweit gefangenen Fische kommen aus den Küstenregionen. Doch gerade dieses Nahrungsreservoir und die „Kinderstube" für viele Fische und Krebse ist durch Verschmutzung, Zerstörung und Raubbau bedroht.

Im September 1994 fand eine „Europäische Konferenz über große Herausforderungen der Meeres- und Polarforschung" in Bremen statt. Hier einige Stimmen:

„Wer die globale Wettermaschine Ozean verstehen und das Klima der Zukunft vorhersagen will, der muss die wichtigsten Meeresströme und deren Änderungen erklären können. Zwei entscheidende Pumpen für die globalen Ströme liegen an den beiden Polen. Dort sinkt kaltes, salzreiches und daher schweres Wasser in die Tiefen und hält damit eine gigantische Strömung in Schwung, die als kalte Tiefen- und warme Oberflächenströmung den Globus umspannt."

„Die Meere enthalten 95 Prozent des in der gesamten Biosphäre vorhandenen Kohlenstoffes, weil das Plankton der Luft Kohlendioxid entzieht und als Kohlenstoff in der Biomasse bindet. Die Biomasse, die auf den Meeresboden sinkt, wird im Gestein gelagert. Wenn nicht große Teile des Treibhausgases CO_2 in den Weltmeeren gespeichert würden, hätten wir längst noch größere Klimaprobleme. Was aber, wenn Algen und Plankton in ihrem Wachstum behindert werden, zum Beispiel durch zunehmende Verschmutzung, durch Zunahme der schädlichen Strahlung des Sonnenlichts oder durch Änderung der Wassertemperaturen?"
(nach: Die Zeit vom 23.09.94)

Arktischer Ozean
12 Mio. km^2
max. 5449 m tief

Atlantischer Ozean
72 Mio. km^2
(94 Mio. km^2 mit Nebenmeeren)
max. 9219 m tief

Pazifischer Ozean
165 Mio. km^2
(179 Mio. km^2 mit Nebenmeeren)
max. 11034 m tief

Indischer Ozean
74 Mio. km^2
max. 7450 m tief

Äquator

M1: Die Meere und ihre Größen

Die politische Gliederung des Weltmeeres

Über viele Jahrhunderte standen die Ozeane den Staaten der Erde praktisch uneingeschränkt zur Verfügung. „Freiheit der Meere" hieß die allgemein anerkannte Rechtsnorm. Um diese Freiheit aber nutzen zu können ist zumindest ein gewisses Know-how notwendig. Nicht alle Anrainerstaaten verfügen darüber. Außerdem ziehen Rechte auch Pflichten nach sich. Um dies zu regeln fand 1982 die 3. UN-Seerechtskonferenz statt. Nach langen Verhandlungen wurde die so genannte Seerechtskonvention beschlossen. Das Hauptergebnis dieser Konvention bestand darin, dass große Seegebiete in den nationalen Hoheitsbereich eingegliedert wurden. Das Meer wurde dreigeteilt in 12 Seemeilen (1 sm = 1,852 km) breite Küstenmeere, 200 Seemeilen breite Wirtschaftszonen und die außerhalb dieser Bereiche liegende offene See. Besonders Inselstaaten und Staaten mit langen Küsten können viel Nutzen aus diesen Regelungen ziehen. Auf der offenen See gilt für die Schifffahrt, die Fischerei und den Meeresbergbau die traditionelle Freiheit der Meere.

1. Erläutere die Bedeutung der Weltmeere als Klimafaktor und Ressourcenquelle. Nutze auch den *Quellentext auf S. 28*.

2. Wissenschaftler befürchten bei abschmelzenden Gletschern in Grönland eine Reduzierung des Salzgehaltes im Nordatlantik. Welche Folgen könnte das für die Meeresströmungen und das mitteleuropäische Klima haben?

3. Fertige mithilfe von Medienberichten und Sachbüchern eine Dokumentation über Nutzungskonflikte in ausgewählten Bereichen der Weltmeere an. Stelle die Ergebnisse in einem Schülervortrag dar.

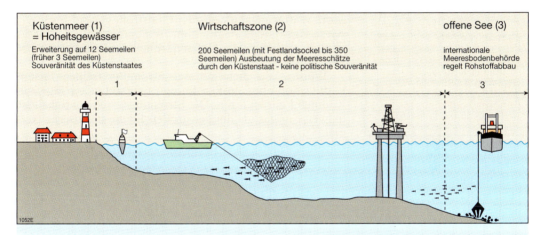

- Im Küstenmeer muss allen ausländischen Schiffen das Recht der „friedlichen Durchfahrt" erlaubt sein.
- Außerhalb der 12-Meilen-Zone haben alle Staaten das Recht auf freie Navigation oder Überflug (auch mit militärischen Schiffen und Flugzeugen).
- Die Gebiete von über 100 Meerengen und Meeresstraßen gehören nicht zum Küstenmeer. Sie sind für alle Zwecke frei passierbar.
- Bei Gebieten von weniger als 400 Seemeilen zwischen zwei Staaten werden die Wirtschaftszonen geteilt.
- Binnenstaaten erhalten das Recht Waren über das Gebiet von Nachbarstaaten an die Küste zu bringen.
- Ein internationaler Seegerichtshof mit Sitz in Hamburg soll bei Streitfällen als Schlichtungsstelle dienen.
- Alle Staaten werden dazu aufgefordert, Maßnahmen zum Schutz des Lebens im Meer zu treffen.

Quelle: Brameier, U. in: Praxis Geographie 10/90, S. 30

M2: Politische Zonen des Weltmeeres

Meeresströmungen

Meeresströmungen sind beständige horizontale und vertikale Transportbewegungen von Wassermassen in Meeren mit Strömungsgeschwindigkeiten, die bis zu 60 km pro Tag erreichen. Man unterscheidet Oberflächenströmungen, Tiefenströmungen und Auftriebsströmungen. Die Oberflächenströmungen gliedern sich in a) Driftströmungen (durch den Wind in Gang gesetzt) und b) Druckgefälls- oder Gradientströmungen (entstehen unter dem Einfluss der ablenkenden Kraft infolge der Erdrotation).
Druckunterschiede sind das Ergebnis einer Veränderung des spezifischen Volumens bzw. der Dichte des Meerwassers. Sie ergeben sich aus Luftdruckveränderungen und der Wirkung der Gezeiten sowie aus dem Stau von Wasser. Die Dichteunterschiede wiederum werden gesteuert durch die Verdunstung (Erhöhung des Salzgehaltes), durch Temperaturveränderungen (in der Regel Abkühlung), durch Eisbildung und Eisschmelze und den Zufluss von Süßwasser aus dem Festlandsbereich.

nach: Praxis Geographie 10/1990

Die Meeresströmungen

Vor allem Winde rufen an der Meeresoberfläche Wellen hervor. Wer hat nicht schon den Seegang auf Ost- oder Nordsee erlebt? Doch es gibt in den Meeren noch weitere Bewegungen. Die markanten Meeresströmungen sind zum Beispiel den Seefahrern von alters her bekannt und werden von ihnen ausgenutzt. Ihr auffallendstes Merkmal ist ihre Gestalt in Form von Strömungskreisen *(M1)*. So erkennen wir nördlich und südlich des Äquators je einen großen Kreislauf, bestehend aus nach Westen gerichteten Äquatorialströmungen und starken Meeresströmungen vor den Westküsten der Kontinente.

Betrachten wir nun einige solcher Meeresströmungen näher: Die für Europa bedeutsamste Strömung ist der *Golfstrom (M1)*. Früher nahm man an, dass seine „Quellen" im Golf von Mexiko liegen. Daher auch der Name. Heute weiß man, dass den Golfstrom warme Wassermassen aus der Karibik und aus dem Atlantik südlich des Äquators speisen. Er fließt aus dem Golf parallel zur Ostküste Nordamerikas bis nach Nordnorwegen und beeinflusst die Wassertemperaturen bis in 2000 Meter Tiefe. Trotz Wärmeabgabe weist der Golfstrom vor der norwegischen Küste noch relativ hohe Temperaturen auf. Nur so ist es zu erklären, dass Häfen nördlich des Polarkreises fast immer eisfrei sind.

Würdest du dich mit der Strömung treiben lassen, könntest du ohne großen Energieaufwand jeden Tag viele Kilometer zurücklegen! Die Strömungsgeschwindigkeit ist teilweise höher als die der großen Flüsse in unserer Heimat.

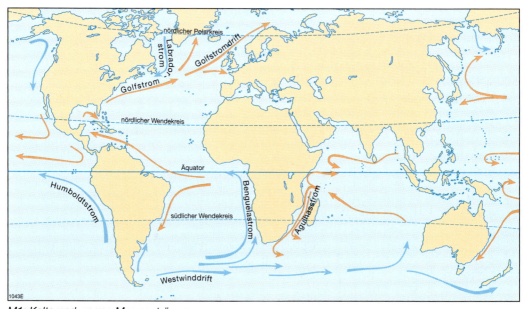

M1: Kalte und warme Meeresströmungen

Eine weitere Naturerscheinung ist mit dem *Benguelastrom* verbunden. Dieser hat seinen Ursprung in den kalten antarktischen Gewässern und fließt vor der südwestafrikanischen Küste nach Norden. Wenn nun die aus dem südlichen Afrika wehenden heißen Passate über kalte Meeresflächen streichen, entstehen so genannte Küstennebel. Diese können in der Wüste Namib, auch Nebelwüste genannt, bis etwa 30 km landeinwärts beobachtet werden. Da der Benguelastrom außerdem durch kräftige Auftriebsströmungen gekennzeichnet ist, hat die Zone große Bedeutung für die Entwicklung von **Plankton**. Wir unterscheiden Pflanzen- (winzige Algen) und Tierplankton (Kleinlebewesen, Quallen, Fischeier, Larven von Meerestieren; *M2*). Plankton ist für viele Fische wichtigste Nahrungsgrundlage. Mit der großen Konzentration von Plankton ist der Fischreichtum vor den Küsten Namibias und Angolas zu erklären. Gerade für diese Länder kann Fisch zu einer wichtigen Nahrungs- und Rohstoffquelle werden. Heute schon arbeiten zum Beispiel in Walfischbai und Swakopmund große Fischverarbeitungsfabriken.

An der östlichen Seite des Subkontinents finden wir den *Agulhasstrom*. Er entsteht in äquatorialen Breiten. Das hat zur Folge, dass das Meerwasser ganzjährig ausgeglichen warm und das Hinterland niederschlagsbegünstigt ist. Insofern ist es erklärlich, dass die West- und die Ostseite des südlichen Afrikas trotz gleicher Breitenlage unterschiedlichen Vegetationszonen angehören.

Am Kap der Guten Hoffnung trifft der *Agulhasstrom* auf den *Benguelastrom (M3)*. Dieses Aufeinandertreffen führt dort zu komplizierten Strömungsverhältnissen, die bereits vielen Schiffen zum Verhängnis wurden.

1. Vergleiche die Lage der Häfen Narvik und Luleå (*Atlas*). Warum ist nur Narvik ganzjährig eisfrei?

2. Überlege, warum man vor der Ostküste der USA oftmals bis in den Frühsommer hinein Eisberge beobachten kann?

3. Zeichne die folgenden Meeresströmungen in eine Umrisskarte ein *(Atlas)*:
A Brasilstrom
B Karibische Strömung
C Kuro-Schio-Strom
D Nord-Äquatorialstrom
E Süd-Äquatorialstrom
F Labradorstrom
G Oya-Schio-Strom

4. Kennzeichne warme und kalte Meeresströmungen. Begründe die Temperaturen der eingezeichneten Meeresströmungen.

M2: Der Krill, eine kleine Krebsart (6 cm lang), lebt im tierischen Plankton. Er ist der wichtigste Futterlieferant für die Fische und Meeressäuger der Antarktis.

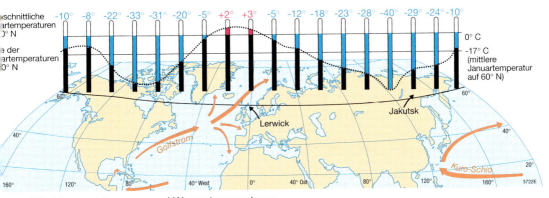

M3: Meeresströmungen und Wassertemperaturen

Die Nutzung der Meere

Nahrung aus dem Meer

Die Nutzung des Weltmeeres ist so alt wie die Menschheit selbst. Auch die großen geographischen Entdeckungen, sogar die Besiedlungen ferner Kontinente, hängen häufig mit den Fahrten über die Meere zusammen.

In Flüssen und Seen sowie an den Küsten wird seit Jahrtausenden gefischt. Mit der sich verbessernden Schiffstechnik drang der Mensch immer weiter in küstenferne Meeresteile vor. In vielen Teilen der Erde ist der Fisch sogar Hauptnahrungsmittel. Von seinem täglichen Eiweißbedarf von 25 Gramm deckt weltweit jeder Mensch zwölf Prozent aus Fischnahrung. Fisch steht an der Spitze der aus dem Meer gewonnenen Nahrung. Auch Krebse, Krabben oder Muscheln sind für Genießer besondere Delikatessen.

Für den Fischfang besonders ergiebige Fangplätze bezeichnen wir als Fischgründe. Diese findet man vor allem in den flachen Schelfbereichen der Weltmeere. Reiche Fischerträge sind in der Regel dort zu erwarten, wo kalte Meeresströmungen auf warme treffen (M2), denn diese Meeresbereiche sind reich an Plankton. Da dort am intensivsten gefischt wird, mussten zur Verhinderung der Überfischung Fangquoten festgelegt oder sogar Fangverbote ausgesprochen werden. Dies und die Ausdehnung der 200-Seemeilen-Zone (vgl. S. 7 M2) führten auch zu einer Veränderung der deutschen Fanggebiete. Bis 1978 kamen zwei Drittel der Fänge aus Gebieten, die jetzt für den Fischfang gesperrt sind. Heute stammen über die Hälfte der deutschen Fänge aus der Nordsee, ein weiteres Fünftel aus westbritischen Gewässern.

M1: Wichtigste Fischfangländer

Land	Fangerträge 1995 (1000 t)	Fangerträge pro Kopf der Bevölkerung (kg)
VR China	24 433	20
Peru	8 943	376
Chile	7 591	535
Japan	6 758	54
USA	5 634	21
Indien	4 904	5
Russland	4 374	29
Indonesien	4 118	21
Deutschland	298	4
Welt	112 910	19

Der Fischer Weltalmanach '98

1. Berechne die Prozentanteile der wichtigsten Fischfangländer am Weltfischfang und bewerte deine Ergebnisse.

2. Vergleiche die Fangerträge pro Kopf der Bevölkerung und überlege, warum sie sich so stark von Land zu Land unterscheiden.

3. Nenne Gebiete, die größere Fischfänge erwarten lassen (M2).

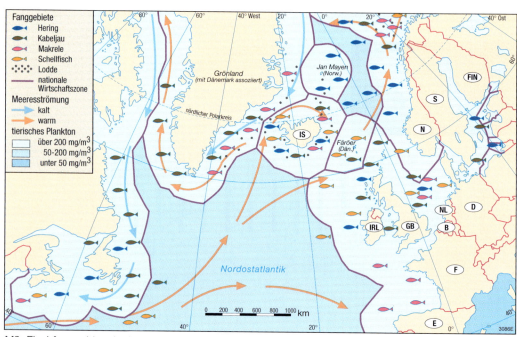

M2: Fischfanggebiete im Nordatlantik

Mit moderner Technik auf Fischfang

Ob früher ein Fischdampfer mit großer Fangbeute von den Fischgründen heimkehrte, hing vor allem vom Erfahrungsschatz der Fischer ab. Heute ist der Einsatz und die Beherrschung der modernen Fischfangtechnik entscheidend. Die Kommandobrücken der Fischerschiffe sind mit Elektronik gespickt. Fischortungsgeräte spüren beispielsweise jede Ansammlung von Fischen auf. Die Besatzung erhält detaillierte Angaben über einen herannahenden Fischschwarm und kann so einschätzen, ob sich der Fang lohnt bzw. wie er am günstigsten mit dem Schleppnetz eingebracht werden kann.

Weil früher hauptsächlich in Küstennähe gefischt wurde (Küstenfischerei), gingen die Erträge in der Ost- und Nordsee mehr und mehr zurück. Heute gelten diese Meeresteile als überfischt. Auch hier gelten Fangbeschränkungen, die allmählich zu einer angemessenen Erholung der Bestände führen.

Mit hoch gerüsteten Fang- und Verarbeitungsschiffen wichen die Fischereiflotten auf die Fischgründe der Ozeane aus. Diese „schwimmenden Fabriken" haben eine Länge von ca. 90 Metern und eine Besatzung von über 70 Mann. Der Fang wird unmittelbar an Bord verarbeitet und portionsweise tiefgefroren. Ein Fang- und Verarbeitungsschiff kann mühelos über 17 000 Tonnen auf -40 °C tiefgefrorenen Fisch in seinen Lagerräumen aufnehmen oder ihn bis zur Anlandung verkaufsfrisch halten. Rund 23 Prozent des auf deutschen Schiffen gefangenen Fischs bestehen aus Hering. Neben dem Hering gehören Seelachs und Kabeljau zu den meistgefangenen Fischarten.

Mit stichpunktartigen Kontrollen wird versucht die Einhaltung der Fangbeschränkungen zu gewährleisten. Immer wieder wird festgestellt, dass die Fischer die Bestimmungen umgehen, sie benutzen zum Beispiel zu engmaschige Netze, in denen sich auch Jungfische verfangen, die dann nicht mehr für die Regenerierung der Bestände sorgen können.

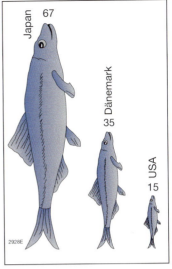

M3: Durchschnittlicher jährlicher Fischverbrauch pro Kopf in kg

4. Nenne Hilfsmittel, die ein Kapitän heute zum Aufspüren von Fischschwärmen nutzt?

5. Erläutere die Aussagen von M3!

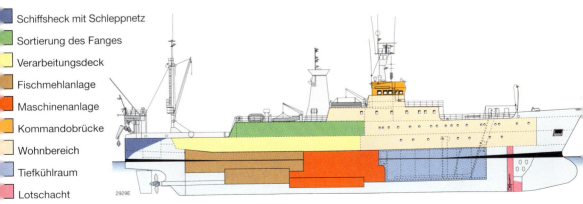

- Schiffsheck mit Schleppnetz
- Sortierung des Fanges
- Verarbeitungsdeck
- Fischmehlanlage
- Maschinenanlage
- Kommandobrücke
- Wohnbereich
- Tiefkühlraum
- Lotschacht

M4: Frostfischtrawler (Längsschnitt)

11

Rohstoffe aus dem Meer

Nicht nur als Nahrungsquelle, sondern auch als Rohstoffreservoir hat das Weltmeer größte Bedeutung. Im Meerwasser sind wahrscheinlich alle auf der Erde bekannten Elemente enthalten. Die Gewinnung dieser Stoffe ist allerdings schwierig und erfordert aufwendige Verfahren. Dennoch werden schon verschiedene Stoffe aus dem Meer gewonnen.

So wird zum Beispiel die Gewinnung von Kochsalz schon seit dem Altertum betrieben. Heute stammen etwa 30 Prozent der Weltkochsalzproduktion aus dem Verdunstungsprozess von Meerwasser *(M1)*. Von zunehmender Bedeutung, besonders für die Bewässerung in trockenen Gebieten, ist die Meerwasserentsalzung. Dieses Verfahren ist in einigen Ländern der Erde heute schon ein lohnender und notwendiger Prozess zur Gewinnung von Süßwasser.

An den Küstenbereichen der Meere sind auch Anreicherungen von Schwermineralien verbreitet. Sie entstanden durch das Spiel der am Strand auflaufenden Wellen in einem Konzentrationsprozess über lange Zeiträume. Die Schwermineralien, die in einzelnen Lagen einen Materialanteil von über 90 Prozent erreichen, nennt man **Seifen**. Es gibt eisen-, gold-, platin-, zinnhaltige und andere Seifen. An der Küste von Namibia findet man sogar Diamanten!

Wenn wir über Rohstoffe aus dem Meer sprechen, dürfen wir die Förderung von Erdöl und Erdgas in den **Schelf-**

M1: Salzgewinnung in der kambodschanischen Provinz Kampot

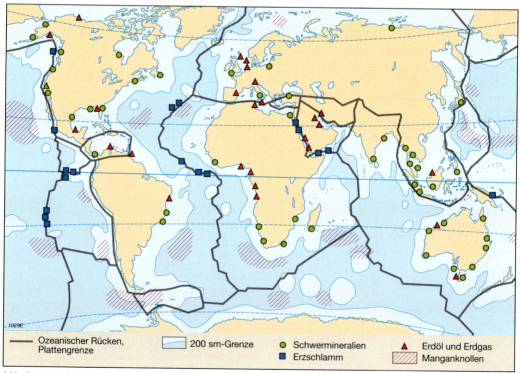

M2: Rohstoffe des Meeresbodens und der Küste

M3: Die Ernte von Manganknollen in Eimerketten- und Staubsaugerverfahren

> **i**
>
> **Ein Staubsauger für die Tiefsee**
>
> Um die Manganknollen aus 4000 bis 6000 Meter Tiefe zu ernten, wurden verschiedene Verfahren erprobt. Eine Methode arbeitet nach dem Prinzip einer Eimerkette, die zwischen zwei Schiffen kreist. Der mit den Knollen aufgenommene Schlamm wird beim Aufstieg aus den mit Sieblöchern versehenen Gefäßen ausgewaschen. An der Oberfläche angelangt, werden die Manganknollen von Erzfrachtern übernommen. Am aussichtsreichsten erscheint das „Staubsauger-Verfahren". Die Knollen werden von einem Kollektor aufgenommen, durch ein Rohr zum Schiff hinaufgepumpt und dann in Erzfrachter verladen.
> (nach: GEO 4/1982, S. 65)

bereichen (Offshore-Region) nicht vergessen. Diese Bodenschätze haben gegenwärtig die größte Bedeutung von allen Rohstoffen, die aus dem Meer gewonnen werden. Ganz in unserer Nähe, in der Nordsee, befinden sich große Erdöl- und Erdgasfelder. Im Jahre 1998 wurden rund 300 Millionen Tonnen Erdöl aus der Nordsee gewonnen.

Auch Baustoffe kommen aus dem Meer. Die Förderung von Kiesen und Sanden in küstennahen Meeresteilen hat schon eine lange Tradition.

Neben den Schelfbereichen wird auch die Tiefsee nach nutzbaren Ablagerungen untersucht. Am bekanntesten sind sicherlich die Manganknollen. Sie wurden von Forschungsschiffen aus erkundet und als „Tiefseekartoffeln" bezeichnet und können eine kugelrunde oder abgeflachte, glatte oder raue Oberfläche haben. Es wird geschätzt, dass Manganknollen mindestens zehn Prozent der Ozeanböden bedecken. Man findet des Weiteren noch sehr feinkörnige Ablagerungen auf dem Meeresboden, die Erzschlämme. Gegenwärtig stößt deren Gewinnung und Aufbereitung jedoch noch auf technische Schwierigkeiten.

1. Überlege, wo die Gewinnung von Salz aus dem Meerwasser lohnend ist *(M1)*.

2. Nenne Regionen auf der Erde, wo Erdöl aus dem Meer gewonnen wird *(Atlas, M2)*.

M4: Manganknolle

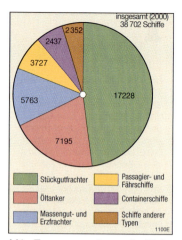

M1: Zusammensetzung der Welthandelsflotte (Schiffszahl) 1998

M2:
Schiffsbestand nach Ländern 1998

	Schiffe (Anzahl)	in Mio. dwt
1. Panama	4834	136,1
2. Liberia	1599	95,7
3. Griechenland	1199	43,2
4. Bahamas	1070	38,3
5. Malta	1312	37,5
6. Zypern	1533	36,1
7. Norwegen	1170	33,9
8. Singapur	968	29,0
9. Japan	3510	24,4
10. China	2045	22,4

Die Weltmeere als Verkehrsraum

Von alters her ist es dem Menschen möglich, über die Weltmeere riesige Entfernungen zu überwinden. Forscher wiesen nach, dass die Ozeane bereits vor mehreren tausend Jahren überquert wurden. Als eigentlicher Startpunkt des Weltseeverkehrs kann die Entdeckung Amerikas angesehen werden. Verbunden mit der industriellen Entwicklung und der wirtschaftlichen Expansion in Europa zu Beginn des 19. Jahrhunderts weitete sich der Seeverkehr stark aus. Güterströme bewegten sich zwischen den „Mutterländern" und ihren Kolonien.

Heute ergibt sich der Seehandel zwangsläufig aus der internationalen Arbeitsteilung (Globalisierung), aus den Unterschieden von Rohstoffausstattung und Rohstoffbedarf der einzelnen Länder und Regionen sowie aus der Verteilung der Weltbevölkerung. Jährlich werden etwa vier Milliarden Tonnen Handelsgüter über die Weltmeere transportiert. Das ist mehr als die fünffache Gütertransportleistung aller Eisenbahnen der Erde!

Die natürlichen Gegebenheiten des Meeres (Strömungen, Stürme, Nebel und Eis) sind für die Weiterentwicklung des Seeverkehrs immer weniger entscheidend. Moderne Funknavigationsmethoden, die Optimierung der Fahrtrouten, der Einsatz technisch verbesserter, größerer Schiffe und starker Eisbrecher trugen sehr zum Anstieg des Seehandels bei. Die Umschlagtechnologien und die Sicherheitsstandards in den Häfen wurden ständig erhöht sowie eine fortschreitende Spezialisierung der Schiffe auf bestimmte Transportgüter erreicht *(M1)*.

Die Welthandelsflotte verfügt heute über knapp 39 000 Schiffe mit einer Tragfähigkeit von 744 Mio. dwt (dwt = *deadweight tonnage* bzw. Ladungsmasse in Tonnen).

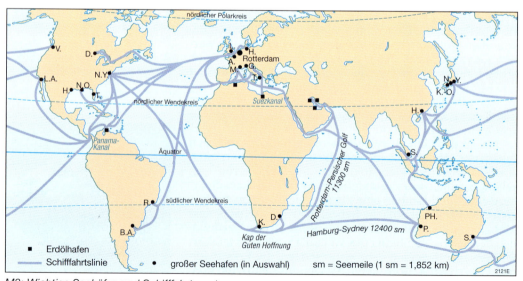

M3: Wichtige Seehäfen und Schifffahrtsrouten

M4: Rotterdam – Europoort – Welthafen Nr. 1

Billigflaggen – Schifffahrtsrouten – Welthandel

Viele Schiffe fahren unter so genannten Billigflaggen. Um Kosten zu sparen lassen europäische Reeder ihre Schiffe in Drittländern (z.B. Liberia, Panama, Zypern) registrieren. Die meisten dieser Schiffe haben noch nie in ihrer „Heimat" geankert. Die Besatzungen sind bunt zusammengewürfelt; Tarife werden unterwandert. Seeleute bezeichnen solche umgeflaggten Schiffe als „Seelenverkäufer", denn der Sicherheitsstandard ist oft sehr gering. Immer wieder lösen solche Schiffe Umweltkatastrophen aus.

Die Linienführung des Weltseeverkehrs ist das Ergebnis weltwirtschaftlicher Verflechtungen. Die Seewasserstraßen sind in erster Linie auf Europa, die USA und Japan ausgerichtet. Dies ist auch ein Spiegelbild des allgemein hohen Entwicklungsstandes dieser Länder. Die wichtigsten Schifffahrtsrouten verlaufen zwischen den großen Häfen Westeuropas, der Ostküste Nordamerikas und dem Persischen Golf. Ein weiteres Hauptverkehrsband liegt zwischen dem Persischen Golf und Japan bzw. der Westküste der USA. Besonders exponierte Routen sind die durch den Panama- und durch den Suez-Kanal sowie um das Kap der Guten Hoffnung. Sie bewirken eine gewisse Bündelung des Seeverkehrs und haben für den freien Welthandel eine herausragende Bedeutung *(M3)*.

1. Erläutere die Bedeutung des Panama- und des Suez-Kanals für die Weltschifffahrt.

M5: Tankerunglück

Die Gefährdung der Meere

Der Eintrag von Schadstoffen und seine Folgen

Algenteppiche entlang vieler Badestrände, dazu der Gestank von Fäkalien und angetriebener Müll machen es nun für jedermann deutlich: Seit Jahrzehnten werden die Meere als riesige Müllkippe der Industriegesellschaft missbraucht. Angesichts der gewaltigen auf der Erde vorkommenden Wassermenge war man lange davon ausgegangen, dass der Verdünnungseffekt des Meerwassers ausreichend sei um die zugeführten Schadstoffmengen zu eliminieren. Das hat sich inzwischen als Trugschluss erwiesen. Zwar sorgen Meeresströmungen für eine Verteilung der **Immissionen,** doch kommt es dennoch zu einer Anreicherung der Schadstoffe in bestimmten Bereichen des Weltmeeres. Besonders betroffen sind davon die austauscharmen **Randmeere,** deren Selbstreinigungskraft bereits jetzt nicht mehr ausreicht um die laufend größer werdenden Schadstoffeinträge abzubauen *(vgl. Beispiel Nordsee S. 27).*

Die zunehmende Verseuchung der Randmeere ist deshalb so bedenklich, weil sich hier biologisch besonders produktive Meeresteile befinden, von deren Funktionstüchtigkeit die Regenerierung des gesamten Ökosystems Weltmeer abhängt: die großen Trichtermündungen vieler Flüsse und ein Großteil der Schelf- und Wattenmeere.

Die Schadstoffe gelangen auf unterschiedliche Weise in die Meere. Generell lassen sich drei verschiedene Arten des Eintrags ausweisen.

1. Der direkte Eintrag: Versickern von Schadstoffen im Uferbereich der Meere oder deren Einleitungen über entsprechende Leitungssysteme; Öleintrag über defekte Pipelines und Lecks an Tankern; Verklappung von Bauschutt, Baggergut, Klärschlamm, Industriemüll (z. B. Dünnsäure); Ölverseuchung durch Schiffsunglücke.

2. Der Eintrag über Flüsse vom Land: Eingeleitet werden insbesondere im Wasser gelöste Schwermetalle und chlorierte Kohlenwasserstoffe aus der Industrie, Stickstoff und Phosphate aus der Landwirtschaft sowie Fäkalien,

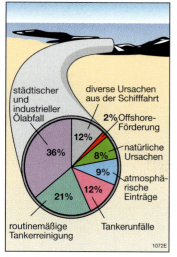

M1: Quellen der Meeresverschmutzung (Durchschnittswerte auf der Basis von rund 3,6 Mio. t Einträgen pro Jahr)

1. Nenne Auswirkungen, die auslaufendes Öl auf Tiere, Pflanzen und Menschen haben kann?

2. Erkunde mithilfe des Atlas, über welche Flüsse die Anrainerstaaten von Ost- und Nordsee Schadstoffe in die Meere einbringen.

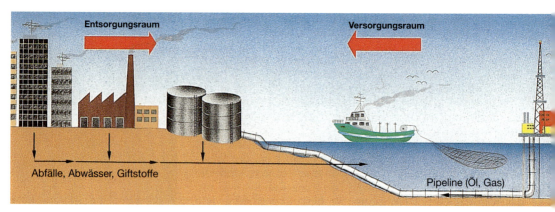

M2: In vielfältiger Weise nutzt der Mensch heute das Meer. Häufig wird dabei zu wenig darauf geachtet, dass das Meer ein Lebensraum für Tiere und Pflanzen ist. Unbedachtes Handeln von uns Menschen

Waschmittelrückstände und Öle aus den Konzentrationsräumen der Bevölkerung. Trotz verbesserter Kläranlagen und Auflagen für die Einleitung von industriellen Abwässern sind die Mengen der in die Fließgewässer gelangenden Belastungsstoffe erheblich. Allein die deutschen Flüsse Elbe, Weser und Rhein befördern jährlich zusammen 23 Millionen Tonnen gelöster Salze, über eine Million Tonnen an Wasch- und Düngemittelrückständen sowie 1500 Tonnen hochgiftiger Schwermetalle in die Nordsee.

3. *Der flächenhafte Eintrag über die Atmosphäre:* Eingetragen werden insbesondere Verbrennungsreste von Chlorkohlenwasserstoffen, Kadmium aus der Verbrennung fossiler Stoffe, **Emissionen** von Großfeuerungsanlagen, Blei aus Autoabgasen sowie radioaktive Stäube aus Reaktorunfällen und Atombombentests.

Über die Nahrungskette gelangen die eingetragenen Schadstoffe auch in den menschlichen Organismus und reichern sich dort an *(M3)*. In verschiedenen Fällen führte der Genuss von schadstoffbelasteten Meeresfrüchten bereits zu Vergiftungserscheinungen mit Todesfolge. In Japan starben Ende der fünfziger Jahre 57 Menschen an Quecksilbervergiftungen, die sie sich durch den Genuss von Fisch zugezogen hatten. Gefangen wurde der Fisch in Küstengewässern, die durch Einleitungen von Abwässern durch einen Chemiekonzern völlig verseucht worden waren.

Ist das Weltmeer noch zu retten?
Das Weltmeer ist keine grenzenlos nutzbare Rohstoffquelle für die Befriedigung von ständig wachsenden materiellen Bedürfnissen der Menschheit. Es ist ein sehr kompliziertes Ökosystem. Die Nutzung des Meeres als Ressourcenreservoir und Müllkippe erfolgt aber meist noch ohne die Berücksichtigung der Folgewirkungen. Die Menschheit darf sich durch weiteren Raubbau nicht ihre eigene Lebensgrundlage entziehen!
Noch ist das Weltmeer zu retten!

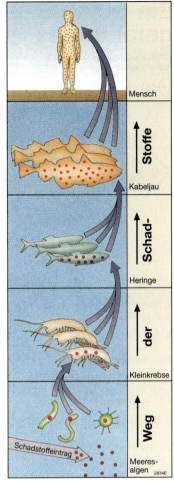

M3: Schadstoffe in einer Nahrungskette

kann zu nachhaltigen Umweltschäden, besonders im Küstenbereich, führen. Wollen wir das Meer weiter für uns nutzen, müssen wir lernen Schäden abzuwenden, indem wir sie gar nicht erst entstehen lassen.

Ein gefährdetes Ökosystem
Die Ostsee

1. Beschreibe die Belastung der Ostsee (*M3*).

2. Beschreibe die Folgen erhöhter Schadstoff- und Nährstoffeinträge (*M1* und *M2*).

3. Erkläre die Bedeutung der Algen im Ökosystem der Ostsee (*M2* und *Infobox*).

4. Suche nach weiteren Binnenmeeren auf der Welt und nenne die Anrainerstaaten (*Atlas*).

Alarm im Norden: Stirbt die Ostsee?

Der Ostsee droht der Erstickungstod. Eine alarmierende Sauerstoffabnahme hat ganze Tiefwasserregionen bereits in ‚Todeszonen' verwandelt. 20 000 km² der Ostsee sind seit 10 Jahren ohne Sauerstoff. Im flachen westlichen Bereich reicht die ‚lebensfreie Zone' bereits bis zu 14 m unter die Wasseroberfläche. Sichtbare Vorboten waren Fischsterben und die Algenblüte.
(nach: Ostsee-Zeitung vom 18.04.91)

Andere Schreckensmeldungen von der Ostsee berichten von Fischen mit Missbildungen, nachgewiesenen Chemikalien in Pflanzen und Tieren oder kranken Seehunden. Wissenschaftler haben zum Beispiel herausgefunden, dass die Robbenbestände unter anderem deshalb zurückgehen, weil die Fortpflanzung bei etwa 40 Prozent der Weibchen durch Umweltgifte gestört ist.

Die Ostsee ist besonders gefährdet, weil sie als **Binnenmeer** weitgehend vom Ozean abgetrennt ist. Deshalb geht der Wasseraustausch nur langsam vor sich. Zudem wird sie von den Anrainerstaaten mit ihren rund 80 Millionen Einwohnern intensiv genutzt: als Verkehrsweg, Rohstoff- und Nahrungslieferant, Müllkippe und Erholungsraum sowie an den Küsten als Siedlungs- und Industriestandort.

Eine wesentliche Ursache für den alarmierenden Zustand der Ostsee ist der erhöhte Eintrag von Stoffen, die das Pflanzenwachstum fördern. So hat sich in den letzten 40 Jahren die Menge an Phosphor um das Siebenfache, von Stickstoff um das Vierfache erhöht. Dies bedeutet eine erhebliche Belastung, da das von Natur aus nährstoffarme Ostseewasser „überdüngt" wird. Dadurch verändert sich auch die Lebewelt. Das Phytoplankton (vor allem die Algen)

M1: Reinigung des Strandes von angeschwemmten Algen

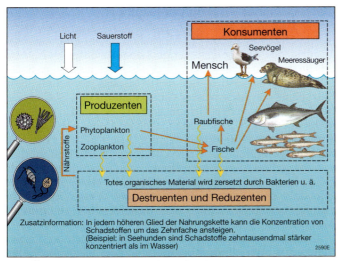

M2: Ökosystem und Nahrungskette im Meer

wird regelrecht „gemästet" und kann sich explosionsartig vermehren. Diese „Algenblüte" ist am Strand als Schaumbildung zu beobachten.

Zum Abbau der massenhaft abgestorbenen Algen verbrauchen Bakterien den im Wasser gelösten Sauerstoff. Ist dieser völlig verbraucht, setzen andere Abbauprozesse ein. Dabei produzieren zum Beispiel Schwefelbakterien das Giftgas Schwefelwasserstoff. Die Folge: Alle höheren Lebewesen sterben, zurück bleiben „Unterwasserwüsten". Wenn eine kräftige Brise die tödlich wirkenden Tiefenwässer nach oben wirbelt, kommt es zum Massensterben von Fischen.

 Die Bedeutung der Algen

30 000 verschiedene Algenarten sind bis heute bekannt; unter ihnen gibt es mikroskopisch kleine Einzeller von nur wenigen hundertstel Millimetern Durchmesser, aber auch meterlange wie die Braunalgen, im Volksmund „Tang" genannt.

Die Algen versorgen die Meere mit dem nötigen Sauerstoff und sind Nahrung für die Tiere. Die Mikroalgen sind Teil des Planktons im Meer zu dem neben dem so genannten Phytoplankton auch kleinste tierische Organismen (Zooplankton) wie zum Beispiel Einzeller, Fischlarven und Kleinkrebse gezählt werden. Plankton ist die wichtigste Nahrungsquelle im Meer; mit den Algen fangen die Nahrungsketten an, von denen ganz am Ende auch der Fischkonsument Mensch lebt.

(nach: Wieland, J., Nordsee in Not. Hamburg 1988)

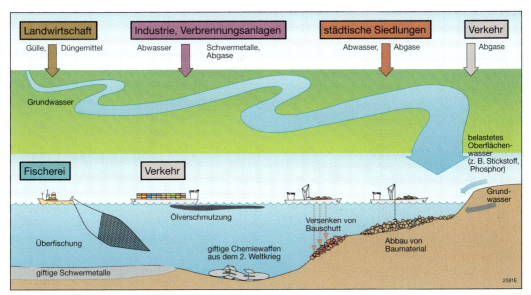

M3: Belastungsquellen der Ostsee

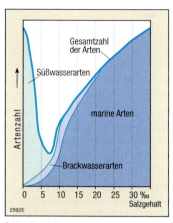

M1: Beziehung zwischen Artenzahl und Salzgehalt

Ostseewasser – salzig oder süß?

Schon ohne das Zutun des Menschen haben Pflanzen und Tiere in der Ostsee schwierige Lebensbedingungen, weil die Ostsee ein **Brackwasser**meer ist, das heißt, ihr Salzgehalt liegt im Mittel bei 9-10‰, also zwischen dem Salzgehalt von Meerwasser (über 30,6‰) und Süßwasser (unter 1,8‰). Jeder Urlauber kann beim Muschelsammeln am Strand beobachten, welche Folgen das für die Artenzahl hat. Nur relativ wenige Arten haben es in der noch jungen Geschichte der Ostsee geschafft, sich an diesen Salzgehalt anzupassen. Er ist außerdem nicht überall gleich hoch. Besonders in der Nähe von Flussmündungen schwankt er je nach Süßwasserzufuhr, Wassertemperatur und Jahreszeit. Dorscheier zum Beispiel gehen zu Grunde, wenn der Salzgehalt weniger als 13‰ beträgt.

Der Salzgehalt des Wassers beeinflusst auch die Eisbildung im Winter, denn mit zunehmendem Salzgehalt sinkt die Temperatur, bei der das Wasser gefriert. Vereisungsgefährdet sind besonders die Meeresteile mit einer weniger bewegten Wasseroberfläche, zum Beispiel im Bereich von Inseln, Meeresengen oder flachen Buchten.

Auch mit zunehmender Tiefe verändert sich der Salzgehalt. „Ab einer Tiefe von unter 60 m erhöht sich der Salzgehalt schnell; die Meereskundler reden von einer Sprungschicht. Darunter liegt das Tiefenwasser mit höherem Salzgehalt. Salziges Wasser ist schwerer als salzarmes Wasser. Der Unterschied ist so groß, dass die Sprungschicht auch im Winter nicht aufgebrochen wird, wenn sich das Oberflächenwasser abkühlt und dadurch schwerer wird. Sie deckt also ganzjährig das Tiefenwasser ab, verhindert die Durchmischung und damit auch die Anreicherung mit Sauerstoff." (nach: MNU 41/5, 1988, S. 271/272)

1. Die Ostsee ist das größte zusammenhängende Brackwassermeer der Erde. Gib an, welche Folgen dies für die Artenzahl darstellt (M1).

2. Stelle Zusammenhänge zwischen Ostseewasser (Temperatur und Salzgehalt) und Klima im Ostseeraum her (M3, M4, Atlas).

3. „Die Ostsee hat einen Deckel." Erkläre diesen Satz (M5).

4. Nenne und begründe den Salzgehalt im Skagerrak und im Finnischen Meerbusen (M3).

M2: Junge Robben im Kattegat; aus dem Nordseeraum kommend dringen sie in die westliche Ostsee vor

M4: Sauerstofflöslichkeit (in ml/l) im Wasser in Abhängigkeit von Temperatur und Salzgehalt

Wasser-temperatur in °C	Salzgehalt in ‰		
	10	20	35
-2	10,19	9,50	8,47
0	9,65	9,00	8,04
10	7,56	7,09	6,41
20	6,22	5,88	5,35
30	5,27	4,95	4,50

(Quelle: Hupfer, Ostsee, S. 120)

Lesehilfe: Wenn der Salzgehalt 10 ‰ und die Wassertemperatur -2°C beträgt, können in 1 l Wasser 10,19 ml Luftsauerstoff gelöst sein.
10 ‰ entsprechen 10 g Salz auf 1 l Wasser.

M3: Mittlerer Oberflächensalzgehalt und Eisbedeckung

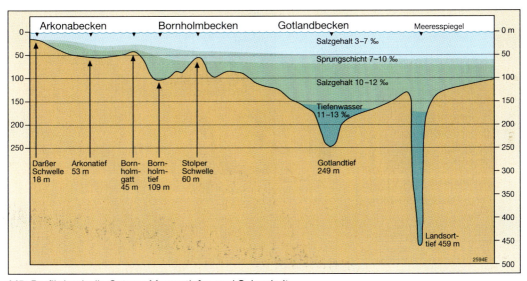

M5: Profil durch die Ostsee: Meerestiefen und Salzgehalt

1. Erläutere Wechselbeziehungen zwischen dem Relief des Meeresbodens und dem Salzgehalt der Ostsee *(M2)*.

2. Welche Ursachen hat die schlechte Verfassung der Ostsee? Unterscheide nach natürlichen und menschlichen Einflüssen.

Nordsee rettet Ostsee

Die Fische in der Ostsee können durchatmen. Nach jahrelangem Sauerstoffmangel in den tieferen Regionen haben die orkanartigen Stürme des vergangenen Jahres den kaum mehr messbaren Sauerstoffgehalt in diesem Frühjahr anwachsen lassen. In den Jahren zuvor hatten der Salz und der Sauerstoffgehalt die niedrigsten jemals beobachteten Werte erreicht. Ursachen für die schlechte Verfassung des Meeres waren teils menschliche, teils natürliche Einflüsse. (nach: GEO Nr. 9, 1993, S. 160)

Während die Nordsee ständig Wasser mit dem offenen Ozean austauscht und Ebbe und Flut die Wassermassen kräftig durchmischen, hat die Ostsee nur ein „Nadelöhr" als Verbindung zur Nordsee und praktisch keine Gezeiten. Der Austausch der Wassermassen zwischen Nord- und Ostsee dauert daher sehr lange, etwa 20 bis 40 Jahre. Niederschläge und Flusswasser führen der Ostsee regelmäßig Süßwasser zu. Sauerstoffreiches Nordseewasser strömt dagegen im langjährigen Mittel nur alle drei bis fünf Jahre in größeren Mengen ein, wenn die Winterstürme heftig genug sind um das Nordseewasser in Richtung Ostsee zu drücken. Besondere Gefahr für die Meerestiere droht, wenn diese „Sauerstoffdusche" längere Zeit ausbleibt, wie es von 1976 bis 1993 der Fall war. Beim Einströmen schiebt sich das schwerere Nordseewasser unter das leichtere Ostseewasser, hebt also das Tiefenwasser an, so dass es sich durchmischen kann. Die Wassermengen reichen aber oft nicht aus um sich über die hohen untermeerischen Bergrücken hinweg bis in alle Becken und Meeresbuchten hinein auszubreiten.

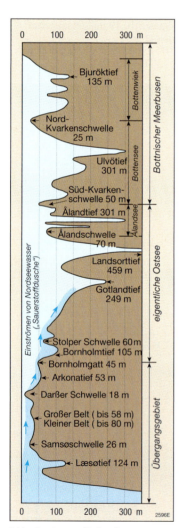

M1: Bodenprofil der Ostsee (Profillinie siehe M2)

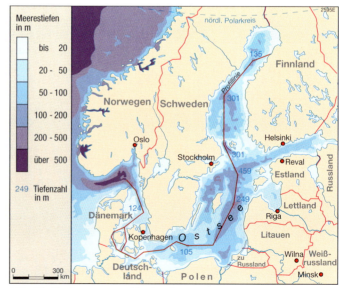

M2: Die Bodentopographie der Ostsee

Blick in die Zukunft

Wissenschaftler, Umweltschutzorganisationen und Bürgerinitiativen sind rund um die Ostsee bemüht, die Wechselwirkungen in diesem Ökosystem zu analysieren, die Belastungen zu registrieren und Auswirkungen auf Flora und Fauna zu studieren. Die Ostsee reagiert wegen ihrer besonderen geographischen Bedingungen ausgesprochen empfindlich auf alle Veränderungen.

Die Notwendigkeit zum Schutz der Ostsee wurde seit langem erkannt. Schon 1974 haben sich die Anrainerstaaten in der „Konvention zum Schutz der marinen Umwelt der Ostsee" vertraglich zusammengeschlossen. Seit dem politischen und wirtschaftlichen Umbruch in Osteuropa wurde es deutlicher denn je: Die Sanierung der Ostsee ist eine Herausforderung für die europäische Umweltpolitik. Denn was nützen Kläranlagen der schwedischen Holzindustrie, wenn die Belastung aus der Luft anhält und die Nachfolgestaaten der Sowjetunion kein Geld für den Umweltschutz haben?

1992 wurde das Ostseeaktionsprogramm verabschiedet, dessen Ziel es ist, mit umfassenden Maßnahmen die ökologisch dringend erforderliche Sanierung der Ostsee anzukurbeln und die Finanzierung sicherzustellen. Das Kernstück des Programms bilden diverse Maßnahmen zur Verringerung der Schad- und Nährstoffeinträge, wie zum Beispiel die Reinigung kommunaler und industrieller Abwässer sowie der Einsatz umweltschonender Technologien in der Industrie, Abfallwirtschaft und Landwirtschaft. Insgesamt werden 132 besondere Belastungsschwerpunkte genannt, die vorrangig saniert werden sollen. Das gesamte Programm ist auf mindestens 20 Jahre ausgelegt.

M3: Inhalt des internationalen Ostseeaktionsprogrammes

- Maßnahmen zur Verringerung der Umweltbelastung
- Förderung der angewandten Forschung
- Stärkung des öffentlichen Umweltbewusstseins und Förderung der Umwelterziehung, Ausbildung von Umweltschutzexperten
- Bewirtschaftungsprogramme für Meeresbuchten und Feuchtgebiete
- Schaffung politischer und rechtlicher Rahmenbedingungen

3. Das Mittelmeer hat einen Salzgehalt von ca. 39 ‰ (Atlantik 35 ‰). Suche nach Gründen, indem du Größe, Klimazone und Zugang zum Atlantik mit der Ostsee vergleichst (M2, Atlas).

4. Nenne die Teilbereiche der Ostsee, die durch das Ostseeaktionsprogramm vorrangig saniert werden müssen (M3-M5).

5. Warum ist die Sanierung der Ostsee eine Aufgabe für die europäische Umweltpolitik (M3-M5)?

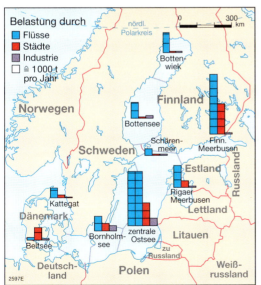

M4: Phosphorbelastung pro Jahr

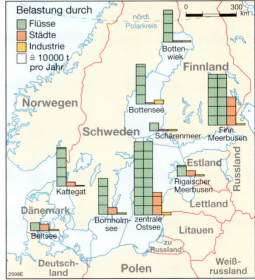

M5: Stickstoffbelastung pro Jahr

Wenn ein Tanker auseinander bricht

Öltanker – eine Gefahr für die Nordsee

Durch die Nordsee verläuft eine dicht befahrene Wasserstraße. Jeden Tag transportieren große Tanker Rohöl aus Venezuela oder anderen Erdölförderländern durch die Straße von Dover zum Beispiel nach London, Rotterdam, Wilhelmshaven oder Hamburg. Auch in der Nordsee selbst wird Erdöl gefördert. Zwischen Großbritannien und Norwegen liegen große Erdölfelder. Immer wieder kommt es vor, dass Tanker auf Grund laufen. Dann besteht die Gefahr, dass Öl ausläuft oder der Tanker sogar auseinander bricht. Ein riesiger Ölteppich ist die Folge. Es dauert Jahre, bis das Öl abgebaut ist *(M3)*.

Um die Schäden möglichst gering zu halten wurden verschiedene Techniken entwickelt. Aus einem Tanker austretendes Öl schwimmt zunächst auf der Wasseroberfläche. Bei ruhiger See besteht die Möglichkeit, eine schwimmende Barriere auszulegen und das Öl von der Wasseroberfläche abzusaugen. Das wird mit zunehmendem Wellengang

M1: Tankerunglück

M2: Kampf gegen die Ölpest

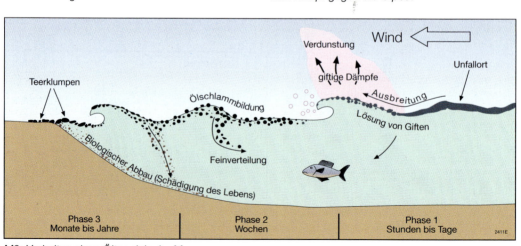

M3: Verhalten eines Ölteppichs im Meer

schwieriger. Häufig werden Chemikalien eingesetzt. Sie zersetzen das Öl, vergiften jedoch die Fische. Auch das Abfackeln ist nicht unbedenklich. Durch die Verbrennung wird die Luft verschmutzt und Rückstände schädigen das Meerwasser.

Maßnahmen gegen die Ölpest

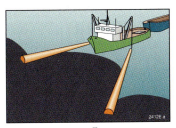

Absaugen des Öls: Zweckmäßig, bei Sturm mit 100 Kilometer-Böen aber nahezu unmöglich.

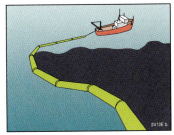

Schwimmende Barrieren: Zweckmäßig unmittelbar nach einer Havarie. Bei Sturm nutzlos.

Einsatz von Chemikalien: Bedenklich für die Umwelt. Zersetzt zwar das Öl, produziert aber zähe, schlammige Rückstände.

Abfackeln des Öls: Bei schlechtem Wetter schwierig. Für die Umwelt bedenklich: massive Luftverschmutzung, Verbrennungsrückstände verseuchen das Wasser.

„Sea Empress": Tankerunglück vor der Küste von Wales

150 Kilometer Strand sind ölverseucht

London (dpa). Nach dem Tankerunglück vor der Küste von Wales wurden bis zum Sonntag mehr als 20 000 Vögel mit ölverklebtem Gefieder gezählt. Die vom Supertanker „Sea Empress" ausgelöste Ölpest dehnte sich etwa 150 Kilometer weit an den Stränden aus.
Nach dem Auslaufen von 70 000 Tonnen Rohöl droht dem empfindlichen Ökosystem an vielen Stellen die Zerstörung. In Milford Haven wurde den ganzen Sonntag über Öl aus dem Tanker in ein zweites Schiff gepumpt. Naturschützer sprechen von der schlimmsten Katastrophe seit vielen Jahren. Der Ölteppich sei inzwischen 1 300 Quadratkilometer groß. Viele Vögel kämpften auf dem Meer noch ums Überleben. Fast überall an den Stränden watet man knietief in der stinkenden Masse. Gemeindearbeiter versuchen an vielen Stellen das Öl einzusammeln. Das Umladen der noch im Tanker verbliebenen 55 000 Tonnen Öl wird noch Tage in Anspruch nehmen.
(nach einem Zeitungsartikel (BZ) vom 26. Februar 1996)

M4: Zeitungsausschnitt

1. a) Verfolge den Weg eines Schiffes von der Ostküste Nordamerikas, von Südamerika und von Westasien (Naher Osten) durch die Straße von Dover nach Hamburg *(Atlas, Karte: Erde - Weltwirtschaft/Weltverkehr)*.
b) Sprich über die Bedeutung der Straße von Dover als Verkehrsweg für Schiffe und über die Gefahren, die gerade von Tankern ausgehen können.

2. a) Berichte mit eigenen Worten über das Tankerunglück vor der Küste von Wales (Zeitungsartikel).
b) Ermittle die Entfernung von Milford Haven bis Cardiff *(Atlas, Karte: Westeuropa - physisch)* und vergleiche mit der Länge der ölverseuchten Strände.

3. Erläutere mögliche Folgen einer Ölpest in der Nähe der Küste.

4. Berichte über die Veränderungen eines Ölteppichs im Meer. Verwende die Zeitangaben Stunden, Tage, Wochen, Monate, Jahre *(M3)*.

5. a) Beschreibe vier Verfahren zur Eindämmung einer Ölpest.
b) Beurteile die Vor- und Nachteile dieser Verfahren.

Gedankennetz

Methode: Wir ordnen unsere Gedanken

„Du siehst den Wald vor lauter Bäumen nicht". Solche Bemerkungen weisen darauf hin, dass es uns mitunter schwer fällt, die vielen Einzelheiten eines Textes oder eines Problems in einen geordneten Zusammenhang zu bringen, fehlende Gesichtspunkte zu erkennen und über alles zu berichten. Die Gedankennetzmethode leistet hierbei Hilfestellung. Auf den *Seiten 16 und 17* sowie auf S. 27 wird zum Beispiel auf die zunehmende Verschmutzung des Wattenmeeres eingegangen. Allerdings ließe sich noch bedeutend mehr dazu aussagen. *M1* zeigt ein Gedankennetz zu diesem Thema.

Willst du selbst ein Gedankennetz erstellen, gehe folgendermaßen vor:

1. Du nimmst ein Blatt Papier und einen Schreibstift.
2. Du legst das Blatt quer, schreibst das Thema (z.B. „Gefährdung des Wattenmeeres") in die Mitte und kreist das Thema ein.
3. Du überlegst dir einige wichtige Gesichtspunkte und notierst sie als Hauptäste. Schreibe deutlich und oberhalb der Linien. Schmückende Zeichnungen sind durchaus hilfreich. Für das Wattenmeer sind zum Beispiel folgende Themen wichtig: Nutzung durch die Natur (Naturraum), Nutzung durch den Menschen (Kulturraum), Nutzungskonflikte, Lösungen.
4. Schreibe dann untergeordnete Gesichtspunkte als Nebenäste auf. Sie zweigen von den Hauptästen ab. Der Naturraum des Wattenmeeres wird zum Beispiel durch die Gezeiten geprägt. Die im und auf dem Wattboden lebenden Tiere sind die Nahrungsgrundlage für „Gäste". Es gibt Ebbegäste und Flutgäste. Dazu gehören Vögel, Fische und Seehunde.

> Entwickle ein Gedankennetz zu einem Thema, dass noch nicht im Unterricht behandelt wurde. Das fertige Netz eignet sich als Erinnerungshilfe für ein Referat oder eine Diskussion.

M1: Gedanken-Netz zum Thema „Gefährdung des Wattenmeeres"

Wird die Nordsee zur Müllkippe Europas?

Ohne eine Verminderung der Schadstoff-Belastung verkommt die Nordsee zur „Müllkippe Europas". Erhebliche Verschmutzungen gibt es bereits jetzt in der südlichen Nordsee, der Deutschen Bucht, im Wattenmeer und in den Mündungsgebieten der großen Flüsse, wie Rhein, Elbe und Weser. Aus etwa 100 000 Schiffen vor der deutschen Nordseeküste und aus den Öl-Fördergebieten gelangen jedes Jahr etwa 500 000 Tonnen Erdöl ins Meer.

In der Nordsee sammelt sich zunehmend Müll an: Allein durch die Deutsche Bucht schwimmen jährlich 8 470 000 Abfallteile mit einem Gesamtgewicht von 1320 Tonnen. Drei Viertel davon bestehen aus Plastik, das sich sehr schwer zersetzt. Dieser Müll stammt überwiegend von Schiffen. Am Strand von Helgoland wurden Glas- und Plastikflaschen, Kunststoffplanen, Autoreifen, Blechkanister, Glühlampen, Plastiktüten und andere Verpackungsteile aus 37 Ländern der Erde gesammelt.

Nach Schätzungen von Wissenschaftlern wiegen alle in der Nordsee lebenden Tiere zusammen über 100 Millionen Tonnen. Es gibt 250 Fischarten, 100 Muschel-, 400 Ringelwurm- und 200 höhere Krebsarten. Pro Jahr und Hektar fangen Nordseefischer 50 Kilogramm Fische und Schalentiere. Das ist ein sehr hoher Wert. Der Durchschnitt der Weltmeere liegt bei höchstens zwei Kilogramm.

Schon 1953 wurden vor der deutschen Nordsee-Küste die ersten Aale mit Geschwüren und Missbildungen gefunden. Heute sind in manchen Gebieten der Deutschen Bucht die Hälfte aller Fische erkrankt. Seit einigen Jahren sind zunehmend Jungtiere betroffen. Jährlich sterben etwa 60 000 Vögel, weil das Öl die Federn verschmiert hat.

M2: Müll am Strand Övelgönne/Hamburg

1. Warum ist die Nordsee auf dem Weg, zur Müllkippe Europas zu werden? Erstelle zu diesem Thema ein Gedankennetz *(Text: „Wir ordnen unsere Gedanken" und M1)*. Die Hauptäste bezeichnen die Hauptgründe, die Nebenäste die Unterpunkte und Beispiele.

2. Die Nordsee ist ein wichtiges Fischfanggebiet. Welcher Nutzungskonflikt wird aus dem Text deutlich?

3. a) Welcher wichtige Gesichtspunkt wird in dem Text nicht angesprochen?
b) Überlege Möglichkeiten, die Entwicklung der Nordsee zur Müllkippe Europas zu stoppen. Schreibe hierzu einen kurzen Bericht.

Heizung abgedreht
Die globale Erwärmung könnte den Golfstrom zusammenbrechen lassen und Europa eisige Kälte bescheren

Jedes Kind lernt es in der Schule: Der Golfstrom pumpt warmes Wasser aus der mittelamerikanischen Karibik nach Nordeuropa. Ohne den Golfstrom würde es die englische Riviera nicht geben, in Dublin ein Klima herrschen wie im subpolaren Spitzbergen. Der mächtige Golfstrom gehört zu einem weltumspannenden System von Meeresströmungen, dem so genannten Conveyor-Belt. Dieses alle Ozeane miteinander verbindende Förderband transportiert neben Wassermassen auch Feuchtigkeit und Wärme über die Atmosphäre der gesamten Welt. „Diese Strömungen sind die Achillesferse des Klimasystems", sagt Wallace Broecker, einer der weltweit führenden Klimaexperten vom Lamont-Doherty Earth Observatory an der New Yorker Columbia University. „Die Klimageschichte zeigt uns, dass dieses System nicht stabil ist, sondern oft in wenigen Jahren von einem in den anderen Zustand springt – mit dramatischen Auswirkungen auf das Weltklima."
Der Antrieb des Systems ist das salzhaltige, dichte und damit schwere Oberflächenwasser im Nordatlantik. Dort sinkt es zum Grund und fließt in der Tiefe des Ozeans in Richtung Afrika ab. Sein Sog hält den Conveyor in Gang und damit auch den Golfstrom näher der Meeresoberfläche. Die mächtige unterseeische Strömung befördert 16-mal so viel Wasser wie alle Flüsse der Welt zusammen. Computergestützte Klimamodelle zeigen nun, dass eine Erwärmung des Oberflächenwassers oder ein Zustrom von Frischwasser die gigantische Umwälzpumpe lahm legen, schwächen oder weiter nach Süden verlagern kann. „Die Anreicherung der Atmosphäre mit Klimagasen und die daraus resultierende Erwärmung könnte also die Strömungsverhältnisse durcheinander bringen", sagt Wallace Broecker.

Die entscheidende Frage der Klimaforscher ist nun, ob bei der derzeit zu beobachtenden Erderwärmung tatsächlich eine reale Gefahr besteht. Der Meeresforscher Stefan Rahmstorf vom Potsdamer Institut für Klimafolgenforschung fügte einem globalen Ozeanmodell im Computer nach und nach Süßwasser hinzu. Schon bei einem Zufluss von 60 000 m³ pro Stunde brach die Tiefenzirkulation zusammen – das ist nur rund ein Viertel der Menge, die der Amazonas stündlich ins Meer spült. Geophysiker aus Princeton erreichten den gleichen Effekt allerdings erst bei einem Zufluss von 1 Mio. m³ pro Sekunde. Bei einer Computersimulation am Max-Planck-Institut f. Meteorologie in Hamburg schwächte sich die Ozeanzirkulation erst bei einer Verdopplung des Kohlendioxidgehalts in der Atmosphäre gegenüber dem vorindustriellen Wert ab; die wäre ohne die auf den Welt-Klimakonferenzen vereinbarten CO_2- Minderungstrategien in etwa 100 Jahren zu erwarten. Weil die Klimamodelle zu ungenau sind, versuchen Forscher nun anhand von Eisbohrkernen aus Grönland – bei denen chemische Verunreinigungen Rückschlüsse auf die Klimageschichte der Erde erlauben – herauszufinden, ob die Ozeanströmungen nur während der Eiszeiten umgekippt sind oder auch in Warmzeiten. „Falls Ersteres stimmt, sind wir auf der sicheren Seite", sagt Stefan Rahmstorf. Das bedeutete, riesige Mengen Eis müssten erst abschmelzen um die Ozeanströmung zu beeinflussen. Habe es jedoch auch in der bislang als stabil angesehenen Eem-Warmzeit vor 120 000 Jahren Klimasprünge gegeben, reagiere das Strömungssystem eher sensibel auf äußere Einflüsse.
Die zwei bisher gewonnenen Eisbohrkerne führten zu unterschiedlichen Ergebnissen. Erst kürzlich hat die Bohrung eines dritten Kerns begonnen, der, so hoffen die Forscher, endgültig Aufschluss über die Klimasprünge der Vergangenheit geben soll – und damit auch über die möglichen Klima-Kapriolen der Zukunft.

Claus Peter Simon

(nach: Die Woche vom 5. Juni 1998)

Ökosystem Weltmeer

Das Wichtigste kurz gefasst

Die Meere und ihre Bedeutung
Die Meere bilden eine einheitliche, zusammenhängende Wassermasse, die ungefähr 70 Prozent der Erdoberfläche bedeckt. Man unterscheidet nach der Lage zwischen den Kontinenten vier Ozeane: den Pazifischen, den Atlantischen, den Indischen Ozean sowie den Arktischen Ozean (Nordpolarmeer). Häufig werden die Ozeane und ihre Randmeere zusammengefasst als „das Weltmeer" bezeichnet.
Der Meeresboden ist nicht überall eben, sondern ähnlich wie die Landoberfläche gegliedert. Oberflächenwellen, Meeresströmungen und Gezeiten (Ebbe und Flut) halten das Wasser der Meere in ständiger Bewegung. Kalte und warme Meeresströmungen beeinflussen das Klima der benachbarten Meeres- und Festlandsräume.

Die Nutzung der Meere
Die Meere werden von alters her intensiv als Verkehrsraum genutzt. Tausende Schiffe durchqueren die Ozeane auf internationalen Schifffahrtsrouten. Die Meere gelten auch als Nahrungsreservoir. Kaltes und sauerstoffreiches Auftriebswasser begünstigt die Entwicklung von Plankton. Für die meisten Fische ist Plankton die wichtigste Nahrungsgrundlage. Ergiebige Fischgründe ziehen Fischereiflotten vieler Staaten an. Um eine Überfischung zu vermeiden, mussten Fangquoten festgelegt oder sogar Fangverbote ausgesprochen werden.
Auch als Rohstoffquelle wächst die Rolle der Meere. An den Küsten findet man Anreicherungen von Schwermineralien, die so genannten Seifen. In den Schelfbereichen (Offshore-Region) wird Erdöl und Erdgas gefördert. Der Boden der Tiefsee wird nach Manganknollen abgesucht.

Die Gefährdung des Meeres
Seit Jahrhunderten war die „Freiheit der Meere" ein ungeschriebenes Gesetz. Die Zunahme des Fischfangs und des Weltseeverkehrs, die intensive Suche nach Rohstoffen auf dem Meeresboden und die zunehmende Verschmutzung der Meere machten Schutzmaßnahmen notwendig. Auf der 3. UN-Seerechtskonferenz wurde das Meer dreigeteilt: in ein 12 sm breites Küstenmeer, eine 200 sm breite Wirtschaftszone und die außerhalb dieser Bereiche liegende offene See. Die Bestimmungen zur Nutzung der Meere gelten für alle Staaten. Die Zuordnung von Verantwortlichkeiten soll den Schutz und die Kontrolle der Meere verbessern.

Ein gefährdetes Ökosystem – die Ostsee
Die Ostsee wird von ihren Anrainern stark genutzt. Probleme bereitet dabei insbesondere der Eintrag von Schadstoffen durch Flüsse. So hat sich die ökologische Situation der Ostsee in den letzten Jahrzehnten in alarmierender Weise verschlechtert. Der Eintrag von Stoffen, die das Pflanzenwachstum fördern (z.B. Phosphate und Stickstoff), führte zu einer explosionsartigen Vermehrung der Algen. Diese verbrauchen den im Wasser gelösten Sauerstoff. Fehlt Sauerstoff, dann werden Abbauprozesse ausgelöst, bei denen Giftstoffe entstehen. Auf diese Weise entstanden bereits so genannte Todeszonen.

Grundbegriffe

Ökosystem
Plankton
Seifen
Schelf
Immission
Randmeer
Emission
Binnenmeer
Brackwasser

1200 Zulieferbetriebe
Materialanlieferung (rechts im Bild) – vor allem Stahlbleche und Plastikteile – erfolgt über Straße und Wasserweg

350 Roboterstraßen und 30 000 Menschen arbeiten im Schichtbetrieb

Das Automobilwerk von Mazda in Hiroshima

Pazifikraum: Motor der Weltwirtschaft

Im Meer ist noch genügend Platz
Automobilherstellung auf einer künstlichen Insel in der Millionenstadt Hiroshima: ein Gelände von 2 243 000 Quadratmetern

Jährlich 830 000 Pkws und Nutzfahrzeuge
Verladung der Kraftfahrzeuge auf Schiffe (links unten im Bild)

Japan – Industriegigant und Welthandelsmacht

Inselstaat mit begrenztem Raum

Über 126 Millionen Menschen leben in Japan. Bezogen auf die Staatsfläche von ca. 377 800 km² entspricht dies einer **Bevölkerungsdichte** von rund 334 Menschen pro Quadratkilometer. Diese Zahl hat jedoch mehr statistischen Wert. Tatsächlich können nämlich nur etwa zwölf Prozent der Landesfläche als Siedlungsraum genutzt werden. Das übrige Gebiet ist zu gebirgig. Die reale Bevölkerungsdichte ist demnach viel größer und liegt bei mehr als 2700 Menschen pro Quadratkilometer. Nur die Küstenebenen und die breiten Täler auf den vier Hauptinseln sind besiedelt. Auf diesem begrenzten Raum drängen sich Städte, Industrieanlagen, Straßen, Schienenwege und Landwirtschaftsflächen. Landwirtschaft wird zudem an den Berghängen betrieben. Hier wurden unter großen Anstrengungen Terrassen angelegt.

M1: Japans Lage

1. Löse die Übungskarte *(M2)* mit dem Atlas *(Karte: Ostasien – physisch)*.

2. Beschreibe das Bild von Tokio *(M5)*. Wie wird hier versucht das Problem der Raummenge zu lösen?

3. Vergleiche die Wohnfläche eines Japaners mit der von dir (Fläche der Wohnung geteilt durch die Anzahl der Familienmitglieder).

4. In Nordost-Südwest-Richtung dehnt sich das Inselreich Japan mit seinen 3900 Inseln über 2400 km aus. Überträgt man es breitengleich nach Europa, dann läge der nördlichste Punkt Japans am Südrand der Alpen. In welcher Wüste liegt dann der südlichste Punkt Japans *(Atlas, Karte: Afrika – physische Übersicht)*?

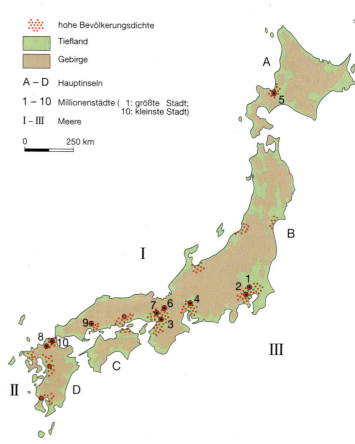

M2: Übungskarte Japan

M3: Flächennutzung in Japan

Um zusätzliche Siedlungsflächen zu gewinnen haben die Japaner bereits vor 40 Jahren damit begonnen neue Landflächen an der Küste aufzuschütten. Sie haben Berge abgetragen und das Gesteinsmaterial ins Meer gekippt. Mit diesen Aufschüttungen haben sie Flächen für Automobilwerke, Wohnungen, Flughäfen und Freizeitparks dem Meer abgerungen.

In den letzten Jahrzehnten sind immer mehr Menschen vom Land in die Küstenstädte abgewandert. Höhere Verdienste und bessere Ausbildungsmöglichkeiten wirkten wie ein Magnet. Daher nahm der Bevölkerungsdruck auf die Städte ständig zu. Heute leben drei von vier Japanern in einer Großstadt. Sie begnügen sich durchschnittlich mit 6 m² Wohnfläche je Person. Die Mieten und Bodenpreise sind extrem hoch, besonders in der Hauptstadt Tokio. Ein nach unseren Maßstäben kleines Drei-Zimmer-Appartement von 60 m² ist hier selten unter 500 000 Yen (3650 Euro) Monatsmiete zu haben. Die Enge in den Nahverkehrszügen oder auf den mehrstöckigen Autobahnen ertragen sie mit Gelassenheit.

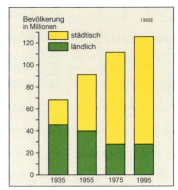

M4: Bevölkerungsentwicklung in Japan

M5: Raumenge im Zentrum von Tokio

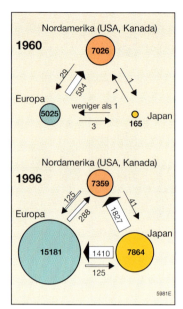

M1: Produktion, Import und Export von Kraftfahrzeugen in Westeuropa, Nordamerika und Japan (in 1000)

„Made in Japan" – ein Markenzeichen für die Welt

Noch zu Beginn der siebziger Jahre beherrschten amerikanische Hersteller für Unterhaltungselektronik, deutsche Kameraproduzenten, Schweizer Uhrenfirmen oder britische Büromaschinen- und Motorradhersteller den Weltmarkt. Fast hilflos mussten sie dann zusehen, wie ihnen die Japaner Kunden „wegschnappten" und ähnliche Produkte billiger verkauften. Wie machten die Japaner das?

Japanische Firmen gehören zum Beispiel zu den führenden Herstellern von Videogeräten. Die Technik haben sie von der amerikanischen Firma Memorex übernommen und konsequent weiterentwickelt. Sie verbesserten das Design und bauten in die Geräte zusätzliche Funktionen ein. Auf diese Weise gelang es japanischen Firmen den Weltmarkt zu erobern. Heute meldet Japan neben Deutschland und den USA die meisten Patente an.

Der Erfolg der japanischen Wirtschaft beruht auch auf der Fähigkeit, riesige Mengen hochwertiger Erzeugnisse preiswert zu produzieren. Japanische Firmen setzen in der Warenproduktion immer häufiger neu entwickelte Maschinen ein. Vor allem haben sie den Ablauf und das Ineinandergreifen einzelner Fertigungsschritte perfektioniert. Deshalb sind sie in der Lage, mehr Güter in kürzerer Zeit herzustellen, das heißt die **Produktivität** zu steigern. So gelingt es ihnen, ihre Waren auch heute noch etwas günstiger anzubieten als die Konkurrenz, ohne sich damit ein „Billig-Image" anzuheften. Zulieferteile werden häufig importiert. Die Firma Mazda bezieht zum Beispiel Windschutzscheiben aus Kanada, Sitzbezüge aus Österreich und Lenkräder aus Italien. Schon wenige Stunden, nachdem diese Teile geliefert wurden, verlassen sie, eingebaut in die Autos, wieder die Montagehallen.

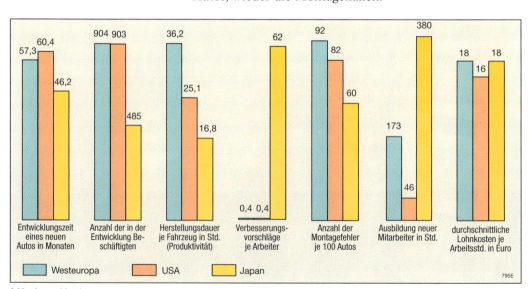

M2: Auto-Konkurrenten

Das „wahre" Geheimnis des japanischen Erfolges

Wirtschaftsexperten sind davon überzeugt, dass die japanischen Firmen ohne den starken Einfluss des Gesellschaftssystems längst nicht so erfolgreich wären. Sie verweisen auf die Bereitschaft der Arbeitnehmer ihre eigenen Interessen hinter die des Betriebes zurückzustellen. Angestellte begnügen sich zum Beispiel anstelle eines mehrwöchigen Jahresurlaubs oft mit nur einigen verlängerten Wochenenden. Sie nehmen den Urlaub, der ihnen zusteht, nicht ganz in Anspruch. Dafür bieten die großen Unternehmen ihren Mitarbeitern eine Anstellung auf Lebenszeit und eine Reihe weiterer Vorteile *(siehe M4)*.

Die Kollegen in den kleinen Zulieferbetrieben der Großindustrie haben allerdings schlechtere Arbeitsbedingungen. Sie müssen in der Regel nicht nur länger arbeiten, sondern verdienen im Durchschnitt auch weniger Geld. Ein Teil der Arbeiter und Arbeiterinnen hat darüber hinaus keine feste Anstellung. Hat eine Firma nicht genügend Aufträge, so können die Beschäftigten sofort entlassen werden. Auch die berufstätigen Frauen werden benachteiligt *(M3, M5)*.

1. Japanische Firmen erobern immer neue Marktanteile. Wie entwickelte sich die Bedeutung Japans als Automobilexportland *(M1)*?

2. Die Autofirmen Japans waren im Vergleich zu denen in den USA und Westeuropa jahrelang produktiver. Berichte *(M2)*.

3. Die Japaner können ihre Produkte häufig preiswerter verkaufen als die ausländische Konkurrenz. Erkläre.

4. Viele Japaner arbeiten trotz einiger Nachteile gern in „ihrem" Großbetrieb. Berichte *(Text, M4)*.

5. Untersuche M3 und M5 im Hinblick auf die Benachteiligung der Frauen im Berufsleben.

M3: Durchschnittlicher Monatsverdienst in Tausend Yen (100 Yen = ca. 1 Euro) (m: männlich, w: weiblich)

Wirtschaftsbereich	m/w	1980	1985	1990	1998
Bekleidungsindustrie	m	239	298	310	399
	w	103	126	131	166
Chemische Industrie	m	341	437	478	461
	w	173	217	242	196
Kreditinstitute und	m	444	559	639	671
Versicherungsgewerbe	w	204	255	305	301

Leistungen der Automobilfirma Mazda
(in Auswahl)

– Dienstwohnungen für rund 2650 Familien sowie Unterkünfte für 2672 Alleinstehende.
– Supermärkte, in denen die Angestellten und ihre Familien günstig einkaufen können.
– Sportmöglichkeiten: Sporthalle (6700 m^2), Schwimmbecken, Sportplatz und sonstige Sportanlagen.
– Günstige Kredite für Haus- bzw. Grundstückskauf oder Hausbau.
– Darlehen für den Kauf eines Privatwagens.
– Ausbildungs- und Schulungszentrum sowie eine Technische Hochschule in Hiroshima, wo die zukünftigen Techniker der Firma zwei Jahre lang ausgebildet werden.
– Krankenhaus auf dem Firmengelände, das auch der Öffentlichkeit zur Verfügung steht.

M4

Karriere gebremst – Schadenersatz
Tokio (ap)

Ein japanisches Gericht hat zugunsten der Frauen im Land entschieden: Der Richter sprach 18 Klägerinnen Schadenersatz in Höhe von umgerechnet 560 000 Euro zu, weil sie wegen ihrer Geschlechtszugehörigkeit nicht befördert worden waren.

Die Frauen hatten 1978 gegen einen Arbeitsvertrag Klage erhoben, in dem Gehaltserhöhungen und Beförderungen nur für Männer vorgeschrieben waren. Die Schadenersatzsumme setzt sich aus den Gehaltssummen zusammen, die den Frauen durch die verweigerte Karriere verloren gingen.

Nach Einschätzung von Juristen werde das Urteil dazu führen, dass viele Konzerne ihre Personalpolitik grundlegend ändern müssen.

M5

1. Welche Vorteile hat
a) eine japanische Firma, wenn sie ihre Autos im Ausland produziert?
b) Japan, wenn es einem Entwicklungsland zum Beispiel beim Aufbau einer Eisenerzgrube hilft?

2. Beschreibe die Entwicklung der japanischen Investitionen im Ausland. Berücksichtige dabei die Anzahl, den Umfang und die regionalen Schwerpunkte *(M1, M2)*.

„Big Business" in der ganzen Welt

Japan nimmt seit Jahren mehr Geld durch Export von Waren ein, als es für seine Importe bezahlen muss. Es erzielt durch seinen **Außenhandel** ständig Gewinne. Mittlerweile sind einige Japaner so reich, dass sie auf der ganzen Welt Firmen, Grundstücke und Häuser kaufen. In der Stadt Los Angeles zum Beispiel gehört schon ein Drittel aller Büroflächen Japanern. In den USA und vielen europäischen Ländern bauen sie neue Fabriken, in denen dann japanische Fernseher oder Autos hergestellt werden. In Deutschland gibt es schon mehr als 700 japanische Firmen, die meisten davon in Nordrhein-Westfalen. Die Autofirmen Toyota und Nissan gründeten bereits 1969 bzw. 1973 Verkaufsniederlassungen in Köln und Hamburg. Zum einen sparen sie dadurch Kosten für den weiten Transport der Waren aus Japan. Zum anderen fallen die Zölle weg, die sie zahlen müssten, wenn sie die Waren exportieren würden. Denn von ausländischen Firmen auf dem Gebiet der EU erzeugte Waren werden wie einheimische behandelt. Durch den Kauf und die Einrichtung neuer Betriebe im Ausland, das heißt durch Auslandsinvestitionen, erschließen sich japanische Firmen zudem neue Absatzmärkte.

Hinzu kommt, dass Japan in den vergangenen Jahren zahlreiche Entwicklungsländer beim Aufbau ihrer Wirtschaft mit Geld unterstützt hat. Mit der **Entwicklungshilfe** wird insbesondere der für die japanische Wirtschaft so wichtige Abbau von Rohstoffen gefördert. Japaner beteiligen sich zum Beispiel an der Erschließung von Rohstofflagerstätten in Brasilien und bekommen dafür Eisenerze. Sie helfen beim Bau von Raffinerien in Saudi-Arabien und erhalten dafür Erdöl.

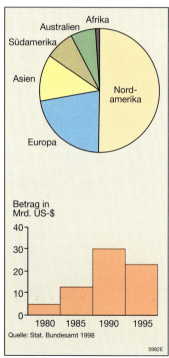

M1: Japanische Investitionen im Ausland

M2: Reklame am Piccadilly Circus in London

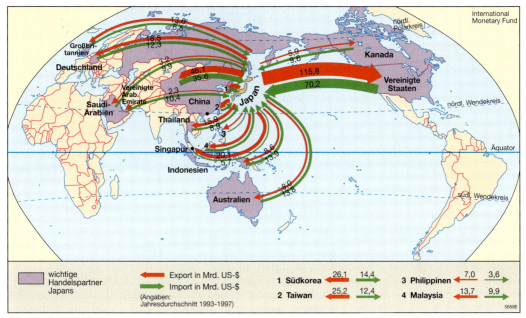

M3: Die Handelsbeziehungen Japans

Japan – Welthandelsmacht in Fernost

Japan gehört zu den größten Handelsmächten der Erde. Seit Jahren schon exportiert das Land mehr Waren als es einführt. Die Industriebetriebe verstehen es, sich schnell auf die Wünsche der Käufer im Ausland einzustellen.

Im Jahr 1960 machten noch Textilwaren und andere Konsumgüter 60 Prozent der Exporte aus. Als die Nachfrage nach Textilien zurückging, setzten die Japaner neue Produktionsschwerpunkte. Zehn Jahre später waren zum Beispiel Eisen- und Stahlprodukte die „Exportrenner" (1998: 23,2%). Seit den achtziger Jahren besitzt die Herstellung elektronischer Geräte und anderer Hightech-Waren große Bedeutung.

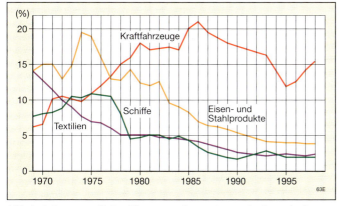

M5: Anteil ausgewählter Waren am Gesamtwert der japanischen Exporte (1970 bis 1998)

M4: Die führenden Welthandelsländer 1998

	Import	Export
	(in Mrd. Dollar)	
1. USA	945	683
2. Deutschland	467	540
3. Japan	281	388
4. Großbritannien	273	273
5. Frankreich	307	307
6. Italien	241	241
7. Hongkong	189	174
8. Niederlande	184	198
9. Kanada	205	214
10. China	140	184

Quelle: Der Fischer Weltalmanach 2000/Aktuell 2000

3. Beschreibe die Entwicklung der japanischen Exporte anhand von Beispielen *(M5)*.

4. a) Berichte über den Außenhandel Japans *(M3)*.
b) Zeichne Säulendiagramme mit den drei wichtigsten Handelspartnern Japans *(M3)*.

5. Erläutere die bedeutende Stellung Japans im Welthandel *(M4, M5)*.

M1: Platz da!

M2: Herstellung von Hightech-Produkten

Japan – ein Wirtschaftsgigant in der Krise

M3: Wachstumsraten der japanischen Wirtschaft

Wie in vielen Ländern kam es Ende der neunziger Jahre auch in Japan zu einer Wirtschaftskrise. In einem Interview war der Unternehmer Herr Dr. Kuroshi aus Yokohama bereit, dem Reporter einer angesehenen deutschen Wirtschaftszeitschrift Fragen zu den Ursachen und Auswirkungen dieser Krise zu beantworten.

Worin sehen Sie die wichtigsten Ursachen der gegenwärtigen Wirtschaftskrise?

„In den vergangenen Jahren gab es zu viele Versäumnisse. Wir haben zu lange nur auf die Massenproduktion gesetzt. Die Regierung hat einen zu großen Verwaltungsapparat zur Steuerung der Wirtschaft aufgebaut. Es gibt ganz einfach zu viele Vorschriften, die die Handlungsfähigkeit der Unternehmen einschränken. Zudem hat sich die enge Verbindung zwischen Politik und Wirtschaft als falsch erwiesen. Vor allem haben wir dabei die Orientierung auf die Zukunft fast vergessen. Als Kungeleien und

1. a) Definiere mithilfe eines Nachschlagewerkes den Begriff Krise.
b) Japan befindet sich am Ende des 20. Jahrhunderts in einer Wirtschaftskrise. Erläutere.

2. Ermittle die fünf wichtigsten Handelspartner Japans. Unterscheide nach Importen und Exporten (S. 37 M3).

3. Werte die Karikaturen (M1 und M4) aus. Bringe dabei deine Meinung zum Ausdruck.

4. Japan ist ein rohstoffarmes Land mit einer bedeutenden verarbeitenden Industrie.
a) Erläutere diese Aussage.
b) Finde mithilfe des Atlas heraus, aus welchen Ländern der Erde Japan Rohstoffe bezieht. Fertige dazu eine Übersicht an.

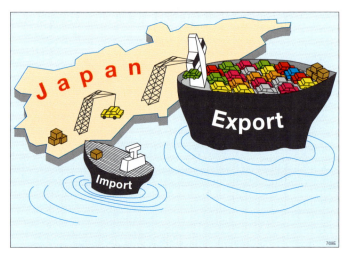
M4: Japanische Sitten

M5: Das Straßengewirr von Tokio, eng verzahnt sind Wohnquartiere und Arbeitsstätten; durch die Innenstadt zieht sich der Sumida

andere unlautere Machenschaften der Banken Schlagzeilen machten, waren viele Japaner schwer erschüttert und die Krise wurde für alle sichtbar und spürbar."

Welche Auswirkungen hat diese Krise für Japan?
„Die Auswirkungen sind sehr vielfältig. Wir merken das unter anderem am Nachlassen der Kauffreudigkeit. Viele Japaner sparen ihr Geld lieber, aber nicht bei den Banken. Supermärkte, Kaufhäuser werden ihre Waren nicht los. Das ist schlecht für die Industrie. Immerhin werden zwei Drittel aller Einkünfte der japanischen Unternehmen im Inland erzielt. Ein weiteres Problem ist der deutliche Rückgang von Investitionen in neue Projekte, in Verbesserungen von Produktion und Technologie. Der private Wohnungsbau geht zurück. Die Arbeitslosigkeit ist angestiegen. Die Angst um den Verlust des Arbeitsplatzes wächst."

Wie soll die Krise überwunden werden?
„Es muss zu einem grundlegenden Wandel kommen. Die Industrie darf nicht mehr so stark durch den Staat beeinflusst werden. Reformen sind notwendig um falsches Management und Bestechlichkeit künftig auszuschließen. Hightech ist die Zukunft der Industrie, hier sind Investitionen notwendig. Japan hat einen Weltruf zu verlieren. Das darf nicht passieren! Zum Glück mehren sich die Zeichen für ein Ende der Talfahrt."

Jahr	Export in Mrd. US-$	Import in Mrd. US-$
1950	0,8	1,0
1960	4,1	4,5
1970	19,3	18,9
1980	129,8	140,5
1990	286,9	234,8
1997	421,0	338,8

M6: Entwicklung des japanischen Außenhandels

5. Welche Auswirkungen kann die Krise auf die großen Städte des Landes haben? Schreibe einen Text.

Krank durch Umweltverschmutzung

Minamata-Krankheit:
(nach der Minamata-Bucht benannt) quecksilberhaltige Industrieabwässer gelangen ins Meer und so in die Nahrungskette. Isst man derart vergiftete Fische, bricht die Krankheit aus. Sie führt zu Lähmungen. Sprechen fällt schwer, die Sehkraft lässt nach. Geisteskrankheiten treten ein. Die Krankheit kann tödlich enden.

Itai-Itai-Krankheit:
cadmiumhaltige Industrieabwässer (Bergbau, Buntmetallverarbeitung) gelangen in die Gewässer. So werden das Trinkwasser und der Reis (Nassfeldanbau!) vergiftet. Zum Erkrankungsbild gehören u.a. Nierenversagen, Skelettverformungen und daraus resultierend auch Knochenbrüche und -erweichungen. Die Krankheit kann tödlich enden.

Mit der Umwelt leben

Minamata und *Itai-itai* sind zwei Bezeichnungen, die zu Synonymen für eine Plage wurden: Umweltkrankheiten. Dass sie in Japan in den fünfziger Jahren vermehrt auftraten, war der Preis für die rasche, rücksichtslose industrielle Entwicklung.

Kaum ein Land der Welt hat derart viele Umweltopfer zu beklagen. Allein in Minamata starben 451 Menschen an den Umweltgiften. Kaum eine Region Japans war frei von gefährlichen Umweltbelastungen. Es wurde erkannt, dass das ungezügelte Wirtschaftswachstum in einer ökologischen Katastrophe endet. 1967 wurde ein erstes, noch sehr allgemein gehaltenes Umweltgesetz erlassen. 1971 folgte die Gründung einer Umweltschutzbehörde. Sie erließ zum Teil sehr strenge Umweltgesetze, die zu deutlichen Verbesserungen führten. So konnte bald auf Sauerstoffautomaten, wie sie lange in den Großstädten standen, verzichtet werden. Man bekam wieder genügend frische Luft, wenn man durch die Straßen ging. Dunstglocken über Städten wurden wieder eine Ausnahme. In Japan wurden bahnbrechende Technologien entwickelt und eingesetzt, die eine deutliche Reduzierung der Umweltbelastungen ermöglichten. Heute gilt Japan als Vorreiter bei modernen Umwelttechnologien.

Verpackung – ein Gebot des guten Tons

Übliches Verpackungsmaterial war in Japan das furoshiki, ein großes Seiden- oder Stofftuch, in welches der Kunde den erworbenen Artikel verpacken und als Bündel nach Hause tragen konnte. Es diente als Einkaufstasche ebenso wie als Verpackungsmaterial, war stabil, äußerst handlich und von langer Lebensdauer. So gibt es eine Art Verpackungstradition.

Styropor, das heute gebräuchliche Material, ist leicht, stoßfest, wirkt isolierend und geruchsbindend und eignet sich aus diesem Grund zum Beispiel für den Transport von Frischfisch auf Eis vom Hafen zum Groß- und Einzelhändler und dann zum Verbraucher. Für Japan, einem Land mit hohem Fischverbrauch, ist Styropor ein bisher unersetzliches Material.

Es gilt in dem Land, wo Service an erster Stelle steht, als sehr unhöflich, einen erworbenen Artikel im Geschäft nicht verpacken zu lassen. Besonderen Wert legt die Bevölkerung auf Namen und Marken, die manchmal wichtiger sind als die Ware selbst. So ist es selbstverständlich, dass man ein Geschenk in ein entsprechendes Papier des Kaufhauses verpacken lässt, in dem man es erworben hat. Diese Gewohnheit wissen Papierhersteller zu nutzen, denn die Verpackung ermöglicht, durch individuelle Gestaltung das Image des Produktes und damit dessen Verkaufserlös zu beeinflussen.

Dagegen verstößt derjenige gegen die Landessitte, der gekaufte Waren unverpackt nach Hause trägt. Die sauber eingeschweißten Salate, die Gemüse- und Obstsorten sollen dem Kunden ein möglichst appetitliches Bild bieten und einen sorglosen Einkauf ermöglichen; ein Großteil der Verbraucher kauft nämlich mit den Augen und empfindet diesen Verpackungsservice durchaus als angenehm.

In den Metropolen Tokio, Nagoya, Kyoto, Osaka beträgt der geschätzte Anteil der Verpackungskosten mehr als 15 Prozent des Gesamtpreises. (Dagegen berechnete das Statistische Bundesamt in Wiesbaden Anfang 1990, dass in Deutschland auf Nahrungsmittel im Wert von 100,- Euro exakt 5,90 Euro auf die Verpackungskosten entfallen, bei Zigaretten sind es 1,90 Euro, bei Kleidung 0,40 Euro.)

(aus Praxis Geographie 12/92)

M1: Probleme mit einer Tradition?

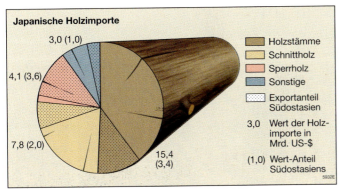

M2: Japanische Einfuhren tropischer Hölzer, 1998

Japan ist heute, obwohl es **Umwelttechnologien** exportiert, kein ökologisches Musterland. Zum einen werfen die großen Siedlungszentren immer neue Probleme auf. Zum anderen verlagert Japan einen Teil seiner Probleme ins Ausland. Während die eigene Umwelt geschont wird, greift Japan nämlich immer stärker auf die Ressourcen anderer Staaten zurück. Umweltbelastende Industrien wurden und werden in Entwicklungsländer ausgelagert und seinen ständig steigenden Holzbedarf deckt Japan unter anderem in den tropischen Wälder Südostasiens.

Die Tropenholzimporte, aber auch die Treibnetzfischerei, die immer wieder kritisierten Praktiken des Walfangs und eine Vielzahl weiterer Umweltsünden werfen ein schlechtes Licht auf den Inselstaat. Auch die japanische Gewohnheit, alles Gekaufte zu verpacken, stellt ein großes Problem dar *(M1)*.

M3: Versuch von Greenpeace-Aktivisten die Toshi Maru auf dem Weg in die Walfanggebiete im Südpazifik zu stoppen

Japaner plündern tropische Regenwälder Südostasiens

Im Auftrag japanischer Papier- und Holzfabrikanten werden in Indonesien und Malaysia jährlich mehrere Hunderttausend Hektar Wald abgeholzt. Allein für die Produktion von Essstäbchen, die nach Gebrauch im Mülleimer landen, müssen zigtausend Bäume sterben. Während die Einfuhr von tropischen Hölzern in vielen westlichen Industrieländern strengen Kontrollen und Auflagen unterliegt, gilt es in Japan noch immer als chic mit Stäbchen aus Edelholz zu speisen.

Längst ist bekannt, dass die Abholzung der tropischen Regenwälder eine ernste Gefahr für die gesamte Erde bildet – mit dem Regenwald stirbt schließlich der Mensch! Auch die selektive Holznutzung gefährdet den Wald. Beim Fällen und beim Abtransport der wenigen Gewinn bringenden Baumstämme werden bis zu 75 % des umgebenden Waldes vernichtet. Durch das durchlöcherte Kronendach stürzen die Wolkenbrüche ungehindert auf den Boden und spülen ihn davon. Der geschwächte Wald ist nun besonders feuergefährdet.

(nach einem Zeitungsbericht)

1. Informiere dich über Umwelttechnologien *made in Japan*. Stelle deine Arbeitsergebnisse in einem Schülervortrag dar.

2. Erkläre, inwiefern traditionelles Verhalten Umweltprobleme verursachen kann *(M1)*.

3. Häufig wird behauptet, Japan löse seine Umweltprobleme nicht, sondern verlagere sie nur. Nimm zu dieser Behauptung Stellung; werte dazu den *Text* sowie *M2* und *M3* aus.

4. Welche Umweltprobleme haben Japan und Deutschland gemeinsam? Begründe.

Die vier kleinen Tiger

M1: Die vier kleinen Tiger

M2: Wirtschaftszentrum Singapur

1. a) Beschreibe die Entwicklung der Importe und Exporte der vier kleinen Tiger *(M6)*.
b) Vergleiche den Außenhandel (Import und Export) der Tigerstaaten mit dem von Japan *(M6)*.

„Kleine Tiger" haben scharfe Krallen

Noch vor 30 Jahren waren Singapur, Hongkong, Taiwan und Südkorea Entwicklungsländer. Mittlerweile haben diese Staaten (Hongkong gehört seit 1997 zu China) eigene Industrien aufgebaut. Sie bieten moderne Industrieprodukte auf dem Weltmarkt an: Fernseher, Videogeräte, Fotoapparate, Computer oder Kraftfahrzeuge. Die Waren sind von guter Qualität. Sie sind auch preiswerter als vergleichbare Produkte aus den Industrieländern. In Ostasien können die Firmen billig produzieren. Dort sind die Löhne, Steuern, Strom- und Transportkosten niedriger als zum Beispiel in Europa, in den USA und in Japan.

Singapur, Hongkong, Taiwan und Südkorea haben der Konkurrenz das Fürchten gelehrt und sie mutig wie Tiger in die Flucht geschlagen. Diese Länder nennt man daher auch die vier kleinen Tiger.

Sie gehören heute zu den 15 größten Handelsnationen der Erde. Sie haben den Sprung aus der Armut geschafft. Sie haben wirtschaftlich gesehen Anschluss an die reichen Länder wie Japan oder Deutschland gefunden. Die kleinen Tiger sind junge aufstrebende Industrieländer.

Sie werden **Newly Industrializing Countries** (NIC) genannt. Auch andere südostasiatische Staaten wollen Industrieländer werden: Malaysia, Thailand und die Philippinen besitzen dafür bereits einige Voraussetzungen.

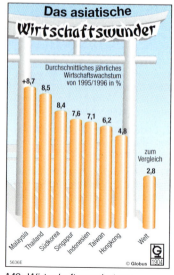

M3: Wirtschaftswachstum

M4: …

M5: …

2. Gehe in ein Kaufhaus. Erkunde, welche Waren aus Singapur, Hongkong, Taiwan und Südkorea angeboten werden.
Fertige eine Liste an (siehe auch M4 und M5).

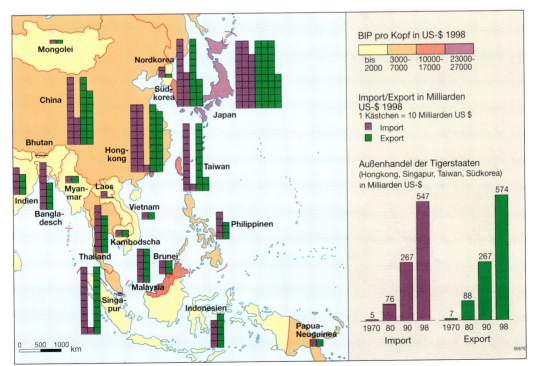

M6: Südost- und ostasiatische Staaten – Außenhandel und Bruttoinlandsprodukt pro Kopf

1. Sombat Sonthang ist ein „Opfer" der Wirtschaftskrise in Thailand. Erkläre.

2. Nenne Merkmale einer Wirtschaftskrise.

3. Diskutiert in der Klasse über die Karikatur *(M1)*.

Nach dem Wachstum kam die Krise

Reis pflanzen, heiraten, Kinder groß ziehen ... Das war nicht die Sache von Sombat Sonthang. Mit 16 verließ er sein Heimatdorf Tha Chang im armen Nordosten Thailands. Er ging in die Hauptstadt Bangkok um sein Glück zu machen. Zielstrebig arbeitete sich der Bauernjunge nach oben. Zunächst war er Küchenhelfer, dann Kellner, zuletzt Facharbeiter in einer Kleiderfabrik. Im Herbst 1997 wurde Herr Sonthang überraschend entlassen. Er fand keine andere Arbeitsstelle mehr. Schließlich kehrte er nach Tha Chang zurück. Dort hat er einen kleinen Imbissstand eröffnet. Mehr als umgerechnet 2,60 Euro pro Tag nimmt Herr Sonthang nicht ein. Er wohnt in einer Garage. Sein Traum von einem besseren Leben ist wie eine Seifenblase zerplatzt.

(nach DIE ZEIT vom 17.9.1998)

Sombat Sonthang ist einer von 1,6 Millionen Menschen, die im Jahr 1997 in Thailand entlassen wurden. Das Land ist in eine schwere **Wirtschaftskrise** geraten. Viele Baustellen sind heute verwaist. Zahlreiche Firmen, die vom Export lebten, haben keine Aufträge mehr. Sie können ihre Arbeiterinnen und Arbeiter nicht mehr bezahlen. Die Preise sind um ein Vielfaches gestiegen. Tausende von Menschen sind verarmt und müssen betteln gehen.

Thailand war das erste Land, das in eine Wirtschaftskrise geriet. Nun haben auch Malaysia, Indonesien und die Philippinen große wirtschaftliche Probleme. Selbst die vier kleinen Tiger und Japan sind in den Strudel der Krise geraten. Aus der Wirtschaftskrise eines einzigen Landes ist eine Asienkrise geworden, denn zwischen den Ländern bestehen enge wirtschaftliche Beziehungen. Die Regierungen der südost- und ostasiatischen Länder hoffen, dass sie die wirtschaftliche Talfahrt bald überwinden können.

M1: Karikatur

M2: Der Wert der Aktien fällt – Ausdruck der Asienkrise

4. Nenne Gründe für die Wirtschaftskrise in Asien.

5. Warum investiert eine Firma im Ausland (M3)?

6. Sammelt Artikel aus Zeitungen und Zeitschriften zur Asienkrise. Ordnet die Artikel zum Beispiel nach Ländern, Ursachen und Folgen der Krise.
Fertigt eine Wandzeitung an.

Wie kam es zur Wirtschaftskrise in Asien?

Thailand war viele Jahre lang ein „Geheimtipp" für Leute, die Geld anlegen wollten. Wer in Thailand ein Grundstück kaufte, konnte es nach wenigen Monaten wieder mit großem Gewinn verkaufen. Vor allem in Bangkok war die Nachfrage nach Grundstücken sehr groß. Dort wurde ständig gebaut, sodass es schließlich zu viele Wohnungen und Büros gab. Ein Teil davon konnte nicht mehr verkauft oder vermietet werden. Die Preise gingen zurück. Geldanleger zweifelten, ob die Entscheidung, in Thailand zu investieren, richtig war. Sie holten sich ihr Geld von den Banken zurück. Ausländische Währungsspekulanten sorgten mit zwielichtigen Finanzgeschäften für einen dramatischen Wertverlust der thailändischen Währung, dem Bath. Dabei verlor das Land fast seine gesamten Geldreserven.

Jahrelang waren Milliardensummen nach Thailand geflossen. Diese mussten die Banken nun in kürzester Zeit zurückzahlen. Bankhäuser gingen bankrott. Die Wirtschaft trieb in die Krise und benachbarten Staaten ging es ähnlich.

M3: Möglichkeiten von Investitionen im Ausland

Wirtschaftsgemeinschaften im Pazifikraum

Die Vision vom „Pazifischen Jahrhundert"

Ende der achtziger Jahre rückten die an den Pazifik grenzenden Regionen in Asien, Australien und Amerika als Wirtschaftsraum verstärkt in den Blickpunkt der Weltöffentlichkeit. Den Grund für das gestiegene Interesse bildete das hohe Tempo des Wirtschaftswachstums auf beiden Seiten des Pazifischen Ozeans. Überraschend für die Beobachter in aller Welt waren dabei insbesondere die wirtschaftlichen Erfolge der asiatischen Pazifikanrainer. Zwar war Japan als Wirtschaftssupermacht bereits allgemein akzeptiert, doch das Auftauchen der „kleinen Tiger" sowie einiger anderer ost- und südostasiatischer Staaten in der Rolle großer Konkurrenten sorgte für Verblüffung. Rasch war die Vorstellung von einem kommenden „Pazifischen Jahrhundert" geboren, das die Ablösung der wirtschaftlichen Vormachtstellung des „Westens" durch die aufstrebende Pazifikregion bringen sollte. Auch wenn es nach Ausbruch der Asienkrise etwas ruhiger um diese Vision geworden ist, ist die Stärkung dieses Raumes innerhalb der Weltwirtschaft unübersehbar. Nach wie vor besteht die Möglichkeit, dass das „Pazifische Jahrhundert" Wirklichkeit wird.

Einen maßgeblichen Anteil am Bedeutungsgewinn des pazifischen Raumes haben die dort entstandenen neuen Wirtschaftsgemeinschaften, die sich zum Teil deutlich von den aus Europa bekannten Bündnissen unterscheiden.

1. a) Grenze den so genannten pazifischen Raum nach M2 ab.
b) Benenne die in der Übungskarte gekennzeichneten Länder und Meere.

2. Die Asienkrise von 1997/98 hat die Vision vom „Pazifische Jahrhundert" wie eine Seifenblase zerplatzen lassen. Kommentiere diese Behauptung.

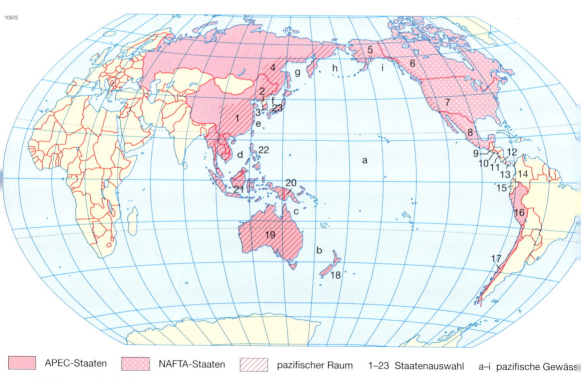

M1: Der pazifische Raum: neue Wirtschaftsgemeinschaften

Formen regionaler Kooperation – die ASEAN

Phnom Penh, 30. April 1999: Mit der Aufnahme des Königreichs Kambodscha in die Association of South East Asian Nations, kurz ASEAN, sind nunmehr alle zehn Staaten in Südostasien Mitglieder dieser am 8. August 1967 gegründeten Organisation.

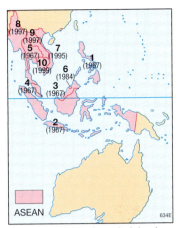

M2: ASEAN-Länder mit Jahr des Beitritts – Übungskarte

Als Indonesien, Malaysia, Singapur, Thailand und die Philippinen Mitte der sechziger Jahre planten, sich in einer gemeinsamen Organisation zusammenzuschließen, standen dabei weniger wirtschaftliche Ziele als vielmehr politische Interessen im Vordergrund. So ging es diesen Ländern insbesondere darum, Gebietsansprüche und daraus resultierende zwischenstaatliche Konflikte friedlich zu regeln. Zwar wurde vereinbart auch auf dem Gebiet der Wirtschaft miteinander zu kooperieren, doch der Anspruch, damit der Europäischen Gemeinschaft (heute EU) nachzueifern, konnte lange Zeit nicht eingelöst werden.

In der Gründungszeit der ASEAN besaßen alle Länder Südostasiens etwa den gleichen Entwicklungsstand. Es waren agrarisch geprägte, rohstoffexportierende Länder, die gerade erst ihre nationale Unabhängigkeit gewonnen hatten und nun versuchten ihre wirtschaftliche Unterentwicklung zu überwinden. Aufgrund ihrer ähnlichen Wirtschaftsstrukturen gab es zunächst kaum Möglichkeiten für eine wirtschaftliche Kooperation nach europäischem Vorbild.

Während Vietnam, Laos, Kambodscha und Burma (seit 1989 Myanmar) ihre Volkswirtschaften wenig erfolgreich an kommunistischen Modellen ausrichteten und zum Teil von jahrzehntelangen Kriegen und Bürgerkriegen zerrüttet wurden, gelang es den damaligen ASEAN-Ländern ihre Wirtschaft zu **diversifizieren**. Thailand, Malaysia, Brunei (seit 1984 in der ASEAN) und die Philippinen verfügen heute über eine exportorientierte verarbeitende Industrie. Singapur zählt bereits zu den hoch entwickelten Industriestaaten der Erde, die sich auf dem Weg zur **Dienstleistungsgesellschaft** befinden. Diese Länder treten heute erfolgreich als Investoren bei den neuen ASEAN-Mitgliedern Vietnam, Laos, Myanmar und Kambodscha auf und sorgen dort für ein hohes Wirtschaftswachstum.

In der Wirtschaft Indonesiens nimmt noch immer die Rohstoffwirtschaft (Erdölindustrie!) eine dominierende Stellung ein. Dennoch erlebte das bevölkerungsreichste Land des Subkontinents bis Mitte der neunziger Jahre einen bedeutenden wirtschaftlichen Aufschwung, der auch mit einer Verbesserung des Lebensstandards verbunden war. Die Asienkrise von 1997/98 traf Indonesien allerdings besonders hart und warf das Land um Jahre zurück. Ergeizige Wirtschaftsprojekte mit anderen ASEAN-Ländern, die u.a. die Einrichtung von bilateralen Wirtschaftszonen mit Malaysia und Singapur vorsehen, sollen nun die Wirtschaft wieder ankurbeln. Indonesien stellt für die geplanten „Wachstumsdreiecke" die Flächen und die Arbeitskräfte und die ASEAN-Partner die notwendige Logistik zur Verfügung.

3. Benenne die Mitgliedsstaaten der ASEAN *(M2)* und ihre Hauptstädte.

4. Vergleiche ASEAN und EU hinsichtlich ihrer Ziele und Ergebnisse *(Text, S. 108 ff.)*.

 ASEM – asiatisch-europäische Partnerschaft

Auf Vorschlag der ASEAN kam es 1996 in Bangkok zu einem ersten „Asia-Europe Meeting", an dem sich die ASEAN- und die EU-Staaten beteiligten. Inzwischen finden diese „Treffen" in regelmäßigen Abständen unter der Bezeichnung ASEM abwechselnd in Asien und in Europa statt. Ziel der ASEM ist es, im politischen Dialog die Zusammenarbeit auf den Gebieten Friedenssicherung und Wirtschaft zu organisieren. Auf diese Weise soll u.a. der wechselseitige Handel gefördert und die Investitionsströme verstärkt werden.

Zum Aufbau eines besseren gegenseitigen Verständnisses sollen persönliche Kontakte auf allen Ebenen beitragen. So wurde der Austausch von Jugendlichen, Studenten, Gelehrten vereinbart und gemeinsame Veranstaltungen ins Leben gerufen.

APEC – asiatisch-pazifische Partnerschaft

Im Unterschied zu den Zielen der ASEAN sind die der APEC (Akronym für *Asia Pacific Economic Cooperation*) in erster Linie auf die wirtschaftliche Zusammenarbeit ausgerichtet. Die APEC versteht sich als Forum für regelmäßige Konsultationen (seit Gründung 1989 jährlich) von Teilnehmern, die nach neuen Möglichkeiten der wirtschaftlichen Kooperation suchen. Feste Institutionen wie beispielsweise bei der EU (Europarat u.a., *siehe S. 108 ff.*) gibt es bei der APEC nicht. Als wichtig betrachten es die APEC-Teilnehmer (ASEAN, Australien, Kanada, Chile, China, Japan, Mexiko, Neuseeland, Papua Neuguinea, Peru, Russland, Süd-Korea, Taiwan, USA), dass alle Beschlüsse einstimmig gefasst werden. Mehrheitsentscheidungen, die sich gegen einzelne Teilnehmer richten könnten, sind von vornherein ausgeschlossen.

Um die wirtschaftliche Zusammenarbeit zu verbessern bemüht sich die APEC vor allem um den allgemeinen Zugang von Daten, Fakten, Normen, Regelungen und Problemen aus den sehr unterschiedlich entwickelten Teilnehmerländern. Zudem wird versucht, Handelshemmnisse aller Art abzubauen um den Warenaustausch zwischen den Ländern zu verbessern. Da für die APEC-Beschlüsse die Zustimmung aller Teilnehmer benötigt wird, kommt die Entscheidungsfindung teilweise recht schleppend voran. Weil es keine Institutionen gibt, die die Einhaltung der getroffenen Regelungen überwachen, werden diese nicht immer strikt befolgt. Während in der EU Beschlüsse rasch und bindend gefasst werden, arbeiten die vielen Gremien der APEC bei strikter Interessenwahrung für jeden Teilnehmer eher nach der Devise „Eile mit Weile" und „der Weg ist das Ziel".

Blah, Blah
Apec's promise to help business is so much talk

Each year, business worthies from around the region gather on the fringes of the Apec summit to advise the forum on how it can best serve the private sector. After all, helping businessmen do business is one of the body's primary goals. Yet as leaders arrived in Kuala Lumpur for the Apec summit, businessmen were finding it awfully difficult to say just what benefits it had brought them. Most who were asked to explain how Apec helped their companies were hard put to find an answer. An Australian parliamentarian is equally blunt: „Three years ago they were talking it up," he says. „And now I come here to find out they're still talking about the same things and still getting nowhere."

Apec has instituted 11 programs in areas such as intellectual-property rights, energy and customs procedures. Their subcommittees and working groups „exchange information" and „plan collective action" with the goal of easing trade, expanding business links and, ultimately, reducing the hassle and the cost of doing business in the Asia-Pacific."

(nach Far Eastern Economic Review, Hongkong, v. 26.11.98)

M1: APEC – mit dem Slow Train ins neue Jahrtausend

1. Wie wird die Arbeitsweise der APEC in dem Zeitungsausschnitt gewertet. Erläutere.

NAFTA – Exportoffensive aus Mexiko

Zwischen Mexiko und den USA ist in den letzten Jahren der Güterverkehr gestiegen. Kein Wunder, denn der Handel zwischen Mexiko, Kanada und den USA erfolgt weitgehend zollfrei. Für Güter sind die Grenzen seit Gründung der Freihandelsorganisation NAFTA (*North American Free Trade Association*) im Jahr 1994 geöffnet. Ausländische Unternehmen haben in Mexiko Betriebe gegründet um mit niedrigen Lohnkosten in Mexiko billig zu produzieren und anschließend die Produkte in den USA und Kanada mit Gewinn zu verkaufen. Ein Mexikaner erhält für einen Arbeitstag so viel Geld wie sein Kollege in den USA für eine Stunde.

Die Produktion in Mexiko ist für die Unternehmer auch interessant, weil es kaum Auflagen für den Umweltschutz gibt. Und die Einhaltung der wenigen bestehenden Umweltschutzauflagen wird vom mexikanischen Staat nicht streng genug kontrolliert. Unternehmen leiten beispielsweise giftige Industrieabwässer ungeklärt in die Flüsse. Sie sparen dadurch die Klärwerkskosten und vergiften das Grundwasser. In Mexiko-Stadt und ihrem Umland musste die Industrieansiedlung inzwischen verboten werden. Die Umweltprobleme der 15 Mio. Einwohner zählenden Landesmetropole sind bereits groß genug und sollen nicht völlig ausufern. Zudem hat sich die Hoffnung, dass die Industrie-Neugründungen dazu beitragen, die Zahl der in die USA abwandernden Mexikaner zu beschränken, trotz steigender Beschäftigtenzahlen bisher nicht erfüllt. Die Löhne sind zu niedrig.

Maquiladora-Industrie

Die neuen Industriegründungen werden auch als Maquiladora-Industrien bezeichnet. Der Begriff leitet sich vom spanischen Wort „maquila" ab. Unter „maquila" wird die Menge Getreide verstanden, die ein Müller als Lohn für das Kornmahlen behalten darf. Der Begriff erinnert daran, dass die neuen Betriebe ihre Vorprodukte von einem Kunden erhalten, sie weiterverarbeiten und danach wieder zurückgeben.

2. Stelle mithilfe von Nachschlagewerken einen Info-Text zur NAFTA zusammen.

3. Erläutere den Begriff „exportorientierte Industrialisierung."

4. Beschreibe die Standortverteilung der neuen Industriestandorte in Mexiko.

5. Nenne Vor- und Nachteile der Arbeitsteilung für Mexiko und die USA.

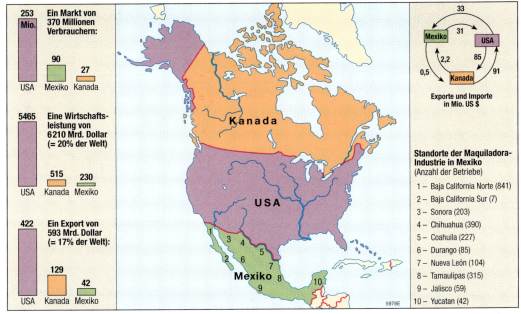

M2: Das Nordamerikanische Freihandelsabkommen (NAFTA) und Standorte der Maquiladora-Industrie in Mexiko

I Melanesien („Schwarze Inseln")

Bismarck-Archipel	49 700 km²
Fidschi-Inseln	18 300 km²
Neukaledonien	18 700 km²
Vanuatu (Neue Hebriden)	14 750 km²
Salomon-Inseln	41 500 km²

II Mikronesien („Kleine Inseln")

Karolinen-Inseln	1194 km²
Gilbert-Inseln	373 km²
Marianen-Inseln	1140 km²
Marshall-Inseln	180 km²
Nauru	21 km²

III Polynesien („Viele Inseln")

Cook-Inseln	217 km²
Tuvalu (Ellice-Inseln)	23 km²
Marquesas-Inseln	1274 km²
Samoa-Inseln	3136 km²
Gesellschaftsinseln	1680 km²
Tokelau-Inseln	15 km²
Tonga-Inseln	650 km²
Line-Inseln	850 km²
Hawaii-Inseln	16 700 km²

M1: Ozeanien – Inseln und Inselgruppen (Auswahl)

1. Bestimme die in M2 gekennzeichneten Inseln und Inselgruppen Ozeaniens (a–g). Ordne diese den größeren Inselgruppen (I–III) in M1 zu (Atlas, Karte: Erde – physische Übersicht).

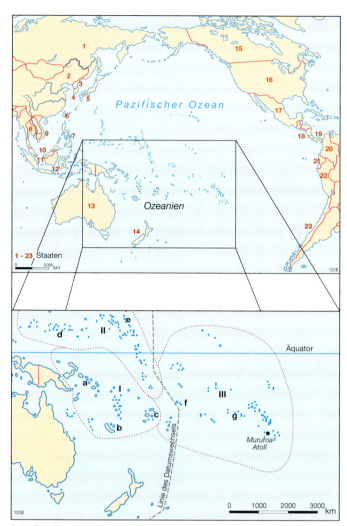

M2: Der Pazifische Raum (oben) M3: Inselwelt Ozeanien (unten)

Ozeanien – Kontinent im Meer

Der Pazifik bedeckt mit fast 180 Mio. km² mehr als ein Drittel der Erdoberfläche. Er ist größer als alle Kontinente der Erde zusammen. Über den Pazifischen Ozean verstreut liegen viele tausend Inseln, die man unter dem Namen Ozeanien zusammenfasst. Mit Ausnahme von Neuguinea, Neuseeland und Neukaledonien sind die meisten winzig klein. Sie werden von etwa elf Millionen Menschen bewohnt. Einige der Inselgruppen bilden die kleinsten Staaten der Erde.

Auf einer Fläche von 1,3 Mio. km² bilden beispielsweise neun kleine Inseln den 26 km² großen Staat Tuvalu. Da der karge Boden aus Korallenkalk kaum Landwirtschaft zulässt, leben die Bewohner von der Küstenfischerei. Bei einer Erwärmung des Erdklimas würde Tuvalu von den Landkarten verschwinden.

Pazifikraum – Motor der Weltwirtschaft

Das Wichtigste kurz gefasst

Japan – Industriegigant und Welthandelsmacht
Japan ist ein Inselstaat mit begrenztem Raum. Nur etwa zwölf Prozent der Landesfläche können als Siedlungsraum genutzt werden. Das übrige Gebiet ist zu gebirgig. Viele Menschen wandern vom Land in die Küstenstädte ab. So leben heute drei von vier Japanern in einer Großstadt. Sie begnügen sich durchschnittlich mit sechs Quadratmetern Wohnfläche je Person. Die Mieten und die Bodenpreise haben exorbitante Höhen erreicht.
Japan hat sich in den letzten dreißig Jahren zu einer der führenden Handelsmächte der Erde entwickelt. Diese Leistung ist ohne den Einfluss des japanischen Gesellschaftssystems nicht denkbar.
Durch das Wirtschaftswachstum haben die Umweltprobleme in Japan zugenommen. Die Regierung hat strenge Umweltschutzgesetze erlassen und im ganzen Land Messstationen errichtet um die Verschmutzung des Wassers und der Luft zu überwachen. Industriebetriebe erhalten Auflagen, ihre Produktionsanlagen zu modernisieren und ihren Energieverbrauch zu senken.

Die vier kleinen Tiger
Als kleine Tiger bezeichnet man die Länder Singapur, Süd-Korea und Taiwan sowie die frühere britische Kolonie Hongkong, die in den achtziger und neunziger Jahren ein sehr hohes Wirtschaftswachstum verzeichneten. Den kleinen Tigern gelang es, ihre Wirtschaft zu diversifizieren. Die Industrie und das Dienstleistungsgewerbe erreichten einen hohen Entwicklungsstand und erwirtschaften nun den überwiegenden Teil des BIP. Mit ihren Exporten brachen die kleinen Tiger in die Märkte der Industriestaaten ein und wurden für diese zu gefürchteten Konkurrenten, die Waren von hoher Qualität zu geringen Preisen anbieten. Als allerdings 1997/98 in Asien eine Wirtschaftskrise ausbrach, waren davon auch die Tiger-Staaten betroffen, sodass sich das Wirtschaftswachstum vorübergehend abschwächte.

Wirtschaftsgemeinschaften im Pazifikraum
Als Pazifikraum bezeichnet man zumeist den „Pazifischen Staatenraum", dem alle an den Pazifik angrenzenden Länder sowie die pazifische Inselwelt zugeordnet sind. Häufig bezieht sich diese Bezeichnung aber nur auf den Küstensaum dieser Länder.
ASEAN, APEC und NAFTA sind internationale Vereinigungen, in denen sich Länder der Region organisieren. Ziel dieser Zusammenschlüsse ist es, den Frieden im Pazifikraum zu wahren, sich besser kennen zu lernen und die Voraussetzungen für die wirtschaftliche Zusammenarbeit zu schaffen. Dazu gehört z.B. der Abbau von Handelshemmnissen.

Ozeanien – Kontinent im Meer
Unter die Bezeichnung Ozeanien fallen sämtliche Inseln und Inselgruppen des Pazifischen Ozeans. Die meisten Inseln sind sehr klein. Hier leben nur wenige Menschen. Wie der Staat Tuvalu bestehen auch die anderen ozeanischen Inseln vorwiegend aus Korallenriffen. Sie liegen nur wenige Meter über dem Meeresspiegel und sind von dessen Ansteigen bedroht.

Grundbegriffe

Bevölkerungsdichte
Produktivität
Außenhandel
Entwicklungshilfe
Umwelttechnologie
Newly Industrializing Countries (NIC)
Wirtschaftskrise
Diversifikation
Dienstleistungsgesellschaft

Energiegewinnung und Umweltbelastung

Energie: die Nachfrage wächst!

Energiequellen	1990	2020*
Erdöl	38,5	28,2
Kohle	30,0	22,7
Erdgas	23,1	22,3
Kernkraft	6,7	5,9
Wasserkraft, Sonne, Wind und andere	2,5	20,9

*geschätzt

M1: Weltenergieverbrauch nach Energiequellen (in %)

Sonne ist Energie

Die Strahlung der Sonne ist jene treibende Kraft, die das Leben auf der Erde ermöglicht. Sie bedeutet Licht sowie Wärme und bildet die Grundlage des Pflanzenwachstums.

Zur Energiegewinnung sind wir vor allem auf gespeicherte Sonnenenergie angewiesen. Erdöl, Erdgas und Kohle sind in Millionen von Jahren entstandene Gesteine aus Organismen, deren Lebensgrundlage einmal Sonnenenergie bildete. Diese nicht erneuerbaren Energiequellen der Natur erschließt der Bergbau.

Die Mehrzahl aller natürlichen Energiequellen wird, wie *M1* zeigt, in Kraftwerken in Elektrizität sowie Warmwasser oder in Chemiebetrieben in Brennstoffe umgewandelt. Aus **Primärenergie** entsteht auf diese Weise **Sekundärenergie** *(s.S. 56)*. Auf dem Weg zum Verbraucher geht ein Teil der gewonnenen Energiemenge „verloren".

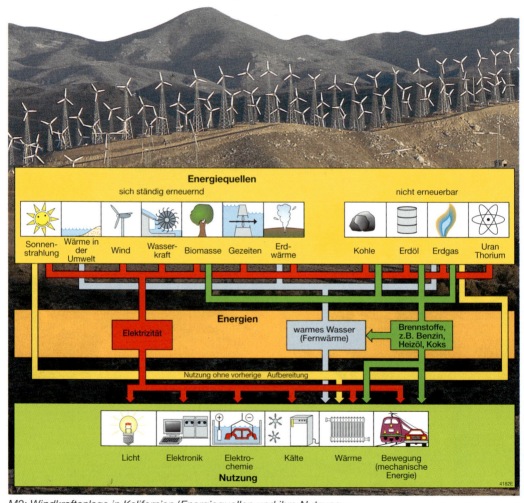

M2: Windkraftanlage in Kalifornien / Energiequellen und ihre Nutzung

Energieverbrauch – (k)ein Problem

*Wenn Herr Morgensen, Bauer in Kirchwerder, um 6 Uhr seinen Arbeitstag beginnt, hat er 3 **SKE (Steinkohleeinheiten)** Energie verbraucht: Er lässt sich vom Radiowecker wecken, duscht warm, frühstückt mit Kaffee, Toast sowie Spiegeleiern und fährt mit dem Traktor aufs Feld.*
Haifar Daoud, Bauer im Sudan, benötigt am Morgen 0,15 SKE Energie. Er wäscht sich mit Brunnenwasser, bereitet Tee über einem Feuer aus getrocknetem Dung sowie Holzresten und läuft mit seinem Maulesel zum Acker. Herr Daoud verbraucht auf Grund seiner Arbeits- und Lebensweise pro Jahr 83 SKE, Herr Morgensen 6500 SKE.
(nach: Arbeitskreis Schulinformation Energie)

Die Höhe des Energieverbrauchs eines Menschen hängt von zahlreichen Faktoren ab, zum Beispiel vom technischen Entwicklungsstand des jeweiligen Landes, dem Motorisierungsgrad, dem Klima sowie den verwendeten Primärenergieträgern. Gegenwärtig sind es die Einwohner der Industrieländer, die mit ihrer Arbeits- und Lebensweise achtzig Prozent der Weltenergieproduktion verbrauchen. In diesen Ländern leben aber nur zwanzig Prozent der Weltbevölkerung. Bevölkerungswachstum, zunehmende Industrialisierung und steigende Wohlstandsansprüche lassen den Energiebedarf auch in den Entwicklungsländern anwachsen.

Dieser wachsenden Nachfrage nach Sekundärenergie stehen jedoch sinkende Weltvorräte an Kohle, Erdöl und Erdgas gegenüber. Wann die Vorräte zu Ende sind, können jedoch selbst Experten nicht genau sagen.

1. Sonne ist Leben. Erkläre.
2. Beschreibe Energieströme von der Quelle bis zur Nutzung.
3. Beschreibe und begründe Unterschiede in der Entwicklung des Weltenergieverbrauchs *(Text; Atlas: Karte – Weltenergieverbrauch)*.
4. Erläutere die Karikatur.

> **Steinkohleeinheit (SKE)**
>
> Die SKE ist eine Maßeinheit zum Vergleich des Energiegehalts unterschiedlicher Primärenergieträger (z.B. Erdöl, Kohle, Torf, Holz). Sie wird durch jene Energiemenge definiert, die ein Kilogramm Steinkohle bei ihrer Verbrennung an Wärme abgibt.

M3: Karikatur: „So leben wir, so leben wir, so leben wir alle Tage!"

Primärenergie

ist die Energie, die uns die Natur unverändert zur Verfügung stellt. Wir gewinnen sie aus Wind- und Wasserkraft, fossilen Rohstoffen wie Kohle, Erdöl, Erdgas, Kernbrennstoffen (Uran), Holz, Biomasse, Sonnenenergie, Erdwärme.

Sekundärenergie

gewinnt man, nachdem Primär- in Sekundärenergieträger, z.B. Benzin, Heizöl, Briketts, elektrischer Strom, umgewandelt wurden. Durch die Umwandlung entstehen bereits beträchtliche Energieverluste.

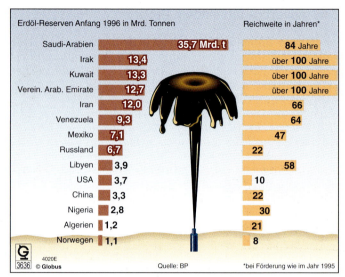

M1: Erdölreserven

1. Beschreibe die weltweite Verteilung von Erdölvorkommen und beurteile die Reservemengen *(M1)*.

2. Beschreibe die Entwicklung des Weltenergieverbrauchs und die Anteile, die die einzelnen Energieträger haben *(M2)*.

3. Erkläre den weltweit unterschiedlichen Energieverbrauch *(M3)*.

4. Welche Staaten der Erde besitzen die fossilen Brennstoffe? Erstelle eine Liste zu
a) Europa,
b) übrige Welt *(Atlas)*.

5. a) Beschreibe den Verlauf der einzelnen Kurven in Szenario 1 *(M4)*.
b) Erläutere die Wechselwirkung zwischen Bevölkerungs- und Nahrungsmittelkurve.

6. Beschreibe den Verlauf der einzelnen Kurven in Szenario 2 *(M5)*.
b) Nenne die grundlegenden Änderungen in Szenario 2 *(M5)* gegenüber Szenario 1 *(M4)*.

7. Überlegt euch, wie ihr selbst täglich Energie einsparen könnt, und fertigt Plakate an, die wenig energiebewusste Mitmenschen zum Umdenken anregen.

Energieversorgung – gesichert?

Die zur Zeit wichtigsten Energierohstoffe, die **fossilen Energieträger** Kohle, Erdöl und Erdgas, schwinden weltweit. Die Endlichkeit dieser Ressourcen ist eine unumstößliche Tatsache und stellt ein wesentliches Zukunftsproblem der Menschheit dar. Wie lange die fossilen Energieträger uns noch zur Verfügung stehen, kann jedoch niemand genau voraussagen. Selbst Expertenaussagen unterscheiden sich in diesem Punkt erheblich. Diesem Zukunftsproblem der Energieversorgung steht die Tatsache gegenüber, dass die Nachfrage nach Sekundärenergie zunimmt. Diese Zunahme resultiert aus der rasch wachsenden Erdbevölkerung, dem globalen Industrialisierungsprozess und dem steigenden Wohlstand bzw. dem damit verbundenen Konsumverhalten. Nicht zuletzt ist die Frage nach dem Energieverbrauch unter dem Aspekt des zunehmenden Treibhauseffektes bedeutsam geworden. Mit dem Verbrennen von Kohle, Erdöl und Erdgas werden nicht nur die Ressourcen gemindert, sondern es wird auch der Kohlenstoffdioxidgehalt (CO_2) in der Atmosphäre erhöht. In kapitalschwachen Entwicklungsländern, die auf fossile Brennstoffe verzichten müssen, wird Holz als Energieträger genutzt. Auch die Abholzung in diesen Regionen führt zur Zerstörung der natürlichen Lebensgrundlagen.

Seit 1990 zeichnen sich in einigen Industrieländern auch positive Entwicklungen ab. So ist es gelungen, durch verbesserte Heizungstechnik, Wärmedämmung und benzinsparende Automotoren den Gesamt-Energieverbrauch zu mindern und den energiebedingten CO_2-Ausstoß zu senken.

Positive Ansätze einzelner Staaten reichen jedoch nicht aus um die globalen Energiefragen zu lösen.

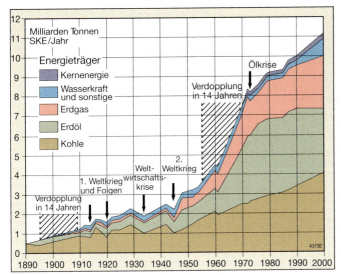

M2: Entwicklung des Weltenergieverbrauchs

M3: Energieverbrauch 1995 nach Großräumen

Region	Einwohner 1995 (in Mio.)	Anteil am Energieverbrauch von insgesamt 8136 Mio. t Rohöleinheiten (in %)
Nordamerika	290	29,5
Asien und Australien	3300	26,9
Europa	504	21,2
GUS	290	11,6
Südamerika	480	4,0
Naher Osten	100	3,8
Afrika	730	2,9

Wie sind die Probleme zu lösen?
– Die Vorräte an Energierohstoffen sind ungleich auf wenige Staaten der Erde verteilt. Viele Länder müssen daher ihre Energieträger importieren. Viele Entwicklungsländer können ihren Bedarf an Energierohstoffen kaum noch decken und leiden unter Energiemangel. Nur eine Koordinierung der Energiepolitik aller Länder der Erde und neue Entwicklungsstrategien könnte dieses Problem lösen.
– Die Energieeinsparung ist der beste und wichtigste Schritt zur weltweiten Energievorsorge. Wir werden lernen müssen sparsamer als bisher mit Benzin, Heizöl und Elektrizität umzugehen. Damit schonen wir die verbleibenden Reserven für kommende Generationen.
– Jeder Einzelne muss durch sparsamen Energieverbrauch einen Beitrag zur Umwelterhaltung leisten. Je weniger Kohle, Erdgas und Erdöl verbrannt werden, desto mehr schützen wir die Atmosphäre *(vgl. S. 64ff. und S. 72f.)*.

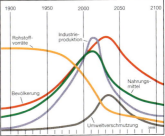

M4: Szenario 1: Es wird angenommen, dass die Menschheit sich weiterhin wie gewohnt verhält – so lange das möglich ist ...

 Szenario

In einem Szenario wird ein mögliches Bild von zukünftigen Ereignissen oder Zuständen beschrieben. Für die Voraussage werden vergangene und gegenwärtige Entwicklungen umfassend analysiert. Die getroffenen Voraussagen beruhen dabei stärker auf einer Annahme oder Vermutung als auf mathematischen Berechnungen. Es handelt sich gewissermaßen um eine Was-wäre-wenn-Prognose. Solche Prognosen sind für Planungsprozesse und politische Entscheidungen unerlässlich. Dank alarmierender Szenarien, die die breite Öffentlichkeit mobilisieren, können beispielsweise rechtzeitig Gegenmaßnahmen ergriffen werden.

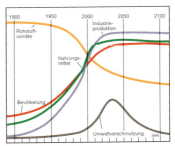

M5: Szenario 2: Es wird angenommen, dass die Hälfte aller Rohstoffvorräte noch nicht entdeckt ist und in Zukunft Geburten- und Produktionsbeschränkung sowie Techniken zur Umweltschonung angewandt werden...

Mensch und Umwelt

M1: Ausschnitt aus der Waldschadenskarte des Umweltbundesamtes

Mit Eichen und Buchen in der Egge geht's rapide bergab

Kreis Paderborn/Altenbeken (mkl). Zu einer Informationsveranstaltung trafen sich Forstleute und Waldbesitzer in der Altenbekener Eggelandhalle. Hier am Rande des Eggegebirges werden rund 60 Prozent der Waldschäden der kritischen Stufe II[1] zugerechnet. Während der Fichtentod derzeit stagniert[2], verschlechtert sich der Zustand von Eiche und Buche rapide.

Gerade die aus dem Ruhrgebiet mit westlichen Winden herübergetriebenen Luftmassen stoßen am Eggegebirge (240 bis 468 Meter über dem Meeresspiegel) auf eine erste Barriere. Sichtbare Waldschäden waren in Nordrhein-Westfalens 1982 in der Egge zuerst zu bemerken und treten mittlerweile hier am stärksten auf. Die Folge: Viele Bäume sind unter verschärften Bedingungen einer hohen Belastung ausgesetzt und können auf zusätzliche Stresssituationen wie Frost oder Dürre nicht angepasst reagieren.

(nach: Neue Westfälische vom 1.9.1988)

[1] „Mittelstark geschädigt": 20-60% Nadel- oder Blattverlust, [2] nicht fortschreitet

Atemnot – nicht nur der Wald leidet

Nicht nur im Eggegebirge, fast überall in unseren Wäldern nehmen die Schäden zu. Immer mehr Bäume werden krank, gehen ein. Hauptursache für dieses Waldsterben ist die Verschmutzung unserer Luft.

Die Luftverunreinigungen wirken einerseits unmittelbar über die Luft auf Nadeln und Blätter. Andererseits gelangen sie über den sauren Regen in die Blätter, den Boden und die Wurzeln.

M2: So wirken Luftverunreinigungen auf Bäume

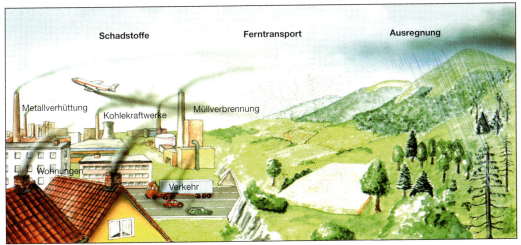

M3: Luftverschmutzung – Verursacher und Wirkungsweise

Bei Verbrennungsvorgängen werden CO_2, Wärme und Staub in die Luft abgegeben. Zum Problem wurden diese Emissionen, als mit zunehmender Industrialisierung der Verbrauch von Brennstoffen stieg.

Ein besonders gefährlicher Schadstoff ist Schwefeldioxid (SO_2). Es verbindet sich in der Luft mit Wasser zu schwefliger Säure. Sie kann Gesteine zersetzen und greift auch die Organe vieler Lebewesen an – zum Beispiel die Atemwege des Menschen.

Schweflige Säure und andere Säuren in der Luft sind auch die Verursacher von Waldschäden. Über die Niederschläge gelangen sie in den Boden und verändern sein chemisches Gleichgewicht. Eine Folge ist, dass die Feinwurzeln, die für einen Baum Wasser und Nährstoffe aufnehmen, in großer Zahl absterben. Auch viele Kleinstlebewesen können in dem ‚versauerten' Boden nicht mehr leben; ihr Fehlen verlangsamt zusätzlich die Nährstoffproduktion. So wird die Ernährung der Bäume gestört, sie wachsen langsamer, reagieren empfindlicher, zum Beispiel auf Trockenheit, und sterben nach und nach ab.

Bodenbelastung

Böden werden nicht ausschließlich durch Immissionen belastet. Auch Altlasten sind oft der Grund für Bodenverschmutzungen, ebenso wie in der Landwirtschaft eingesetzte Chemikalien. Neben Schadstoffen stört auch die *Bodenversiegelung* durch Straßen oder Gebäude die Nutzung unserer Böden als Anbauflächen oder natürliche Wasserfilter.

M4: Portalfigur Schloss Herten: 1908 und heute

1. Erläutere, warum der Wald des Eggegebirges geschädigt ist *(Atlas)*.

2. Welches sind die Hauptquellen für Emissionen in die Atmosphäre *(M3)*?

3. Beschreibe mögliche Wirkungen von Immissionen *(M3, M4)*.

4. Informiert euch beim zuständigen Forstamt über den Zustand des Waldes in eurer Region. Organisiert eine „Exkursion" mit dem Förster.

Seen verseucht – Fische tot!
Stockholm, 13. Juni (EB) – Fischsterben im Süden Skandinaviens! Seit Tagen werden immer mehr tote Fische an die Ufer der südschwedischen Seen getrieben. Experten fanden inzwischen heraus, dass saurer Regen im Laufe der Zeit das Wasser der Seen verseucht hat. Es konnte auch nachgewiesen werden, dass die Schadstoffe zum Beispiel aus Industriegebieten in Großbritannien stammen. Die vorherrschenden Westwinde haben sie nach Osten getragen.

(dpa-Meldung)

M1

Es liegt was in der Luft ...

Vor einigen Jahren glaubte man noch, man könne Industrieabgase durch immer höhere Schornsteine loswerden. Doch das Problem ließ sich so nicht lösen: Schwefeldioxid, Stickoxide, Kohlenmonoxid, Schwermetalle oder Stäube werden nur gleichmäßiger verteilt. Großräumige Luftbewegungen befördern die Luft über Hunderte, ja Tausende von Kilometern. Ebenso weit werden oft die Schadstoffe in der Luft transportiert, ehe sie als Immissionen spürbar sind. Die Leidtragenden sind auch Regionen, in denen nur geringe Mengen von Luftschadstoffen entstehen, wie Südskandinavien.

Maßnahmen gegen die zunehmende Luftverschmutzung
Erst als die Schäden durch Immissionen unübersehbar wurden, begannen die Menschen Gegenmaßnahmen zu ergreifen: Die Emissionen mussten verringert werden. Kfz-Katalysatoren und abgasarme Heizanlagen in Häusern wurden Pflicht. Auch in großen Industrieanlagen muss dafür gesorgt werden, dass die Emission von Schadstoffen eingeschränkt wird. Beim Neubau von Kraftwerken wird heute generell darauf geachtet, dass zur Stromerzeugung möglichst wenig Kohle verbrannt werden muss. Verwendet wird schwefelarme Kohle. Schwefeldioxid und Stickoxide werden aus den Abgasen fast vollständig entfernt, ebenso die Stäube.

Zahlreiche Maßnahmen haben inzwischen zu einer Verbesserung der Luftqualität in Teilen Europas geführt. Die Smoggefahr ist deutlich zurückgegangen. Doch wenn nicht überall das Umweltbewusstsein steigt, werden bei uns weiterhin Bäume geschädigt, Gebäude zerfressen, Menschen erkranken. Nur gemeinsames Handeln, z.B. im Rahmen der EU, kann wirklich Besserung bringen.

M2: Smog über Duisburg – in den siebziger Jahren ein häufig anzutreffendes Bild, inzwischen herrscht kaum noch Smoggefahr

1. Welcher Zusammenhang kann zwischen dem Bau hoher Schornsteine in Industriegebieten und einem Fischsterben Tausende Kilometer nordöstlich davon bestehen *(M1)*?

2. In Mitteleuropa ist die Belastung durch Luftschadstoffe besonders stark.
a) Wie kommt es dazu?
b) Nenne Maßnahmen, die zur Verminderung dieser Belastung beitragen können.

Dicke Luft an der Ruhr – Smog-Alarm Freitag, 18. Januar
Für das westliche Ruhrgebiet wurde gestern abend Smog-Alarm der Alarmstufe 1 ausgelöst. Nach Angaben des Gesundheitsministeriums in Düsseldorf werden heute morgen zwischen sechs und zehn Uhr bestimmte Gebiete für Privatautos ohne Katalysatoren gesperrt und Kraftwerke und Fabriken müssen schwefelarme Brennstoffe verwenden. Besonders betroffen sind die Städte Duisburg, Mülheim/Ruhr, Essen, Oberhausen und Bottrop. Die Werte hatten seit gestern früh in Bottrop und Essen den Grenzwert von 1,4 Milligramm Schwefeldioxid pro Kubikmeter Luft übertroffen.

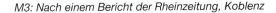

M3: Nach einem Bericht der Rheinzeitung, Koblenz

SMOG – Gesundheit in Gefahr

Smog (**sm**oke und f**og**) entsteht bei bestimmten Wetterlagen *(M4)*. Besonders über Ballungsräumen sammeln sich in der winterlichen Kaltluft Abgase aus Industrie, Autos und Häusern. Dieses Gemisch aus Rauch und Nebel kann für herzkranke Menschen oder Kleinkinder lebensbedrohend werden. Es schädigt die Atemwege und steigert die Anfälligkeit für Krankheiten, auch für Krebs. Fünf Smog-Gebiete mit 42 Messstationen gibt es allein in Nordrhein-Westfalen, dem Land mit den meisten Industriebetrieben. Sie liegen im Ruhrgebiet und im Raum Köln-Düsseldorf.

Eine andere Art von Smog ist der „Sommer-Smog". Abgase setzen sich bei starker Sonneneinstrahlung mit anderen in der Luft befindlichen Stoffen zu Ozon-Molekülen um. Besonders belastet sind subtropische Millionenstädte, die in einem Talkessel liegen, wie Athen oder Mexiko-Stadt. Aber auch bei uns tritt dieser Smog-Typ auf und kann unsere Gesundheit beeinträchtigen, vor allem, wenn wir bei anstrengenden Tätigkeiten tief einatmen.

3. Beschreibe die beiden Smog-Arten.

4. Warum ist unser Heimatland Schleswig-Holstein weniger smoggefährdet als das Ruhrgebiet?

5. Welche Maßnahmen werden bei Smog getroffen? Welchem Zweck dienen sie?

6. Erkläre den Unterschied zwischen einer Normalwetterlage und der Umkehrwetterlage *(M4)*.

7. Mache eigene Vorschläge, wie die Entstehung von Smog vermindert werden kann. Denke dabei auch an dein eigenes Verhalten.

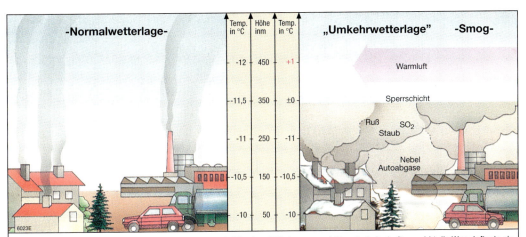

Bei der Entstehung von Smog spielt das Wetter eine entscheidende Rolle. Eine Art von Smog entsteht in den Wintermonaten. Am Boden bilden sich oft Schichten kalter Luft, insbesondere wenn Schnee liegt. Schiebt sich nun warme Luft (zum Beispiel aus dem Mittelmeerraum) über die kalte Luft, so wirkt die Warmluft wie ein Deckel: Sie dichtet die unter ihr liegende Luftschicht nach oben ab. Ein Luftaustausch kann nicht mehr stattfinden. Man spricht von einer ‚Umkehrwetterlage': Am Boden ist es kälter als in der Höhe.

M4: Normalwetterlage und „Umkehrwetterlage" mit Smog

Ozonloch und Treibhauseffekt

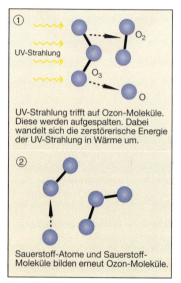

M1: Die Bildung von Ozon

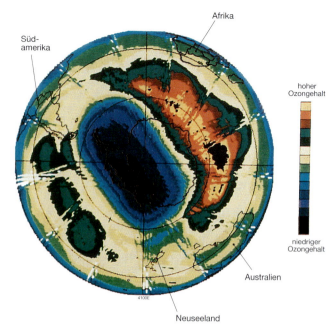

In der Antarktis erreicht das Ozonloch (schwarzer und blauer Bereich) von September bis November eine Größe von der vierfachen Fläche der USA.

M2: Satellitenbild von der Südhalbkugel der Erde

Das „Ozonloch" – eine Gefahr für die Menschheit

Diese Schlagzeile konnte man im Oktober 1985 in jeder Tageszeitung lesen. Forscher einer britischen Antarktis-Station hatten Unglaubliches entdeckt: Über der Antarktis war die **Ozonschicht** dünner als je zuvor, an manchen Stellen sogar nur noch wenige Kilometer dick. Die Schlagzeile sorgte weltweit für Aufsehen. Warum?

Die Ozonschicht umspannt in 20 bis 50 km Höhe die gesamte Erde. Sie ist eine Schutzhülle, denn sie „schluckt" den größten Teil der **ultravioletten Sonnenstrahlung** (UV-Strahlung), die für die Menschen, Tiere und Pflanzen schädlich sein kann. Dünnt die Ozonschicht aus, verliert sie an Wirkung. Je dünner sie ist, umso mehr UV-Strahlen gelangen bis zur Erdoberfläche. Das **Ozonloch** wird durch Fluorchlorkohlenwasserstoffe (FCKW) hervorgerufen. Das sind Gase, die früher in Kühlschränken und Spraydosen verwendet wurden. Treten sie aus, steigen sie zur Ozonschicht auf und zerstören das Ozon. Zwar ist die Verwendung von FCKW inzwischen verboten, doch die bislang produzierten und noch immer freigesetzten FCKW zerstören die Ozonschicht weiter. Die Ozonschicht ist nicht nur über der Antarktis und den angrenzenden Kontinenten gefährlich dünn geworden. Auch über der Nordhalbkugel wurde ein Ozonloch entdeckt. Wissenschaftler stellten fest, dass der Ozongehalt über Deutschland abgenommen hat.

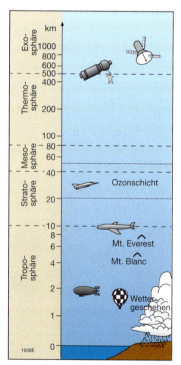

M3: Aufbau der Atmosphäre

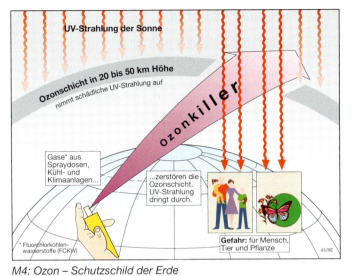

M4: Ozon – Schutzschild der Erde

Jahr	FCKW	
1968	1,3 Mio. t	*geschätzte Menge bei völliger Einstellung der FCKW-Produktion im Jahr 1990
1978	5,2 Mio. t	
1988	13,3 Mio. t	
1998	19,1 Mio. t	
2008	16,9 Mio. t*	
2038	12,8 Mio. t*	
2298	1,1 Mio. t*	

M7: FCKW-Menge in der Atmosphäre

Wirkung erhöhter UV-Strahlung auf:	Gefahren, Schäden
Menschen	- schnelleres Altern der Haut - Sonnenbrand - Hautkrebs - Schwächung der Abwehrstoffe gegen Krankheiten - Augenschäden (grauer Star) mit nachfolgender Erblindung
Tiere	- Erblindung - Hautkrankheiten
Pflanzen	- verlangsamtes Pflanzenwachstum, Schädigung von Nutzpflanzen - Rückgang der Plankton-Produktion im Meer

M5: Gefahren der UV-Strahlung für Menschen, Tiere, Pflanzen

M8: Spaltung und damit Zerstörung von Ozon durch vom Menschen freigesetzte Stoffe

M6: Plakat in Melbourne: „Ich lasse mich nicht braten"

1. Die Ozonschicht ist ein Schutzschild. Erkläre (M3 und M4).

2. Beschreibe die möglichen Folgen einer erhöhten UV-Strahlung (M5 und M6).

3. „Ozonloch über der Antarktis" (M1). Erkläre die Ursache.

4. Ab dem Jahr 2000 wollen alle Länder der Erde keine Produkte mehr herstellen, in denen FCKW enthalten ist. Dennoch ist damit die Gefahr durch FCKW nicht gebannt. Erläutere (M7).

Am Anfang einer Warmzeit?

Im Laufe der Erdgeschichte hat es auf der Erde immer wieder Klimaschwankungen mit Kalt- und Warmzeiten gegeben, die viele Jahrtausende dauerten. Daneben kam es allerdings auch immer wieder zu natürlichen, kurzzeitigen **Klimaanomalien**. Heute stehen wir möglicherweise vor einer von Menschen mitverursachten Klimaveränderung, die vielleicht schon in wenigen Jahrzehnten wirksam wird.

Für ein lebensfreundliches Klima auf der Erde sorgt neben der schützenden Ozonschicht auch der so genannte natürliche **Treibhauseffekt**. Er ist dafür verantwortlich, dass die Erdoberfläche nicht zu schnell auskühlt.

Der Treibhauseffekt funktioniert so: In der unteren Atmosphäre befinden sich Spurengase, die die Sonnenstrahlen fast ungehindert durchlassen. Diese erwärmen die Erdoberfläche. Von dort wird nun Wärme an die Atmosphäre abgegeben. Im Gegensatz zur Sonnenstrahlung wird die Wärmestrahlung von den Spurengasen reflektiert und zur Erdoberfläche zurückgeworfen, nur ein Teil tritt in das Weltall aus. In der unteren Atmosphäre kommt es daher zum Wärmestau. Ohne diesen Wärmestau bzw. Treibhauseffekt würde die Erde nachts stark auskühlen.

Dieser natürliche Effekt wird vor allem seit der Industrialisierung durch den Menschen verstärkt. So nimmt der Anteil der Spurengase in der Atmosphäre laufend zu. Eines der hauptsächlich an die Luft abgegebenen Gase ist das Kohlendioxid (CO_2). Es entsteht bei jedem Verbrennungsvorgang. Von 1950 bis 1980 stieg der CO_2-Ausstoß pro Jahr durchschnittlich um 6,5 Prozent. Schon in 50 Jahren kann sich der Anteil des in der Luft verdoppelt haben.

Dabei ist zu beachten, dass die Industrieländer – mit einem Bevölkerungsanteil von rund 25 Prozent – etwa 80 Prozent des CO_2 ausstoßen. Die Entwicklungsländer (einschließlich China) – mit einem Bevölkerungsanteil von rund 75 Prozent – tragen zu den CO_2-Emissionen mit nur etwa 20 Prozent bei (vgl. M5).
(nach Bericht der Enquete-Kommission des Deutschen Bundestages zum Schutz der Erdatmosphäre, Drucksache 11/80307, Bonn 1990)

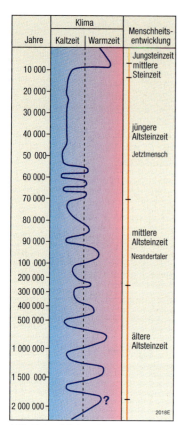

M1: Zeittafel der Kalt- und Warmzeiten

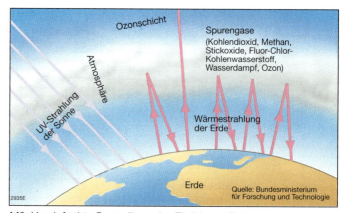

M2: Vereinfachte Darstellung des Treibhauseffektes

1. Wie viele Jahre dauerte die letzte Kaltzeit (M1)?

2. a) Was versteht man unter dem natürlichen Treibhauseffekt (M2)?
b) Welche Folgen hat die Zunahme der Spurengase in der Atmosphäre? Zeichne selbst eine Grafik, in der die Auswirkungen deutlich werden.

3. Warum steigen die Temperaturen an der Oberfläche des Erdmondes tagsüber (bei direkter Sonneneinstrahlung) auf über 100 °C an und fallen nachts auf Werte um -150 °C ab?

4. Beschreibe den CO_2-Anstieg (M4) und versuche den Verlauf der Kurve zu begründen.

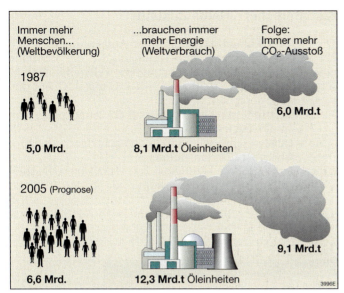

M3: Nachschub für das Treibhausklima

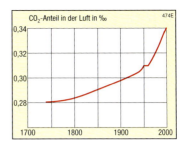

M4: Der CO_2-Anteil in der Atmosphäre

Die Herkunft der Treibhausgase

Kohlendioxid (CO_2) entsteht bei jeder Verbrennung. Es entweicht den Auspuffrohren der Autos, aus den Schornsteinen von Haushalten, Fabriken und Kraftwerken sowie bei den Brandrodungen in den Tropen. Von allen Spurengasen, die sich an der Erwärmung der Atmosphäre beteiligen, beträgt das CO_2 die Hälfte.

Methan (CH_4) wird auch Faulgas, Biogas, Deponiegas oder Sumpfgas genannt. Es strömt aus Müllbergen, Sumpfgebieten und Reisfeldern. Aber auch in den Mägen der weltweit 1,2 Mrd. Rinder wird es produziert. Täglich entweichen aus jedem Rindermagen etwa 120 Liter Methan. In den letzten 200 Jahren hat sich der Methangehalt der Atmosphäre verdoppelt. Die Hauptursachen dafür sind: Die Rinderherden wurden vergrößert und die Reisanbauflächen erweitert um die steigende Weltbevölkerung zu ernähren. Auch die Müllberge wachsen weiter an.

Distickstoffoxid (N_2O) ist eines der Stickoxide. Es wird auch als „Lachgas" bezeichnet und entsteht hauptsächlich auf überdüngten Äckern. Um immer größere Erntemengen zu erzielen wird immer mehr Kunstdünger eingesetzt. Auch aus Brandrodungen entweicht N_2O.

Fluor-Chlor-Kohlenwasserstoff (FCKW) gab es in der Natur nicht, bevor der Mensch es hergestellt hat. Es ist zum Beispiel in Kunststoffen, Feuerlöschern, Klimaanlagen und Kühlschränken enthalten. Ein Kilogramm FCKW heizt unsere Atmosphäre genauso stark auf wie 5000 Kilogramm CO_2.

Wasserdampf (H_2O) steigt in die Atmosphäre auf, wenn Wasser auf der Erde verdunstet. Je höher die Temperaturen sind, desto mehr Wasser kann verdunsten.

Ozon (O_3) ist dreiatomiger Sauerstoff. Es hat seine höchste Konzentration in der Ozonschicht in 20 bis 30 Kilometern Höhe.

5. Verfasse nach den Angaben in *M3* einen Bericht: Wie verändern sich Weltbevölkerung, Weltverbrauch an Brennstoffen und CO_2-Ausstoß?

6. Bei welchem der im Kastentext genannten Spurengasen könnte nach deiner Einschätzung am ehesten eine Verringerung erreicht werden? Begründe deine Entscheidung.

7. „Unsere Bevölkerung braucht mehr Nahrung, Kleidung, Arbeit. Wir müssen notgedrungen unseren CO_2-Ausstoß erhöhen. Für eine weitere Drosselung sind andere Länder zuständig." Erkläre diesen Ausspruch des indischen Physikers Rashmi Mayur und nimm Stellung. Beziehe *M5* mit ein.

M5: CO_2-Produktion einiger Emittenden

① CO_2-Emissionen (in Mrd. t)
② CO_2-Ausstoß je Einwohner und Jahr (in Tonnen)

	①	②
USA	5,31	19,7
China	3,37	2,8
Russland	1,58	10,7
Japan	1,17	9,3
Deutschland	0,86	10,5
Indien	0,99	1,1
Brasilien	0,27	1,7
zum Vergleich		
Kenia	0,005	0,2
Kambodscha	0,0004	0,04

(Quelle: FISCHER WELTALMANACH 2000)

Modellbildung

In vielen Wissenschaften ist ein Modell ein Ausschnitt der Wirklichkeit, der grafisch und/oder mathematisch dargestellt wird. Viele Modelle sagen künftige Zustände voraus. Sie beruhen auf exakten Berechnungen (im Gegensatz zu Szenarien, die auf Argumentationsreihen beruhen). Die Fülle der Daten und Zusammenhänge erfordert dabei Computer-Berechnungen.

Klimaforscher: „Heiße Zukunft!"

Die meisten Klimaforscher sind der Auffassung, dass sich bei weiterer Zunahme der Treibhausgase die Lufthülle erwärmt. Diese Erwärmung beträgt im weltweiten Durchschnitt bis zum Jahr 2050 zwischen 1°C und 4°C. Für diese Annahme sprechen:
– eine durchschnittliche Erwärmung der Atmosphäre von 0,7°C in den letzten 100 Jahren,
– die wärmsten Jahre seit 1850 in den achtziger und neunziger Jahren des 20. Jahrhunderts,
– die viermal größere Häufigkeit von Hurrikanen, Dürren, Sturmfluten in den letzten Jahren als in den früheren Jahrzehnten,
– der Anstieg des Meeresspiegels um zwölf Zentimeter seit 1910,
– das Abschmelzen von Teilen des Inlandeises.

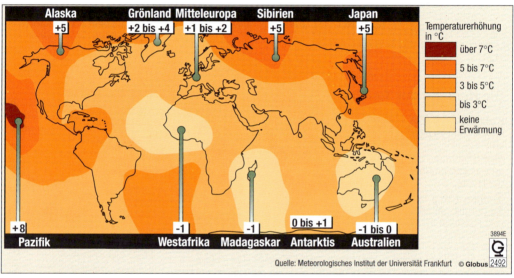

M1: Modellrechnung: Durchschnittstemperaturen auf der Erde bei verdoppelter Konzentration der Treibhausgase (CO_2, O_3, FCKW u.a.) in der Atmosphäre

1. Erläutere die Karikatur *(M4)*.

2. In welchen Teilen der Erde finden nach der Modellrechnung *M1* die größten Temperaturveränderungen statt?

3. a) Erläutere die gegensätzlichen Standpunkte der streitenden Klimaforscher.
b) Warum kann man mit Gegenmaßnahmen nicht warten, bis der letzte Beweis für eine Klimaerwärmung vorliegt.

4. Nimm Stellung zur Aussage der *Abb. auf Seite 52/53*.

Klimaforscher: „Keine Panik!"

Andererseits gibt es auch Klimaforscher, die solche Schlussfolgerungen für voreilig halten. Sie argumentieren so:
– Eine Erwärmung der Atmosphäre bewirkt zusätzliche Verdunstung und Wolkenbildung; Folge: weniger Sonneneinstrahlung am Erdboden und Abkühlung der Erde.
– Die Ozeane können große Mengen des Treibhausgases Kohlenstoffdioxid aufnehmen.
– Die Ursache der Erwärmung auf der Erde kann auch eine natürliche Klimaschwankung sein; deutliche Klimasprünge waren in der Erdgeschichte häufig zu beobachten.
– Das Fehlen eines umfangreichen Netzes an Klimaaufzeichnungsstationen lässt keine genau Prognose zu.

5. a) Entwirf Szenarien *(vgl. S. 57)* zum Thema: „Mögliche Folgen des zusätzlichen Treibhauseffektes". Die auf dieser Seite fett gedruckten Begriffe müssen dabei sinnvoll aufeinander bezogen werden. Beginne mit „Erwärmung der Atmosphäre".
b) Übernimm die Rolle eines Zeitungsredakteurs im Jahr 2050. Erstelle mithilfe von *M2* acht Schlagzeilen einer Zeitung, die auf die Lage in Europa eingehen.
c) Schreibe zu einer Schlagzeile einen Bericht, der sich mit den Ursachen und Folgen beschäftigt.
d) Stelle die Szenarien von *M2* in einer Wandzeitung durch Fotos, Foto-Collagen, Zeichnungen, Texte dar. Nutze auch S. 28.

6. Entwickle ein Szenario zu der Fragestellung: „Was wäre, wenn sich in Südeuropa Wüsten ausbreiteten?"

M3: In Biomasse gebundener Kohlenstoff (in kg pro m^2)

tropische Regenwälder	20
wechselfeuchte Regenwälder	16
Nadel- und Laubwälder	14
Feuchtsavannen und wechselfeuchte Wälder	2 – 16
nördliche Nadelwälder	9
immergrüne Hartlaubgehölze	2 – 3

Veränderung der Meeresströmungen (vgl. S. 28)
Die Ozeanströmungen werden sich verändern. Wenn dadurch zum Beispiel der warme **Golfstrom** die Küsten Mittel- und Nordeuropas nicht mehr erreicht, müssen wir mit viel längeren und strengeren Wintern rechnen. Wir müssen uns auf Temperaturen wie in Kanada einstellen mit allen **Folgen für die landwirtschaftlichen Anbaumöglichkeiten**.

Viele starke Orkane
Die Luft über den Landflächen wird sich noch stärker erwärmen als über dem Meer. Die Winde zwischen diesen unterschiedlich stark erwärmten Luftmassen werden sich verstärken. Die Menschheit muss lernen mit häufigen **Orkanen** und **Wirbelstürmen** zu leben.

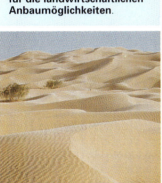

Extreme Wetterlagen
Öfter als heute werden **extreme Wetterlagen** auftreten. Sintflutartige Regenfälle mit katastrophalen **Überschwemmungen** werden sich mit Dürren abwechseln. Dort wo heute die Getreidegürtel liegen, werden **Dürreperioden** die Ernte vernichten. Die **Wüsten** werden größer. Weltweit **sinkende Erträge** verschärfen den **Hunger**. Dadurch kommt es zu Millionen von **Hungerflüchtlingen** und Kriegen.

Meeresspiegelanstieg
Weiteres **Abschmelzen des Inlandeises** auf Grönland und in der Antarktis wird den Meeresspiegel bis 2050 um 30 bis 50 cm höher steigen lassen. Küstenstädte wie Hamburg, London, New York wären von **Überflutungen** bedroht. Teure Deiche können sich die ärmeren Staaten nicht leisten. Bangladesch würde große Teile seines Landes ans Meer verlieren, ganze Inselgruppen verschwinden.

M2: Szenarien für Folgen einer möglichen Erwärmung der Erde

M4

Ausstieg aus der Kernenergie?

1. Führt ein Streitgespräch zum Thema „Pro und kontra Kernenergie" durch. Benutzt zur Vorbereitung die Materialien auf den Seiten 68 – 71 und weitere Informationsquellen (Lexika, Internet).

M1: Befürworter und Gegner von Kernkraftwerken im Streitgespräch

Anregungen für ein Streitgespräch:

– Bildet zwei Parteien. Informiert euch und notiert Argumente.
– Wählt aus eurer Partei drei Sprecherinnen oder Sprecher.
– Setzt euch wie in *M1*.
– Verteilt Beobachtungsaufgaben, z.B.: Redezeiten stoppen, Lautstärke und Verständlichkeit beurteilen, Verhalten notieren, Argumente beurteilen.
– Auswertung: Bericht der Teilnehmer und Teilnehmerinnen über ihre Erfahrungen, Vortragen der Beobachtungen, Abstimmung über die Streitfrage.

Hier gibt es Informationsmaterial:
* Gesellschaft für Anlagen- und Reaktorsicherheit
  85748 Garching,
  Tel.: 089/320040
* Informationskreis Kernenergie
  Heussallee 10,
  53113 Bonn,
  Tel.: 0228/507226
* Bundesministerium für Umwelt, Naturschutz und Reaktorsicherheit
  PF 120629
  53048 Bonn
  Tel.: 0228/305-0

Nutzung der Kernenergie in Deutschland

Annähernd ein Drittel des elektrischen Stroms wird heute in Kernkraftwerken (KKW) erzeugt (1992 22,7 %; 1996 29,5 %). Trotz des wachsenden Anteils der „Atomenergie" ist der Betrieb von KKWs politisch umstritten. Unvereinbare Haltungen gegenüber der „Atomenergie" ließen eine Übereinkunft zwischen der Energiewirtschaft, der Bundes- und den Landesregierungen bisher nicht zu. Der Forderung nach Stilllegung aller KKWs stand bislang das Beharren auf Nutzung der „Atomenergie" gegenüber.

Hauptargumente der Kernenergiegegner sind die möglichen Gefahren für Mensch und Umwelt. Die Katastrophe von Tschernobyl *(M4)* spielt in ihrer Argumentation eine große Rolle. In der Tat weichen die entsprechenden Sicherheitsstandards der europäischen Staaten weit voneinander ab. Selbst bei Anwendung der hohen deutschen Normen bleibt ein Restrisiko bestehen. Darüber hinaus besteht in all jenen Staaten, die Kernbrennstoffe einsetzen, das Problem des Transports und der Endlagerung radioaktiver Abfälle. Diese müssen auf Grund der langen Halbwertzeiten in stabilen Bereichen der Erdkruste deponiert werden. Auch die kostenaufwendige Endlagerung birgt viele Risiken. M3 zeigt die Streuung der Standorte der KKWs, Nachfolgeeinrichtungen und die Endlager.

Allerdings ist das Argument der Kernkraftbefürworter, dass KKWs ohne den verhängnisvollen CO_2-Ausstoß arbeiten, daher die Umwelt weniger gefährden und dazu beitragen Ressourcen zu sparen, nur schwer zu entkräften *(weitere Argumente siehe S. 70 M1/M2)*.

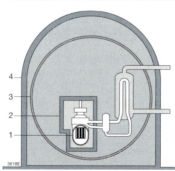

1 = Stahlumhüllung, 25 cm dick
2 = Schild aus Stahlbeton, 2 m dick
3 = Sicherheitsbehälter, 4 cm dicke Stahlhülle
4 = Stahlbetonhülle, 1,5 m dick

M2: Strahlenschutz in deutschen Kernkraftwerken

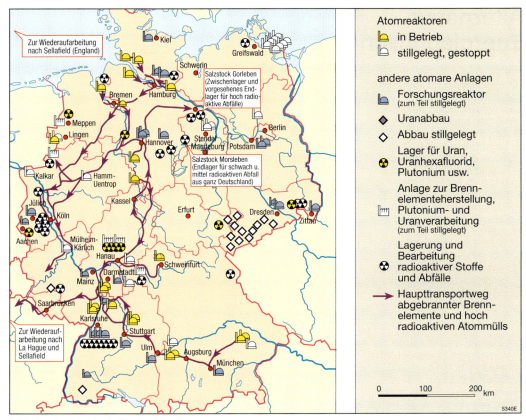

M3: Kernkraftwerke in Deutschland

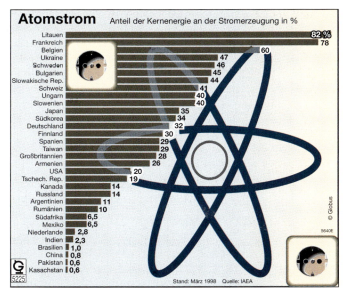

M5: Heute wird in der Welt in 32 Ländern Strom mit Kernenergie erzeugt. In Deutschland wurde das erste Kernkraftwerk im Jahr 1961 in Betrieb genommen.

M4: Kernkraftwerk Tschernobyl in der Ukraine

Hier ereignete sich am 26.4.1986 ein Super-GAU (GAU = größter anzunehmender Unfall). Durch einen technischen Defekt und menschliches Versagen trat gefährliche radioaktive Strahlung aus dem Kraftwerk aus. Diese gelangte sogar bis nach Deutschland. Durch die radioaktive Strahlung wurden in der Region Tschernobyl Luft, Boden und Nahrungsmittel verseucht. Viele Menschen erlitten gesundheitliche Schäden, z.B. Schilddrüsenkrebs. Auch heute noch sterben Menschen an den Folgen des Unglücks.

69

Alternative Energiequellen

Hoffen auf Sonne und Wind

Um zukünftige Energieengpässe zu vermeiden und die Umweltbelastungen zu vermindern suchen Wissenschaft und Wirtschaft nach **alternativen Energiequellen**. Seit den siebziger Jahren setzen die großen Industriestaaten, aber auch zunehmend die sich rasch entwickelnden Schwellenländer auf die „Atomenergie". Kernkraftwerke sind in der Lage aus vergleichsweise geringen Mengen Brennmaterial (z.B. Uran) gewaltige Mengen an Energie freizusetzen. 1998 waren weltweit in 32 Staaten 433 Kernkraftwerksblöcke in Betrieb. Die Kernenergie lieferte 1997 rund 17 Prozent der Weltstromproduktion. Zahlreiche Kraftwerksstörfälle und die Katastrophe von Tschernobyl trugen zwischenzeitlich dazu bei, dass die Kernenergie weltweit weniger befürwortet wurde. Dennoch wurden allein 1994 in sechs Ländern insgesamt elf Kernkraftwerke in Betrieb genommen, davon allein fünf in Japan und zwei in China. Bis heute ungelöst ist das Problem, wo der radioaktiv verstrahlte Atommüll endgültig gelagert werden soll.

Da die Weltvorräte an Energierohstoffen nicht unerschöpflich sind, ruhen die Hoffnungen auf den **regenerativen Energien**. Die meisten von ihnen entstehen direkt oder indirekt durch die Strahlung der Sonne.

Die Versorgung mit Kernenergie erfüllt alle an eine „Zukunftsenergie" gestellten Anforderungen:
1. langfristig nicht erschöpfbare Energiequelle;
2. hohe Sicherheit bei der Erzeugung und Verteilung. Das trotz hoher Sicherheitsstandards verbleibende Restrisiko sollte von der Öffentlichkeit akzeptiert werden;
3. hohe Wirtschaftlichkeit und Umweltverträglichkeit;
4. völliges Fehlen von Kohlenstoffdioxidausstoß.

(nach VEBA: Zukunftsenergie – Fakten und Argumente, S. 25)

M1: pro Kernenergie

„Atomenergie ist weder billiger als andere Energiearten noch umweltfreundlicher – denn keine andere Industrie hinterlässt so gefährliche, die Welt auf unabsehbare Zeit belastende Rückstände wie die Atomenergie.
Wären die Millionen Dollar, die weltweit für die Entwicklung der Atomindustrie aufgewendet wurden, in die Entgiftung herkömmlicher Kraftwerke und die Entwicklung alternativer Energieformen gesteckt worden, wäre die Kernenergie nie zu dem Problem geworden, das sie heute ist ..."

(Jaenecke, H.: Mein Gott, was haben wir getan. STERN-Buch, S. 212)

M2: kontra Kernenergie

Primärenergie		Umwandlung durch	Sekundärenergie	vorrangige Nutzung
Sonne	Wärmebestrahlung	Sonnenkollektor	warmes Wasser	Heizwärme Brauchwasser
Sonne (Licht)	Licht	Fotoelement	elektrischer Strom	Heizwärme Licht mechanische Energie
Sonne (Wärme)	Erdoberfläche (Gestein, Wasser) und Luft werden erwärmt: **Wärme in der Umwelt**	Wärmepumpe (Luft/Erde)	warmes Wasser	Heizwärme Brauchwasser
	Zwischen erwärmter Luft und kühlerer Luft entstehen Luftdruckunterschiede. Vom Hoch zum Tief weht der **Wind**	Windrad und Generator	elektrischer Strom	Heizwärme Licht mechanische Energie
	Wasser verdunstet, regnet ab; es entsteht von Bergen abfließendes Wasser: **Wasserkraft**	Wasserkraftwerk	elektrischer Strom	Heizwärme Licht mechanische Energie
Massenanziehung durch den Mond	bewirkt in den Weltmeeren Ebbe und Flut: **Gezeiten**	Gezeitenkraftwerk (Ebbe/Flut)	elektrischer Strom	Heizwärme Licht mechanische Energie
Wärme aus dem Erdinneren	bewirkt eine Erwärmung der Erdkruste und Erhitzung des Wassers darin: **Erdwärme**	geothermisches Kraftwerk + Dampf (z.B. an Geysiren)	elektrischer Strom	Heizwärme Licht mechanische Energie

M3: Regenerative (sich erneuernde) Energien

---

1. Erstelle ein Info-Blatt, das die Vorteile der regenerierbaren Energien anschaulich verdeutlicht.

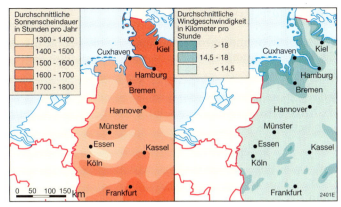

M4: Klimabedingungen für die Sonnen- und Windenergienutzung

M5: Im Windpark bei Cuxhaven

Sonnen-, Wind- und Wasserkraft – das müsste die Lösung der Energieprobleme sein! Können aber Solarkollektoren, Windräder und Wasserkraftwerke die Mengen Strom erzeugen, die ein Industrieland braucht?

Die Sonne scheint in Mitteleuropa weit unregelmäßiger als in den Trockengebieten der Erde. Es ist daher kein Zufall, dass vor allem in Australien und den USA die Sonnenenergie bereits wirtschaftlich genutzt wird.

Der Wind weht vor allem in der Umgebung der Meeresküsten ständig und kräftig. Tausende von Windturbinen müssten hier installiert werden, wenn Windkraft einen größeren Energiebeitrag leisten soll.

Die Fließgeschwindigkeit des Wassers lässt sich besonders in Mittel- und Hochgebirgslandschaften gut nutzen. So gewinnt zum Beispiel Norwegen seinen Strom überwiegend aus Wasserkraftwerken. Auf lange Sicht könnten in unseren Breiten 15 bis 20 Prozent des Energiebedarfs durch Sonne, Wind und Wasser gedeckt werden. Dazu ist aber noch viel Entwicklungsarbeit nötig um die Produktivität der Anlagen zu steigern – und politischer Wille.

2. Welche Standorte in Nordwestdeutschland eignen sich besonders für Windkraft- und Solaranlagen *(M4)*?

3. Begründe die hohen Anteile Islands, Norwegens, Schwedens und Österreichs bei der Stromgewinnung aus sich erneuernden Energien *(M6, Atlas)*.

4. Wo werden in deiner Umgebung alternative Energiequellen genutzt? Erkundige dich.

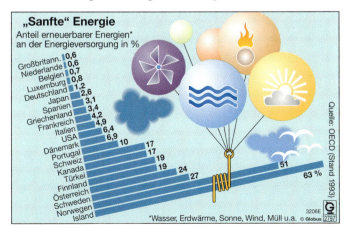

M6: Strom aus alternativen Energiequellen (ausgewählte Länder)

Weitere **I**nformationen:

- Greenpeace
  – am Schlosspark 141 a
    55116 Mainz
  – Lulustein 18
    66117 Saarbrücken
  – Maarstraße 80
    54292 Trier
  – Pfarrstraße 27
    56564 Neuwied
- Informationskreis
  Kernenergie
  Heussallee 2-10
  53113 Bonn

Projekt: Energiesparen in der Schule

Wir senken den Energieverbrauch

Gemeinsam könnt ihr untersuchen, wie eure Schule durch Senkung des Energieverbrauchs zum Klimaschutz beitragen kann.

Dazu solltet ihr zunächst eure Arbeit gemeinsam in der Klasse planen. Ihr gliedert das Thema und teilt verschiedene Arbeitsgruppen zur Bearbeitung der Unterthemen ein, beispielsweise „Heizung" oder „Beleuchtung". Ihr solltet die Art der Ergebnisdarstellung festlegen.

In jeder Arbeitsgruppe stellt ihr einen Arbeitsplan *(M3)* auf. Nach der Informationsbeschaffung arbeitet ihr Vorschläge aus, wo und wie eure Schule Energie einsparen kann.

Stellt schließlich eure Gruppenergebnisse vor. Überlegt gemeinsam, wie die Vorschläge umgesetzt werden können. Sinnvoll wäre eine Präsentation der Ergebnisse und Vorschläge vor einem größeren Gremium. Möglich wären beispielsweise eine neue „Energiespar-Hausordnung" oder Anträge an Gesamtkonferenzen, Anträge an Schulträger und Schulleitung.

M1: Interview mit dem Hausmeister

Checkliste (Auswahl)
- Windfänge an den Außentüren?
- Temperaturregler an den Heizkörpern?
- Heizungsregelung für jeden Raum?
- Wie wird gelüftet?
- Art der Verglasung der Fenster?
- Sind die Haustüren (im Winter) geschlossen?
- Art der Beleuchtung?
- Zeitschaltuhren für Licht?
- Haben Computer und Kopierer Stromspartasten?

M2: Erkundung des Stromverbrauchs

was?	wie?	wo?	wer?	wann?
Heizung: – Art der Heizung – Verbrauch – Heizkosten – Heizperiode – Raumtemperatur – Isolierung der Wände/Fenster – Lüftung	Erkundungs- und Fragebogen	Hausmeisterin oder Hausmeister Schulträger Schulleiterin oder Schulleiter	Namen der Gruppenmitglieder	Zeiteinteilung der Arbeit: – Planen – Erkunden/Befragen – Ergebnisdarstellung

M3: Arbeitsplan der Gruppe „Heizung"

M4: Und dein Beitrag zum Klimaschutz?

Klimaschutz – eine Aufgabe für alle

Natürlich lässt sich das Klima-Problem nicht allein im privaten Haushalt lösen. Aber die meisten Treibhausgase, vor allem das Kohlenstoffdioxid stammen aus eurem direkten Lebensumfeld: Energie, Verkehr, Haushaltsartikel und -geräte. Hier kannst du zum Klimaschutz beitragen.

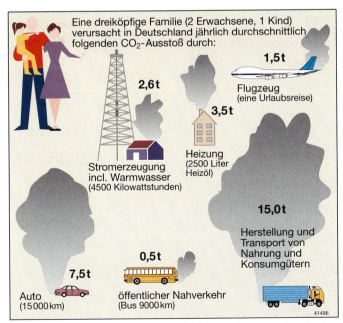

M5: Durchschnittlicher CO_2-Ausstoß einer dreiköpfigen Familie in Deutschland

1. Erkläre, inwiefern die einzelnen Maßnahmen der Schülerinnen und Schüler zum Klimaschutz beitragen (M4).

2. a) Zeichne ein Säulendiagramm zu den Werten von M5.
b) Berechne den CO_2-Ausstoß im Jahr pro Person.

3. Liste auf, was du zum Klimaschutz beitragen willst. Begründe deine Entscheidung.

Anlegen und Auswerten von Diagrammen

M1: Verbrauch von Energieträgern (Anteil am Primärenergieverbrauch) in Deutschland

Energieträger (in Mio. SKE)	1995	1998
Erdöl	194,1	195,3
Erdgas	96,0	102,5
Steinkohle	70,3	69,5
Braunkohle	59,1	51,5
Kernbrennstoff (Uran)	57,4	60,2
unerschöpfliche Energieträger	8,7	9,6
Insgesamt	485,6	488,6

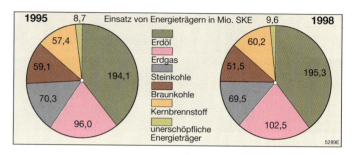

Diagramm

Ein Diagramm ist die graphische Darstellung von Größenverhältnissen (Zahlenwerten) in leicht überschaubarer Form.
Vor allem bei großen Datenmengen ist ihre Verwendung geeignet. Die Form des Säulendiagramms verdeutlicht Proportionen. Abstrakte Zahlen bilden die Grundlage für diese Form der Darstellung.
Kurvendiagramme eignen sich besonders zur Darstellung zeitlicher Veränderungen.
Kreisdiagramme eignen sich für die Darstellung absoluter und relativer Werte. Durch die Veränderung im Durchmesser lassen sich absolute Werte vergleichen; durch die Sektoren werden relative Werte (Anteile) dargestellt.

Schrittfolge für das Zeichnen von Kreisdiagrammen

Benötigte Arbeitsmaterialien: Statistische Daten, Taschenrechner, Lineal, Winkelmesser, Zirkel, Farbstifte.

1. Umrechnen absoluter Zahlen in Prozentangaben mithilfe der Dreisatzrechnung (hier am Beispiel von Werten aus M1 - Anteil Energieträger am Primärenergieverbrauch Deutschlands).
2. Umrechnung der Prozentangaben in Grad für die Bestimmung der Kreissektoren; dafür werden die Prozentangaben mit 3,6 multipliziert (100 % = 360 %; Achtung! - durch Auf- und Abrunden kann es zu geringen Abweichungen kommen, die Grundaussagen jedoch nicht berühren).

Energieträger in Mio. SKE	absolute Zahlen	Prozent zahlen	Grad
Erdöl	195,3	39,97	143,9
Erdgas	102,5		
Steinkohle	69,5		
Braunkohle	51,5		
Kernbrennstoff	60,2		
Wind, Wasser, sonst.	2,6		
Müll, Brennholz, Sonnenenergie	7,0		
Insgesamt	488,6	100,00	360,00

* große Unterschiede gegenüber den Werten von 1995 resultieren aus veränderten Umrechnungsmethoden in SKE

3. Die errechneten Sektoren werden mit „12 Uhr" beginnend im Uhrzeigersinn abgetragen. Die Kreissektoren werden stets nach der Größe geordnet.
4. Die einzelnen Kreissektoren werden genau beschriftet und zur besseren Abgrenzung und Anschaulichkeit mit einer Flächensignatur (Farbe, Raster) gekennzeichnet.
5. Aus der Über- oder Unterschrift bzw. aus einer Legende muss hervorgehen, welche Inhalte in dem Diagramm dargestellt werden.

1. Ergänze die Prozentangaben und die Gradzahlen in der nebenstehenden Tabelle.

2. Zeichne Kreisdiagramme für den Anteil der Energieträger am Primärenergieverbrauch in Deutschland 1995 und 1998.

3. Vergleiche die Anteile der Energieträger und nenne Ursachen für die jeweiligen Anteile und Veränderungen von 1995 auf 1998.

Energiegewinnung und Umweltbelastung

Das Wichtigste kurz gefasst

Energie: die Nachfrage wächst
Der Energieverbrauch eines Landes ist von seinem wirtschaftlichen Enwicklungsstand abhängig. Mit fortschreitender Entwicklung und zunehmendem Lebensstandard nimmt der Energieverbrauch weltweit zu. Da die Vorräte an den erschöpflichen fossilen Energieträgern in gleichem Maß abnehmen, entsteht für die zukünftige Generation ein akutes Energieproblem.

Mensch und Umwelt
Durch Emissionen aus Industrie, Verkehr, Landwirtschaft und privaten Haushalten kann sich bei Inversionswetterlagen über Städten eine Dunstglocke (Smog) bilden. Sie beeinträchtigt das Mikroklima. Smog ist für den Menschen gefährlich. Deshalb wird bei Überschreitung bestimmter Grenzwerte Smogalarm ausgelöst. Die Luftverschmutzung wirkt auch als eine Ursache für die Versauerung von Gewässern und Böden und damit für das Waldsterben.

Ozonloch und Treibhauseffekt
Neben dem sichtbaren Licht sendet die Sonne eine nicht sichtbare UV-Strahlung aus. Der größte Teil der ultravioletten Strahlung ist für alle Lebewesen gesundheitsschädlich. Eine intakte Ozonschicht verhindert, dass schädliche UV-Strahlen die Erdoberfläche erreichen.
Für ein lebensfreundliches Klima auf der Erde sorgt auch der natürliche Treibhauseffekt. Er ist dafür verantwortlich, dass die Erdoberfläche nicht zu stark auskühlt. Der zusätzliche Treibhauseffekt entsteht durch die Verbrennung von Kohle, Erdöl und Gas in Kraftwerken, Industrie und Haushalten sowie dem Verkehr. Die Auswirkungen des Treibhauseffekts werden von der Wissenschaft unterschiedlich beurteilt.

Ausstieg aus der Kernenergie?
Trotz des international wachsenden Anteils der Kernenergie am Energiemix ist der Betrieb von KKWs umstritten. Unvereinbare Haltungen gegenüber der Kernenergie ließen einen Übereinkunft zwischen der Energiewirtschaft, der Bundes- und den Landesregierungen bisher nicht zu. Der Forderung nach Stilllegung aller KKWs stand bislang das Beharren auf Nutzung der Kernenergie gegenüber. Hauptargument der Kernkraftgegner ist die unkalkulierbare Gefahr, die ein Reaktorunfall nach sich zieht. Die Befürworter der Kernkraft berufen sich unter anderem auf die Umweltfreundlichkeit der KKWs dank fehlenden CO_2-Ausstoßes.

Alternative Energiequellen
Zunehmend werden Energieträger genutzt, die sich in der Dimension menschlichen Lebens ständig erneuern. Eine wichtige Rolle für die Entstehung solcher Energieträger spielt die Sonne. Sie sorgt dafür, dass sich Wind- und Wasserkraft erneuern. So wird auch die potenzielle Energie des Wassers in einer Talsperre mittels Sonnenenergie regeneriert. Die Wasserkraft stellt eine Alternative zu den fossilen Energiequellen dar. Das trifft u.a. auch auf Wind, Erdwärme und Gezeiten zu. Um eine dauerhafte Alternative zu den erschöpflichen Energieträgern zu entwickeln bedarf es geeigneter technischer und gesetzlicher Rahmenbedingungen. Mit dem Umweltbewusstsein steigt das Interesse an alternativen Energieträgern.

Grundbegriffe

Primärenergie
Sekundärenergie
fossiler Energieträger
Ozonschicht
ultraviolette Sonnenstrahlung
Ozonloch
Klimaanomalie
Treibhauseffekt
alternative Energiequelle
regenerative Energie

Marschland bei Wilhelmshaven

Berlin – „West-City"

Industrieregion Stuttgart

Deutschland: Räume verändern sich

Alpenvorland im Allgäu

Dorf und Flur von Temmenhausen auf der Schwäbischen Alb

Landschaftspark Duisburg-Nord – ehemals ein Stahlwerk (Gebläsehalle)

Landwirtschaft in Ost und West

Artlenburg – die Flur wird bereinigt

Artlenburg ist ein Ortsteil von Scharnebeck im ländlichen Raum südöstlich des Verdichtungsraums Hamburg. Viele Bewohner Artlenburgs betrieben noch 1975 Landwirtschaft. Doch die Einkommen aus der Landwirtschaft gingen immer mehr zurück. Die Flurstücke waren im Laufe der Zeit durch Erbteilung immer schmaler geworden. Einzelne Bauern mussten mehr als zehn Äcker bewirtschaften. Es gab kein geordnetes Wegenetz. Die Landwirtschaft war kaum noch rentabel. Viele Landwirte gaben die Landwirtschaft auf und pendelten zur Arbeit nach Hamburg.

In den siebziger Jahren wurde der Elbeseitenkanal gebaut. Dies war der Anlass für umfangreiche Maßnahmen der Flurbereinigung, das heißt, dass die Besitzverhältnisse neu geordnet wurden. Die kleinen Flurstücke wurden zu großen Äckern zusammengefasst. Weniger Landwirte bearbeiten jetzt größere Flächen. Dieser **Strukturwandel** in der deutschen Landwirtschaft zeigt sich in Artlenburg besonders deutlich.

Mit der **Flurbereinigung** wurden jedoch auch viele Hecken beseitigt. Sie waren Nistplätze für Vögel und Standorte vieler Pflanzen. Die Landschaft wurde eintöniger. Mittlerweile hat man erkannt, dass die Steigerung der Rentabilität nicht das einzige Ziel sein darf. Neue Lebensräume für Pflanzen und Tiere werden durch Hecken und Feuchtwiesen geschaffen.

M1: Die Lage von Artlenburg

M2: Landschaft vor der Flurbereinigung

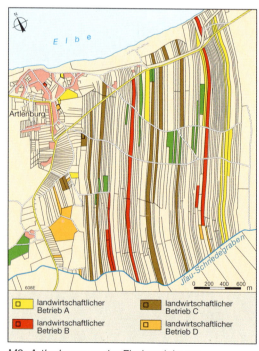

M3: Artlenburg vor der Flurbereinigung

Flurbereinigung

Bei der Flurbereinigung werden kleine und verstreut liegende Flurstücke zusammengelegt und jeweils einem Landwirt zugeteilt. Die vergrößerten Flächen können mit modernen Maschinen leichter bearbeitet werden. Oft werden auch Flüsse, Bäche und Wege begradigt.

1. Beschreibe die Lage von Artlenburg (Bundesland, Fluss, Entfernung zum Stadtzentrum von Hamburg). Benutze die Begriffe Verdichtungsraum, ländlicher Raum *(M1)*.

2. Beschreibe die Verhältnisse in Artlenburg vor und nach der Flurbereinigung *(M3 und 5)*.

3. Durch die Flurbereinigung wird die Landschaft eintöniger.
a) Erläutere *(M2 und 6)*.
b) Welche Maßnahmen tragen dazu bei *(M4)*?

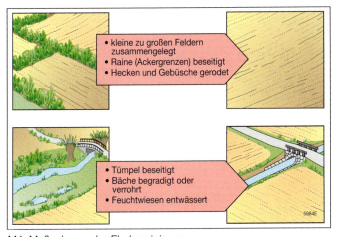

M4: Maßnahmen der Flurbereinigung

M5: Artlenburg nach der Flurbereinigung

M6: Landschaft nach der Flurbereinigung

M1: Freizeitkarte von Artlenburg

Artlenburg – der ländliche Raum verändert sich

In Artlenburg gibt es heute noch zwei hauptberufliche Landwirte. Im Jahr 1950 waren es noch zwanzig. Die übrigen haben die Landwirtschaft weitgehend aufgegeben und pendeln zur Arbeit nach Hamburg oder sind im Ruhestand. Seit 1985 sind viele Menschen aus dem benachbarten Hamburg nach Artlenburg gezogen, weil die Mieten niedriger und die Grundstücke billiger sind.

Aus dem nahe gelegenen Verdichtungsraum kommen jedes Wochenende zahlreiche Ausflügler hierher. Sie suchen Erholung und möchten ihre Freizeit in einer schönen und intakten Umwelt genießen. Deshalb wurden Reitwege, Radwanderwege, Golfplatz und ein Jachthafen angelegt.

i Der ländliche Raum

Der ländliche Raum in Deutschland umfasst Gebiete mit weniger als 200 Einwohnern pro Quadratkilometer. Er dient vor allem als:
– Standort für die Land- und Forstwirtschaft
– Wohnort der eingesessenen Bevölkerung und der Neubürger
– Freizeit- und Erholungslandschaft, insbesondere für die Tages- und Wochenenderholung
– Ausgleichsgebiet für die Wasserversorgung, Lufterneuerung, Gewässerreinigung
– Landreserve für die weitere Ausdehnung der Verdichtungsräume

Jahr	Einwohner
1975	1 130
1980	1 200
1985	1 210
1990	1 260
1995	1 400

M2: Bevölkerungsentwicklung in Artlenburg

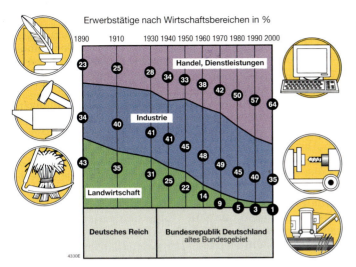

M3: Erwerbstätige in den Bereichen Landwirtschaft, Industrie und Handel/Dienstleistungen

 Strukturwandel

Als Strukturwandel bezeichnet man grundsätzliche Veränderungen in der wirtschaftlichen Ausrichtung eines Gebietes, ablesbar an entsprechend veränderten Parameter. Sie Abnahme der Beschäftigten in der Landwirtschaft und in der Industrie einerseits sowie ihre Zunahme im Bereich Handel/Dienstleistungen andererseits kennzeichnen den wirtschaftlichen Strukturwandel in Deutschland.

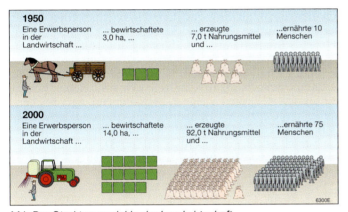

M4: Der Strukturwandel in der Landwirtschaft

M5: Jachthafen von Artlenburg

1. Beschreibe den Strukturwandel der Wirtschaft in Deutschland (M3).

2. Die Bedeutung der Landwirtschaft in Deutschland ist zurückgegangen, ihre Leistungsfähigkeit jedoch gestiegen. Begründe (M3, 4).

3. Beschreibe den Strukturwandel in der Landwirtschaft (M4).

4. a) Der ländliche Raum verändert sich. Erläutere am Beispiel von Artlenburg (Text sowie M1 und M5).
b) Zeichne ein Säulendiagramm aus den Angaben in M2.

M1: **Weizen**
hoher Nährstoff- und Wasserbedarf, Lehmböden
→ *Brot, Backwaren, Nudeln*

M2: **Roggen**
geringer Nährstoff- und Wasserbedarf, Sandböden
→ *Brot*

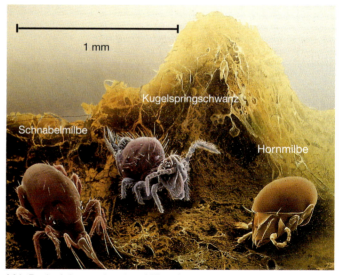

M3: **Gerste**
mittlerer Nährstoff- und Wasserbedarf, sandige Lehmböden
→ *Malz zum Bierbrauen, Viehfutter*

Agrargebiete und Betriebssysteme in Deutschland

Bei der Einteilung von Agrargebieten muss von den Lagebesonderheiten, der geologischen Entstehung der Landschaftsformen und Böden, den Klima- und Witterungsverhältnissen, den Kulturansprüchen der Nutzpflanzen sowie den Wirtschaftsbedingungen ausgegangen werden.

Entlang der Nordseeküste und den Flussmündungen wurde aus dem Watt ein 5 bis 20 km breiter Streifen Neuland gewonnen, die Marsch. Ihre besonders tief liegenden Abschnitte werden als Intensivweiden genutzt. Sie bilden das wichtigste Rinderzuchtgebiet Norddeutschlands. Das günstige Klima erlaubt fast eine ganzjährige Beweidung. Aber auch der Weizen- und der Gemüseanbau bringt reiche Ernten.

An die Küstenlinie von Nord- und Ostsee schließen sich südlich die Moränenlandschaften des Norddeutschen Tieflandes an. Oft wechseln karge Sandflächen und steinige Endmoränen, die sich nur für die forstwirtschaftliche Nutzung eignen, mit großen Mooren. Mit modernen Mitteln von Ackerbau, Wasserregulation und Düngung sind jedoch auch hier hohe Erträge möglich. Die Heidelandschaften um Lüneburg und Letzlingen entstanden durch den Raubbau am Wald für die Salz- und Glasgewinnung (Holz als Brennmaterial und für die Pottaschegewinnung). Die Schafhaltung in den Heidegebieten dient heute mehr der Landschaftspflege und benötigt Subventionen. Die Grundmoränen sind mit lehmigen, nährstoffreichen Böden gut für den Ackerbau geeignet, besonders im regenreichen, maritim-beeinflussten Tiefland. Breite Urstromtäler durchziehen die Moränenlandschaft von Südost nach Nordwest. Sie haben lehmige bis sandige Böden. Das Grundwasser erreicht fast die Oberfläche, teilweise neigen sie zur Ver-

M4: *Bodenleben unter dem Mikroskop*

moorung. Auf entwässerten Flächen erfolgt eine intensive Grünlandnutzung, aber auch Gemüseanbau, wie im Oderbruch.

Die Tieflandsbuchten von Leipzig, Köln und dem Münsterland, die Börden von Soest, Hildesheim und Magdeburg, die Löss- und Lehmböden des Erfurter Beckens, der Goldenen Aue, des Sächsischen Hügellandes, der Oberrheinischen Tiefebene, die Ebenen um Regensburg und Straubing zählen zu den wichtigsten Gunsträumen in Deutschland. Hier finden sich die Hauptanbaugebiete für den intensiven Weizenanbau. In den trockenmilden Gebieten mit tiefgründigen Böden werden die anspruchsvolleren Zuckerrüben und der Körnermais angebaut. Getreide ist in fast allen deutschen Agrargebieten die Hauptkultur.

Die stärkste Zunahme verzeichnet der Weizen- und der Gersteanbau für die Tiermast. Der Hackfruchtanbau, der hohe Standortansprüche stellt, ist insgesamt rückläufig, obwohl er die höchste Flächenproduktivität erreicht. Der einfacher zu mechanisierende Silomaisanbau hat die Futterrübe verdrängt. Veränderte Essgewohnheiten benachteiligen die Kartoffel.

In den deutschen Agrargebieten haben sich nach den Gesamtbedingungen verschiedene **Betriebssysteme** in der Kombination von Bodennutzung und Viehhaltung mit Produktionsschwerpunkten herausgebildet.

Marktfruchtbetriebe erzeugen hauptsächlich Getreide und Zuckerrüben für den Verkauf. Futterbaubetriebe verwerten das erzeugte Futter meist in der arbeitsintensiven Milcherzeugung. Veredlungsbetriebe haben sich auf Geflügel-, Rinder- oder Schweinemast spezialisiert. Sonder- oder Dauerkulturbetriebe erzeugen auf kleinen Flächen Obst, Wein, Hopfen, Heil- und Gewürzpflanzen oft noch mit viel Handarbeit.

M6: **Mais**
hoher Nährstoff- und Wasserbedarf, Lehmböden
→ *überwiegend Viehfutter*

M7: **Kartoffel**
geringer Nährstoffbedarf, verträgt keine Staunässe, liebt lockere Böden
→ *Nahrungsmittel, Viehfutter*

M8: **Zuckerrübe**
sehr hoher Nährstoffbedarf, hoher Wasserbedarf, keine Staunässe, liebt tiefe Lössböden
→ *Zucker*

M5: Mähdrescher im Einsatz

Wie vertragen sich moderne Landwirtschaft und Umweltschutz?

Durch den Anbau von Nutzpflanzen gehen dem Boden Pflanzennährstoffe verloren. Mittels Düngung versucht der Landwirt den Entzug auszugleichen. Häufig war die künstlich zugeführte Nährstoffmenge aber zu hoch. Nachdem in den siebziger Jahren Verfahren für eine ausgewogene Nährstoffzufuhr entwickelt worden sind, geht der Mineraldüngereinsatz zurück. Bodenuntersuchungen ergaben jedoch, dass in einigen Gebieten der Nährstoffeintrag gestiegen ist. Als Ursachen dafür kommen der Stickstoffeintrag aus der Luft (Abgase) und besonders Belastungen durch die Viehwirtschaft in Frage. Betriebe mit zu hohem Viehbesatz stören das Bilanzgleichgewicht durch Futterzukauf. Oft können sie die anfallenden organischen Dünger nicht über die Vegetationspause lagern und anbaugerecht verwerten. Sie düngen zu stark und zur Unzeit. Das führt zu Umweltbelastungen und Verlusten. Der Tierbestand eines Betriebes wird über einen Umrechnungsschlüssel für die verschiedenen Tierarten und Altersgruppen in Vieheinheiten (VE) zusammengerechnet und kontrolliert. Eine VE entspricht der Lebendmasse einer Kuh. Der **Viehbesatz** sollte 2 VE/ha nicht überschreiten.

Der Einsatz von Klärschlamm und kommunalen Abwässern unterliegt besonderen gesetzlichen Bestimmungen und Kontrollen. Die darin enthaltenen Schwerme-

M1: Schweinemast in Großställen

1. Beschreibe den Kreislauf der Pflanzennährstoffe und erkläre, warum ein zu hoher Viehbesatz zu Risiken für die Umwelt führt.

2. Durch welche Methoden zeichnet sich der ökologische Landbau aus? Erläutere, warum nicht alle Nahrungsmittel so hergestellt werden können.

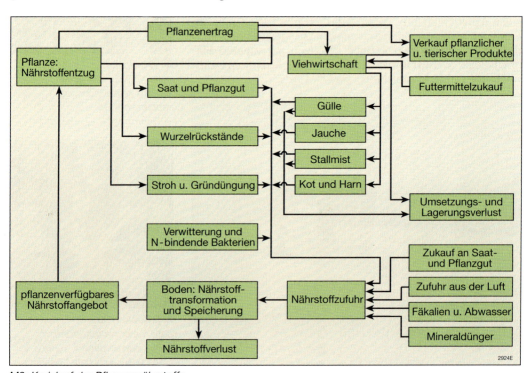

M2: Kreislauf der Pflanzennährstoffe

talle, wie Cadmium und Blei, sind giftig und werden im Boden nicht abgebaut, deshalb ist größte Sorgfalt geboten. Durch den Pflanzenschutz werden Unkräuter, Krankheiten und Schädlinge mit kulturtechnischen, züchterischen, biologischen, physikalischen und chemischen Mitteln bekämpft. Diese Methoden sind gegen lebende Organismen gerichtet, deshalb gefährden sie bei unsachgemäßer Anwendung auch Mensch und Umwelt. Die Anbaugestaltung mit bevorzugter Anwendung mechanischer und biologischer Methoden sowie die begrenzte Verwendung chemischer Mittel, erst nach Überschreiten einer festgelegten Schadschwelle, zeichnet den integrierten Pflanzenschutz aus. Dabei helfen die Pflanzenschutzämter und staatliche Fördermittel. Ohne den Einsatz von Dünge- und Pflanzenschutzmitteln wäre eine ausreichende Versorgung jedoch nicht möglich.

M3: Hausschweinhaltung im ökologischen Landbau

Ökologischer Landbau

Der anerkannte ökologische Landbau ist durch Richtlinien der EU und der Arbeitsgemeinschaft der Verbände des ökologischen Landbaus (AGÖL) geregelt. Zur Zeit haben sich mehr als 10 000 Betriebe auf ökologischen Landbau umgestellt. Sie bewirtschaften etwa 2,2 Prozent der landwirtschaftlichen Fläche (LF). Ökobetriebe zeichnen sich durch schonende Bodennutzung, geringen Viehbesatz je Hektar, geringen Einsatz von Dünge- und Pflanzenschutzmitteln sowie Verzicht auf Futtermittelzukauf aus. Bei sinkenden Erträgen ist dabei ein höherer Arbeitsaufwand nötig, das verteuert die Produkte. Die meisten Ökobauern betreiben eine gemischte Produktion mit Futterbau für die eigene Tierhaltung und Marktfruchtanbau. Die Einrichtung eines Ökobetriebes wird kontrolliert und dauert mindestens zwei Jahre. Ökobetriebe wenden moderne wissenschaftliche Erkenntnisse an und sind auf langfristige Wirkungen bedacht. Eine Versorgung der gesamten Bevölkerung ist jedoch noch nicht möglich. Obwohl die Betriebe klein sind und trotz des hohen Arbeitsaufwandes erwirtschaftet der ökologische Landbau höhere Gewinne *(M4)*.

Was sind nachwachsende Rohstoffe?

Agrarprodukte lassen sich als umweltfreundliche Industrierohstoffe und Energieträger verwenden. Für den chemisch-technischen Bereich werden Stärke, Zucker, Rohfasern, Öle, Fette, Farben, Heil- und Gewürzpflanzen erzeugt. Mit Rapsöl lassen sich Verbrennungsmotoren betreiben. Durch Verbrennung von Holz oder Stroh können fossile Brennstoffe eingespart werden, ohne die CO_2-Belastung zu vergrößern. Für diese Produktion wurden 1993 mehr als 300 000 ha LF verwendet. Den größten Zuwachs erreichte der Winterrapsanbau. Die Anbauflächen werden als Alternative zur Flächenstilllegung zukünftig ausgedehnt.

3. Wozu können landwirtschaftliche Produkte in der Industrie verwendet werden und welche Vorteile für die Umwelt haben solche Rohstoffe? Überlege, ob wirklich keine Nachteile auftreten können.

Landbewirtschaftung	herkömmlich	biologisch
Arbeitskräfte pro 100 ha LF	4,8	6,9
Erträge in 100 kg/ha		
Weizen	66	43
Milch/Kuh in kg	4990	3915
Verkaufspreise in DM/100 kg		
Weizen	25	52
Milch	64	71
Viehbesatz VE/100 ha LF	153	84
Umsatzerlöse aus Tierproduktion DM/ha LF	3430	1693
Unternehmensertrag in DM/ha LF	4369	4694
Unternehmensaufwand in DM/ha LF	3219	3452
darunter (in DM/ha LF)		
Düngemittel	176	37
Pflanzenschutz	80	3
Löhne	125	152
Gewinn in DM pro Unternehmen	52 912	51 963

(Quelle: Agrarberichte der Bundesregierung, 1994-99)

M4: Herkömmlich und ökologisch arbeitende Betriebe im Vergleich

Intensivhaltung: Produktion wie am Fließband

Schweinefleisch – europaweite Konkurrenz

Auch für die Vollerwerbsbetriebe, die dem Beratungs- und Erzeugerring in Sögel bei Cloppenburg angeschlossen sind, besteht die einzige Chance zu überleben darin, sich zu spezialisieren und die Produktivität zu erhöhen. So beschäftigen sie sich intensiv mit nur einem Zweig der Produktion, etwa der Aufzucht von Zuchtsauen und Ferkeln oder der Schweinemast. Diese **Intensivhaltung** wird unterstützt durch eine Beratung seitens der Zentrale in Sögel. Sie hilft bei Fragen der betrieblichen Erweiterung oder der Produktion, wie zum Beispiel bei der Futterzusammensetzung oder bei der Festlegung der Stalltemperatur während der Aufzucht.

Die Bauern des Erzeugerrings wie auch die übrigen deutschen Schweinemäster müssen sich gegen starke europäische Konkurrenz auf dem heimischen Fleischmarkt durchsetzen. Große Importmengen, vor allem aus Dänemark und den Niederlanden, erhöhen bei uns das Angebot an Schweinefleisch und drücken die Preise. Niedrige Preise führen dazu, dass viele Betriebe nicht mehr genügend Gewinne erwirtschaften können und aufgeben müssen.

Die Bauern des Beratungs- und Erzeugerrings versuchen dem starken Druck der ausländischen Konkurrenz auf mehrere Arten zu begegnen: verbesserte Vermarktung, Kostensenkung und Erweiterung der Verdienstmöglichkeiten. Dazu stellt man die hohe Qualität des Fleisches heraus, weist auf die ständige Kontrolle der Ställe und der Produktion hin sowie auf die kurzen Wege, die die Schweine bis zum Schlachter zurücklegen.

Ferner zieht man so viele Ferkel wie möglich bei einer Zuchtsau auf und verkauft die Schweine nicht mehr an den Schlachthof, sondern lässt sie dort nur gegen Lohn schlachten. Mit dem Fleisch beliefert man dann Schlachtereien in ganz Deutschland und in der Schweiz. Statt

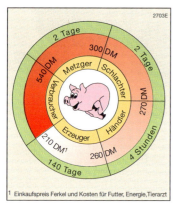

M1: Wer verdient am Schwein?

M2: Beratungs- und Erzeugerring Sögel e.V., bei Cloppenburg

230 Mitglieder; 63 Sauenhalter mit Ferkelproduktion; ca. 50 000 Stück; ca. 42 Sauen pro Betrieb und 167 Mastbetriebe mit Schweinemast; ca. 183 000 Stück; ca. 660 g tägliche Gewichtszunahme.
5 LKW für Transport zum Schlachthof; 2 LKW für Transport zu den 23 Zerlegerbetrieben.
Fläche: etwa 8 000 ha; durchschnittlich ca. 34,7 ha pro Betrieb.

1. Erläutere das Schema der Lieferbeziehungen des Beratungs- und Erzeugerrings in Sögel *(M6)*.

2. Erläutere den Konkurrenzdruck, dem die Mastbetriebe ausgesetzt sind *(M4 und M7)*.

3. Verdeutliche, wie dem Schutz der Umwelt bei der Schweinemast in Sögel und Umgebung Rechnung getragen wird.

M3: Herkunft des Kraftfutters bei der Schweinemast, Region Sögel

getreidehaltiges Futter (80 %)	eiweißhaltiges Futter (20 %)
– zwei Drittel werden an Ort und Stelle produziert;	– etwa 3 bis 5 % werden an Ort und Stelle produziert;
– ein Drittel wird aus anderen Teilen Deutschlands bezogen, überwiegend aus Ostdeutschland	– 95 bis 97 % werden importiert, vorwiegend Soja aus Brasilien

M4: Anteil der Schweine, die in Betrieben mit über 1000 Schweinen stehen (aus Agrarbericht 1999)

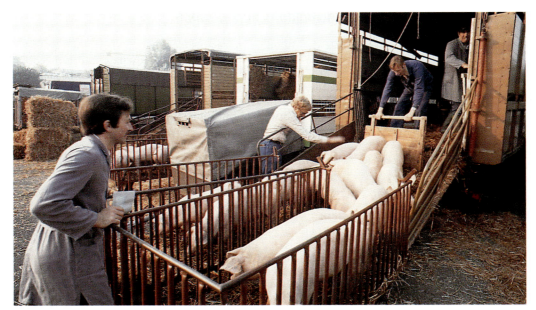

M5: Viehtransport

1,40 Euro je kg vom Schlachthof erhält man so 1,70 Euro von den Landschlachtern.

Eine zusätzliche Kostenbelastung stellen die zahlreichen deutschen Umweltschutzauflagen dar. So darf ein Mäster zum Beispiel nicht mehr Tiere halten, als er Gülle auf eigenen oder fremden Feldern entsorgen kann. Einige teure zentrale Güllelager wurden um Sögel herum angelegt. So kann man die Gülle zwischenlagern und umweltverträglich auf die gesamte Fläche verteilen.

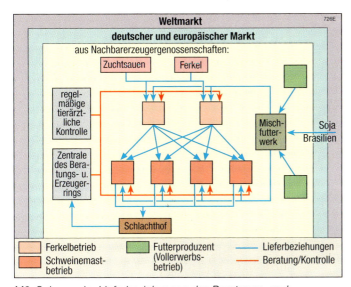

M6: Schema der Lieferbeziehungen des Beratungs- und Erzeugerrings Sögel

M7: Selbstversorgungsgrad bei Fleisch im EU-Vergleich (in %)

Staat	Schweine-fleisch	Rind-, Kalbfleisch	Geflügel
Belgien u. Luxemburg	186	178	107
Dänemark	451	176	240
Deutschland[1]	82	119	63
Frankreich	97	116	156
Griechenland	64	31	91
Großbritannien	76	91	96
Irland	166	1218	100
Italien	66	64	99
Niederlande	292	189	201
Portugal	94	68	103
Spanien	101	97	93
EU[1]	108	106	108

[1] 1998, ansonsten 1993
(Quelle: Agrarberichte 1995 - 1999)

Vom Plan zum Markt
Die ostdeutsche Landwirtschaft

Entwicklung im Zeitraffer

Mit der Wiedervereinigung der beiden deutschen Staaten musste sich die ostdeutsche Landwirtschaft auf völlig neue Bedingungen einstellen. Bis dahin war sie in riesigen Landwirtschaftlichen Produktionsgenossenschaften (LPG) organisiert und zentral von Ostberlin aus geplant. Im Zuge dieser **Planwirtschaft** legte der Staat zum Beispiel genau fest was und wie viel zu produzieren und wie viel und an wen zu verkaufen war. Die Landwirtschaft war hoch subventioniert und keinem so starken Konkurrenz oder Leistungsdruck ausgesetzt wie in Westdeutschland.

Fast über Nacht änderten sich die Bedingungen: Wettbewerb, Marktorientierung und Produktivität waren die neuen Vorgaben. Sie werden zu einer Überlebensfrage für die ostdeutsche Landwirtschaft, auch für die ehemalige LPG (P) Ranis in Thüringen.

Frau Hauke, aus der LPG (Pflanzenproduktion) Ranis ist die Genossenschaft ‚Agrarprodukte Ludwigshof' geworden. Wie kam es dazu?

Nach der Wiedervereinigung war eines unserer obersten Ziele den Bestand der alten LPG mit mehr als 4500 ha und über 400 Mitgliedern, darunter 40 Prozent Frauen, zu erhalten. Unsere Mitglieder waren fast alle mit der landwirtschaftlichen Produktion, aber auch in angeschlossenen Einrichtungen, wie Werkstätten oder Küchen, beschäftigt. Ab März 1990 konnten alle, die einst Eigentum in die LPG eingebracht hatten, darüber wieder frei verfügen und einen neuen Hof einrichten. Den meisten waren die Kosten dafür jedoch zu hoch und das Risiko, allein verantwortlich zu produzieren, zu groß.

Wie viele neue Genossenschaftsmitglieder haben Sie denn gewinnen können?

M1: Genossenschaft Agrarprodukte Ludwigshof (1995)

LN 4301 ha, davon 539 ha Grünland, 372 ha Ackerfläche (47,1% Getreide, 6,6% Raps, 26,8 % Futterpflanzen, 0,8 % Zuckerrüben, 0,8 % Kartoffeln, 7,2 % Sonderkulturen, 10,7 % Stilllegung)
3795 Rinder (1467 Kühe, 1307 Jungrinder, 1021 Mastrinder), 2289 Schweine, 800 Schafe, 40 Pferde, 150 000 Masthähnchen
Arbeitskräfte (AK) 147, darunter 44 Frauen
AK/100 ha 3,4
Lohnkosten 2,60 Mio. DM
Sozialabgaben 0,54 Mio. DM

Der ehemalige Gutshof (Gebäude 1,2,3,6,8) wurde ab 1969 von der LPG bewirtschaftet.
Die Gebäude 4,5 und 7 wurden 1981/82 errichtet.

Nutzung der Gebäude bis 1990
① Verwaltungsgebäude
② Saatgutspeicher und Pferdestall
③ Lehrlingswohnheim für Bildungswerk
④ Kälberstall
⑤ Saatguthalle
⑥ Schafstall
⑦ Technikhalle
⑧ Scheune/Stall
heute
① Verwaltungsgebäude
② und ③ Ausbildungsräume (Bildungswerk)
④ Kälberstall
⑤ Schafstall
⑥ Reitstall
⑦ Ausbildungshalle (Bildungswerk)
⑧ Abriss vorgesehen

M2: Verwaltungs- und Wirtschaftsgebäude der Genossenschaft ‚Agrarprodukte Ludwigshof'

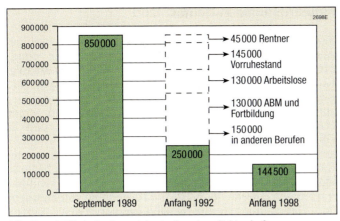

M3: Beschäftigte in der ostdeutschen Landwirtschaft

354 ehemalige LPG-Mitglieder, darunter 129 Frauen, sind in unsere **Genossenschaft** eingetreten und haben ihre Grundstücke an sie verpachtet. Am Jahresende erhalten sie Pachtzins und einen Anteil vom Gewinn. Die anderen haben ihr Land an die Genossenschaft verkauft.

Haben Sie die alten Arbeitskräfte halten können?
Nein, von den ehemaligen Arbeitnehmern konnten nur noch wenige bleiben. Einige, vor allem die gut ausgebildeten Techniker, sind in Bau- und Industriebetriebe abgewandert. Viele Männer haben wegen ihres Alters keine Arbeit mehr gefunden. Sie sind vorzeitig in den Ruhestand getreten. Ein Großteil der Frauen ist bei Arbeitsbeschaffungsmaßnahmen (ABM) hier in der Umgebung untergekommen.

Wie beurteilen Sie Ihre Zukunft?
Gut. Dank Steuererleichterungen und Hilfe bei der Modernisierung aus Brüssel und Bonn haben wir den Übergang zur Marktwirtschaft erfolgreich bewältigt. Bei der Größe unseres Betriebes können wir die Maschinen und Produktionseinrichtungen optimal auslasten und sind den europäischen Konkurrenten gegenüber ebenbürtig.

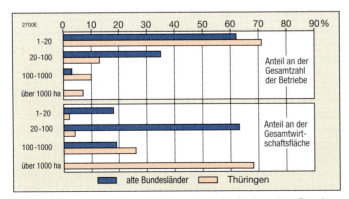

M5: Kennzahlen landwirtschaftlicher Betriebe in den alten Bundesländern und im Land Thüringen, 1998

Landwirtschaftliche Produktionsgenossenschaft (LPG)

Die meisten Betriebe in der Deutschen Demokratischen Republik (DDR) waren LPGs. Sie entstanden dadurch, dass die Mitglieder auf Anordnung des Staates Grund und Boden, Geräte, Maschinen und Tierbestände in die LPG einzubringen hatten. Grund und Boden blieben zwar ihr Eigentum, doch das Recht sie zu nutzen bekam die LPG. Sie ist keine Genossenschaft, zu der sich alle freiwillig zusammenschlossen, sondern eine, zu deren Beitritt die meisten gezwungen wurden.
Die LPGs waren riesige Betriebe. Nicht selten hatten solche mit Viehwirtschaft – LPG (T) = Tierproduktion – 2000 Stück Milchvieh oder 40 000 bis 60 000 Mastschweine und solche mit Ackerbau – LPG (P) = Pflanzenproduktion – eine Wirtschaftsfläche von mehr als 4500 ha mit über 250 Mitarbeitern.

M4: Landwirtschaftsbetriebe in Ostdeutschland (1998)

Art der Betriebe	Zahl der Betriebe	durchschnittliche Größe in ha
Familienbetriebe	25 355	49
Genossenschaften	1 248	1 432

1. Nenne einige wesentliche Unterschiede zwischen einem westdeutschen Vollerwerbsbetrieb und einer ostdeutschen Genossenschaft.

2. Weshalb ist das Gebiet der ehemaligen LPG nicht in zahlreiche Familienbetriebe aufgeteilt worden?

3. Beschreibe charakteristische Merkmale für die ost- und westdeutsche Landwirtschaft *(M5)*.

Industrieräume im Wandel

Industrieräume in Deutschland

Seit dem 19. Jahrhundert hat sich Deutschland von einem Agrarland zu einem Industriestaat gewandelt. Die Standorte der Industrien entwickelten sich jedoch nicht zufällig. Kohle- oder Eisenerzvorkommen waren zum Beispiel eine gute Voraussetzung für die Entstehung von Standorten der zur **Grundstoffindustrie** gehörenden Eisen- und Stahlerzeugung im Siegerland, Ruhrgebiet, Saarland und in Oberschlesien. So vermied man den teuren und früher auch langwierigen Transport der Bodenschätze über große Entfernungen. Neben Vorkommen von Rohstoffen begünstigte auch eine gute Verkehrslage an Fernstraßen, schiffbaren Flüssen oder an der Küste die Ansiedlung von Fabriken und Werkstätten. Da die meisten Industriezweige damals noch wenig mechanisiert waren, hatten sie einen hohen Arbeitskräftebedarf. Die wachsenden Industriegebiete zogen Arbeit Suchende aus anderen Regionen an.

Heute sind das Angebot an qualifizierten Arbeitskräften und eine gut ausgebaute **Infrastruktur** für Wirtschaftsunternehmen die Hauptgründe sich an einem bestimmten Ort anzusiedeln. Ein weiterer bedeutender Faktor war und ist die Gewinnung oder Verfügbarkeit preisgünstiger Energie. Oft ist für die Standortwahl eines Unternehmens eine Kombination mehrerer Standortfaktoren ausschlaggebend. Im Laufe der letzten Jahre entschieden öfters auch staatliche und kommunale Fördermaßnahmen (z.B. für strukturschwache Gebiete) wie auch ein hoher Wohn- und Freizeitwert die industrielle Entwicklung einer Region. Scharfe Umweltschutzbestimmungen dagegen halten umweltschädigende Industrien von einer Ansiedlung ab.

Oft haben sich in der Vergangenheit Industrieansiedlungen, Bevölkerungszuwachs und die Entstehung eines Verdichtungsraumes, der außerdem ein idealer Absatzmarkt für neue Industrieprodukte war, gegenseitig verstärkt. Hoch entwickelte Industrieregionen mit großen Unternehmen der **Investitions- und Konsumgüterindustrie** ziehen auch heute noch Zulieferer- und Verarbeitungsindustrien an. So ist es kein Wunder, dass die Mehrzahl der Industriestandorte in den großen Ballungsräumen liegt. Die historische Entwicklung hat dazu geführt, dass jeder zweite Industriebeschäftigte seinen Arbeitsplatz in den Ballungsräumen hat.

In den fünf neuen Bundesländern liegen die traditionellen Industriestandorte vorwiegend im Süden. Man spricht von einem historisch entstandenen Süd-Nord-Gefälle der Industriedichte, das seine Ursprünge unter anderem im Braunkohlenabbau und in der intensiven Landwirtschaft im Raum zwischen Elbe und Saale hat. Neue Industriezonen entstanden an der Grenze zu Polen. Auch die Hafenstadt Rostock wurde in ihrer Entwicklung besonders gefördert. Ausschlaggebend waren in beiden Fällen staatliche Fördermaßnahmen mit dem Ziel, die Ungleichgewichte innerhalb des Landes zu vermindern.

---

1. Bestimme mithilfe des Atlas die Standortvorteile folgender Industrie- und Verdichtungsräume: Saarland, Hamburg, Rhein-Ruhr, Rhein-Main, München, Halle-Leipzig.

2. Wo haben sich grenzüberschreitende Verdichtungsräume herausgebildet *(Atlas)*?

3. Welche Gebiete in den fünf neuen Ländern sind besonders stark industrialisiert? Nenne die jeweiligen Hauptindustrien.

4. Nenne drei Regionen in Deutschland, die nur wenig industrialisiert sind. Begründe.

5. Worauf achtet ein Industrieunternehmen heute bei der Neuansiedlung oder Erweiterung seines Betriebes?

Für Experten:

6. Welche Standortfaktoren, die z.B. Ende des 19. Jahrhunderts bedeutend waren, spielen in der Gegenwart nur noch eine untergeordnete Rolle?

7. Was sind „staatliche und kommunale Fördermaßnahmen"?

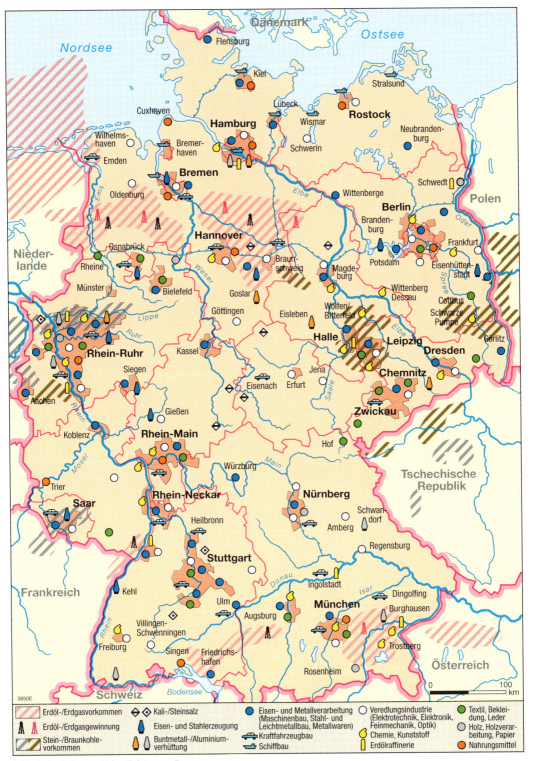

M1: Industrie- und Verdichtungsräume

Ruhrgebiet

Letzte Schicht auf der Zeche Rheinpreussen
Rheinische Post

Hightech: Hoffnung für das Revier
Rheinische Post

Aus für Krupp-Stahl:
Duisburg verliert 6000 Arbeitsplätze
Westdeutsche Allgemeine Zeitung

Forscher stellten Sinneswandel fest:
Das Revier holt auf
Rheinische Post

M1: Zeitungsüberschriften

Das Ruhrgebiet – Welche Bedeutung hat es heute?

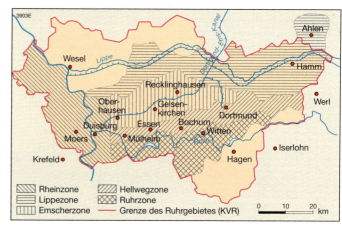

M2: Zonierung im Ruhrgebiet
(wirtschafts- und siedlungsgeographische Zonen)

Ende der fünfziger Jahre geriet das Ruhrgebiet in eine anhaltende, folgenschwere Wirtschaftskrise. Allein in der Montanindustrie und den von ihr abhängigen Bereichen, wie zum Beispiel dem Maschinenbau, wurden in den letzten 30 Jahren 750 000 der ursprünglich 2,5 Millionen Arbeitsplätze abgebaut. Mitte der achtziger bis Anfang der neunziger Jahre war jedoch ein wirtschaftlicher Aufschwung spürbar, zurückzuführen auf die Modernisierung alter und die Ansiedlung neuer Industrien sowie die Erforschung neuer Werkstoffe.

Das Ruhrgebiet ist der größte und bedeutendste deutsche Wirtschaftsraum mit dem höchsten Bruttosozialprodukt. Es ist das Energiezentrum eines der wirtschaftsstärksten Länder der Erde. Hier haben die in Deutschland größte Bergbaugesellschaft (Ruhrkohle AG), das mit Abstand größte Stromversorgungsunternehmen (RWE Energie AG), eines der weltweit stärksten Ferngasunternehmen (Ruhrgas AG) und die größte deutsche Mineralölgesellschaft (Aral AG) ihren Sitz.

Das **Bruttosozialprodukt** (BSP) ist die wirtschaftliche Leistung der Menschen eines Landes, unabhängig davon, ob sie im Inland oder Ausland wohnen und arbeiten. Es umfasst alles, was in einem Jahr an Waren erzeugt und an Dienstleistungen erbracht wird.
Die **Wertschöpfung** ist das, was ein Wirtschafts- oder Industriezweig, z.B. die Stahlindustrie, zum Sozialprodukt beisteuert.

M3

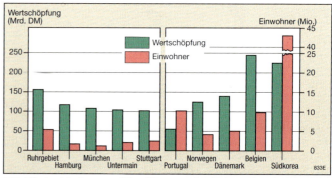

M4: Wertschöpfung und Bevölkerung des Ruhrgebiets im Vergleich

Tragende Wirtschaftspfeiler geraten ins Wanken

Unter dem Ruhrgebiet liegen die größten Steinkohlevorräte Deutschlands, dreimal mehr als an der Saar, dem nächstgrößten deutschen Steinkohlenrevier. Seine eigentliche wirtschaftliche Bedeutung erhielt der Rohstoff jedoch erst, als es gelang, Steinkohle aus großer Tiefe zu fördern und daraus Koks herzustellen. Erst durch ihn wurde eine schnelle Verhüttung von Eisenerz in großen Mengen möglich. Mit der ersten Verhüttung auf Koksbasis im Jahre 1849 war der Grundstein für eine rasche Entwicklung der Montanindustrie im Ruhrgebiet gelegt. Eine steigende Nachfrage nach Steinkohle führte dazu, dass der Bergbau sich immer weiter nach Norden ausdehnte und der Rohstoff in immer größeren Tiefen abgebaut werden musste.

Zur Eisengewinnung konnte man anfangs noch auf kleinere Erzvorkommen im Ruhrgebiet zurückgreifen. Schon bald jedoch musste in zunehmendem Maße auf Erz aus entfernt gelegenen Gebieten, zum Beispiel aus dem Siegerland und von der Lahn, zurückgegriffen werden. Der Einsatz dieses Erzes war trotz des weiten Transportweges und hoher Kosten sinnvoll. Denn zur Verhüttung von einer Tonne Erz wurden zwei Tonnen Koks benötigt.

Sinkende Nachfrage bei Kohle und Stahl

Seit Mitte der fünfziger Jahre bekam die heimische Steinkohle ernsthafte Konkurrenz durch Steinkohle aus dem Ausland. Dort konnte sie wesentlich preisgünstiger abgebaut und, ab 1958, dank drastisch gesunkener Transportpreise, billig auf dem deutschen Markt angeboten werden. Verschärft wurde die Kohlekrise durch neue Techniken bei der Stromerzeugung (Einsatz von Erdöl) und der Verhüttung von Eisenerz. Sie senkten den Kohleverbrauch um mehr als die Hälfte. Die Rezession führte zur Schließung zahlreicher Zechen und damit zum Verlust Hunderttausender von Arbeitsplätzen.

Auch die Stahlindustrie durchlief eine Absatzkrise: Weltweit wurde zum Beispiel mehr Stahl hergestellt als benötigt. Dieses Ungleichgewicht führte in Deutschland zu sinkenden Exporten, zu Überkapazitäten und letztlich zur Schließung zahlreicher Hüttenwerke. Neu entwickelte Stoffe, vornehmlich Kunststoff, ersetzten zunehmend den Stahl. Eine verbesserte Qualität des Stahls ermöglichte es, ihn in geringerer Menge zu verwenden: Bei der Herstellung von Autos wird heute gegenüber den siebziger Jahren rund ein Viertel weniger Stahl verbraucht. Ende der siebziger Jahre geriet das Ruhrgebiet auf Grund der Rezession bei Stahl und Kohle in eine schwere Strukturkrise. Diese wurde durch den billigen Importstahl aus Osteuropa ab Beginn der neunziger Jahre verschärft. Nur ein tief greifender Strukturwandel konnte den wirtschaftlichen Niedergang wirksam bremsen. Die Montanindustrie musste modernisiert und durch andere Branchen ergänzt werden.

1. Weshalb entwickelte sich die Montanindustrie „auf der Kohle"?

2. Welche Gründe gab es für die Rezession im Ruhrgebiet?

3. Weshalb kann ein Überangebot auf dem Markt zu sinkenden Preisen führen?

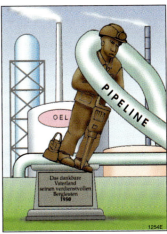

M5: Glanz und Elend des Ruhrkumpels

Zukunftstechnologien nennt man Verfahren und Techniken, die für die zukünftige wirtschaftliche Entwicklung von Bedeutung sind. Man spricht in diesem Zusammenhang von „Gewusst wie" oder „Know-how".
Einige Beispiele:
– Umwelttechnologie: Verfahren zur Reinhaltung der Luft, zur Sanierung von Altlasten
– Informations- und Kommunikationstechnologie: Daten-/Nachrichtenerfassung und -übermittlung
– Werkstofftechnologie: Herstellung hochwertiger Metall-Legierungen und anderer Werkstoffe
– Mikroelektronik: Entwicklung von elektronischen Kleinstbauteilen in Rechnern und Steuerungseinrichtungen
– Biotechnologie: technische Apparate zum Messen und Untersuchen von Körpergeweben und -flüssigkeiten.

M1

Know-how von der Ruhr

*Dortmund. **International die Nr. 1 – LIMO MIKROOPTIK**
LIMO MIKROOPTIK beliefert inzwischen 164 Kunden in 20 Länder weltweit mit Mikrolinsen aus Dortmund. Dank der hohen Qualität, die an der theoretisch erreichbaren Höchstgrenze liegt, stieg das Unternehmen auf diesem Gebiet zum technischen Weltmarktführer auf.*
(nach: TZDO news 1/99 und Transferbrief 2/99)

Meldungen dieser Art sind nicht selten, denn im Ruhrgebiet wird auf vielen Gebieten erfolgreich geforscht, insbesondere im Bereich der Zukunftstechnologien. Eine Sonderstellung nehmen jedoch die Umwelttechnologien ein. Weil in Nordrhein-Westfalen strenge Umweltgesetze gelten, mussten umweltschonende Verfahrenstechniken entwickelt werden. So konnte durch technische Verbesserungen an Feuerungsanlagen von Kraftwerken der Brennstoffverbrauch gesenkt werden. Damit sank auch der Ausstoß von Kohlendioxid, einem Verursacher des Treibhauseffektes. Auch das Schwefeldioxid, das für den „Sauren Regen" verantwortlich ist, kann heute etwa zu vier Fünfteln aus Rauchgasen der Kraftwerke herausgefiltert werden. Die Technik dazu entwickelten überwiegend Ingenieure und Anlagenbauer aus dem Ruhrgebiet.

Die Investition für die Entwicklung und Herstellung von Entschwefelungsanlagen hat sich gelohnt: Die Anlagen wurden zu einem wichtigen Exportartikel. Allein in Nordrhein-Westfalen haben Kraftwerksbetreiber etwa vier Millionen Euro für Entschwefelungsanlagen aufgewendet.

M2: Technologiezentrum Dortmund

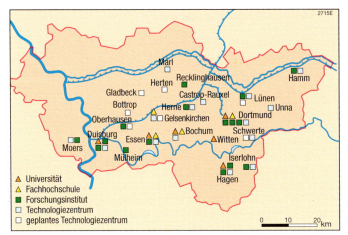

M3: Bildungs- und Forschungsstätten im Ruhrgebiet

1. Überlegt, warum in Nordrhein-Westfalen, einem Land mit großen Verdichtungsräumen, besonders strenge Umweltgesetze notwendig sind.

2. Städte sind an der Ansiedlung von Technologiezentren sehr interessiert. Welche Vorteile erhoffen sie sich?

3. Erkundigt euch, welche Maßnahmen zur Wirtschaftsförderung in eurem Schulort ergriffen wurden. Listet sie auf und beschreibt dazu, was sie bewirken sollen.

4. Technologiezentren haben eine Brückenfunktion zwischen Wissenschaft und Wirtschaft. Erläutere diesen Satz.

5. „Bildungs- und Forschungsland Ruhrgebiet" lautet eine Überschrift in einer Broschüre. Ist sie zutreffend (M3)?

6. a) Welche Arbeitsgebiete haben die Betriebe der Technologiezentren Essen und Hamm (M4)?
b) Welche Bereiche von Zukunftstechnologien decken sie ab?

Ein interessantes Konzept zur Förderung neuer Entwicklungsverfahren bis hin zur Herstellung neuer Produkte bieten Technologiezentren. Sie wollen jungen Unternehmern helfen, die zwar auf technisch interessanten Gebieten Erfolg versprechende Ideen, aber noch keinen eigenen Betrieb haben. In den Technologiezentren können sie Räume anmieten und dort ihre Produkte entwickeln. Dabei werden sie von Fachleuten in technischen, kaufmännischen oder auch rechtlichen Fragen beraten. So suchte ein Jungunternehmer lange vergeblich nach einer Speziallinse zur Erfassung von Infrarotstrahlen. Nach dem Hinweis eines Fachingenieurs konnte er sie mühelos in England beschaffen.

Technologiezentren stellen ihren Mietern auch wichtige Bürodienste zur Verfügung, beispielsweise Schreibservice, Kopiergeräte, Telefon- und Telefaxeinrichtungen.

In der Regel werden Technologiezentren von Städten in Zusammenarbeit mit der Wissenschaft eingerichtet. Sie pflegen gute Kontakte zu Universitäten und Hochschulen und sind wichtige Schaltstellen zwischen Forschung und Wirtschaft. Die schnelle Umsetzung von Forschungsergebnissen in wirtschaftlich nutzbare Güter, der Technologietransfer, ist nämlich für eine moderne Wirtschaft unverzichtbar. Technologiezentren bieten dafür günstige Voraussetzungen.

---

(1) Ausgewählte Betriebe:
CADMAP: Erfassung von Schäden in undichten Abwasserkanälen und Ausarbeitung von Verfahren zur Beseitigung der Schäden.
GRIPS: Entwicklung von Computerprogrammen zur vollautomatischen Steuerung von Betriebsabläufen.
INNOVAPLAN: Planung und Ausführung von Anlagen auf dem Gebiet der Umwelttechnik.
MÜTEK: Herstellung von Geräten zur Erfassung, Messung und Bestimmung extrem kleiner Teilchen, zum Beispiel Gasspürgeräte.

(2) Ausgewählte Betriebe:
Neuere Technology GmbH Bergbau- und Tunnelausbauverfahren sowie Umwelttechnologien.
ADC-Electronic: Entwicklung von Computerprogrammen für spezielle Aufgaben, zum Beispiel Verbesserung der Zugangskontrollen zu Sicherheitsbereichen.
Cadene Medical: Entwicklung und Herstellung medizinisch-technischer Geräte auf dem Gebiet der Laserstrahlmedizin.
IKET: Lösungskonzepte in den Bereichen Abfallplanung, Abwassertechnik und Altlastensanierung.

M4: (1) Essener Technologiezentrum; (2) Hammer Technologiezentrum

Als **Standortfaktoren** bezeichnet man die maßgeblichen Gründe für die Standortwahl eines Betriebes. Dieselben Standortfaktoren haben für verschiedene Betriebe unterschiedliche Bedeutung. Man unterscheidet zwischen harten und weichen Standortfaktoren.

Harte Standortfaktoren: Qualifikation der Arbeitskräfte, Erschließung des Ansiedlungsgeländes, Lage zu Rohstoffquellen, Energieträgern und Absatzmärkten, Subventionen, Verkehrserschließung u.a.

Weiche Standortfaktoren: Wohn- und Umweltqualität, Kultur- und Freizeitangebot, Möglichkeiten zur Aus- und Weiterbildung, Image der Region, Zahl der Dienstleistungsbetriebe, die z.B. das Management beraten, werben oder internationale Dienste vermitteln u.a.

M1

1. Worin unterscheiden sich harte und weiche Standortfaktoren *(M1)*?

2. Inwieweit trägt das „Regionale Freiraumsystem" zur Verbesserung der weichen Standortfaktoren des Ruhrreviers bei *(M2)*?

3. Beschreibe den Imagewandel, den das Ruhrgebiet seit seiner Entstehung durchgemacht hat.

4. Das Image einer Region ist ein wichtiger Standortfaktor. Begründe.

Ein neues Image für das Ruhrgebiet

Von Beginn seiner Entstehung an, besonders aber nach dem Zweiten Weltkrieg, hatte das Ruhrgebiet bei den Menschen ein bestimmtes, überwiegend positiv geprägtes Image: Rußgeschwärzte Kumpel, rauchende Schlote und ausgedehnte Industrie- und Verkehrsanlagen waren Symbol für den Wiederaufbau im zerstörten Nachkriegsdeutschland. Für viele waren sie Ausdruck für das so genannte „deutsche Wirtschaftswunder".

Mitte der fünfziger Jahre wandelte sich die Einstellung der Menschen und mit ihr das Bild vom Ruhrgebiet: Die Region erschien vielen als erlebnisarmer und grauer „Kohlenpott", als „Ruß-land", als umweltbelastete Industrieregion mit geringer Lebensqualität. Niemand hätte sich in dieser Zeit das Ruhrgebiet als eine Kultur- und Freizeit- oder Hochschul- und Forschungslandschaft vorstellen können.

Seitdem haben die Städte und Gemeinden des Ruhrgebietes, zusammen mit dem Land Nordrhein-Westfalen, große Anstrengungen unternommen, die Landschaft zwischen Ruhr und Lippe lebenswerter zu gestalten und somit auch attraktiv für die Ansiedlung neuer Unternehmen und deren Mitarbeiter zu machen. Man hat eingesehen, dass neben den traditionellen „harten" in zunehmendem Maß die „weichen" Standortfaktoren für die Ansiedlung neuer Arbeitsstätten von Bedeutung sind.

Die Erfolge können sich sehen lassen: Die Lebensqualität des Ruhrgebietes hat sich erhöht, sein Image gewandelt. Heute zählt die Region mit zahlreichen Theatern, 15 Sinfonie- und Kammerorchestern und über 100 Museen zu den attraktivsten Kulturregionen Europas. Mit weit über 10000 Sportstätten ist das Revier Deutschlands größter „Sport-Platz". Parks, Grünanlagen, Wasserflächen und Wald stellen einen hohen Freizeitwert dar – auch wenn dieser nicht an den anderen Ballungsräumen (z.B. München und Stuttgart) herankommt.

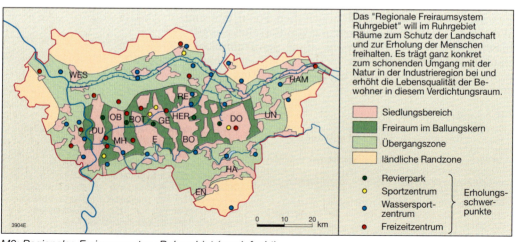

M2: Regionales Freiraumsystem Ruhrgebiet (vereinfacht)

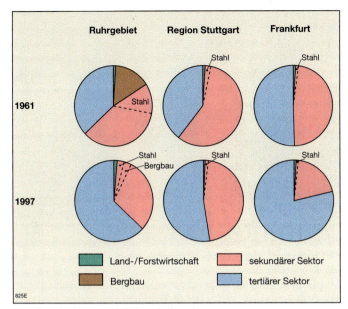

	1991	1998
Duisburg	8,6	15,8
Oberhausen	8,1	14,0
Gelsenkirchen	8,4	17,7
Dortmund	7,9	16,4
Ludwigsburg	1,9	3,9
Stuttgart	2,4	5,3
Esslingen	1,5	3,0
Böblingen	1,6	4,2
Frankfurt/M.	3,5	11,1
Offenbach	4,1	13,4
Main-Taunus	3,1	6,6
Main-Kinzig	1,8	9,5

M4: Arbeitslosenquoten ausgewählter Städte und Kreise

M3: Beschäftigte nach Wirtschaftssektoren

Wohin geht die Entwicklung?

In den letzten Jahren hat der Dienstleistungssektor (tertiärer Sektor) im Ruhrgebiet ein immer stärkeres Gewicht erhalten. Im Rahmen des Strukturwandels hat er sich zum weitaus größten Wirtschaftssektor entwickelt. Dort wurden 35 000 neue Arbeitsplätze geschaffen. Im sekundären Sektor (besonders im Montanbereich) konnte der Verlust Hunderttausender von Arbeitsplätzen nur zum Teil durch die Errichtung neuer Klein- und Mittelbetriebe ausgeglichen werden. Der Einsatz neuester Arbeitskräfte sparender Techniken hat das Arbeitsplatzangebot und damit die Arbeitslosenzahl nur wenig verändert.

Die hohe Arbeitslosigkeit und die zukünftige Entwicklung der Arbeitsplätze im Montanbereich gefährden eine weitere positive Entwicklung des Ruhrgebiets. Nach wie vor müssen Überkapazitäten im Kohlebergbau und bei der Stahlindustrie abgebaut werden. Das bedeutet Rückgang der Produktion und Verlust weiterer Arbeitsplätze. So existierten 1999 nur noch elf Schachtanlagen im Ruhrgebiet. Im Jahr 2000 reduzierte sich diese Zahl auf neun. Damit ging die Zahl der Arbeitsplätze im Bergbau in den neunziger Jahren um 51 000 zurück und um weitere 66 000 im Umfeld des Bergbaus. Auch die Stahlindustrie musste in diesem Zeitraum um konkurrenzfähig zu bleiben Arbeitsplätze streichen, in Nordrhein-Westfalen waren es zwischen 1991 und 1998 allein 54 700.

Eine schwere Last für eine Region, deren Beschäftigte immer noch zu rund einem Drittel in der Stahlindustrie und im Bergbau sowie in vor- und nachgelagerten Industriebetrieben arbeiten.

5. Das starke Wachstum des Dienstleistungssektors im Ruhrgebiet ist ein Hinweis auf den bisher erfolgreichen Strukturwandel. Begründe.

6. Weshalb beeinträchtigen Arbeitslosigkeit und weitere Arbeitsplatzverluste die bisher erzielten Fortschritte im Ruhrgebiet?

7. Vergleiche die Entwicklung der Beschäftigten im sekundären und tertiären Sektor der drei Beispielregionen (M3).

Stadt und Umland
Lübeck

M1: Holstentor und gotische Stadtkirchen

1. Vergleiche *M2* und *M5*. Schreibe Gemeinsamkeiten auf. Welche Veränderungen lassen sich erkennen (Beachte: Die Abbildungen zeigen Lübeck aus verschiedenen Himmelsrichtungen)?

2. Schreibe Merkmale der mittelalterlichen Stadt auf *(Text, M1* bis *M5* und *M1, M2* auf *Seite 100).*

„ ... Stadtmauer umgeben war. Darauf deutet noch heute ein Straßenname hin". Diese Erklärungen eines mittelalterlich verkleideten Laternenmannes hört Christine per Zufall am Ende eines Shoppingbummels mit ihren Eltern durch die Lübecker Altstadt. „Bleibt stehen und lasst uns den Erklärungen des Stadtführers zuhören", schlägt Christines Mutter vor.

„Von den Stadttoren sind bis heute das berühmte Holstentor im Westen und das Burgtor im Norden erhalten. Sie sind in der heutigen Form im 15. Jahrhundert errichtet worden und sie sind genauso Zeugnisse der Geschichte von Lübeck wie die gotischen Stadtkirchen. Den Mittelpunkt der mittelalterlichen Stadt bildeten das Rathaus, vor dem wir hier stehen, und die doppeltürmige Marienkirche – bauliche Symbole weltlicher und religiöser Macht. Noch weitere Kirchen prägen bis in die Gegenwart unsere Stadtkrone – wie im Mittelalter auch in anderen Städten. Nach Zerstörungen im Zweiten Weltkrieg hat man die alten Lübecker

M2: Ansicht der Stadt Lübeck um 1653

M3: 1639 gestiftete Wohnanlage „Füchtingshof", Glockengießerstraße

Kirchen wieder errichtet. Die Kirchen waren für die früheren **Stadtviertel** jeweils kennzeichnend. In diesen Vierteln wohnten im Mittelalter unterschiedliche Sozialgruppen. Ihren Wohlstand, ihre Stellung innerhalb der Stadtgesellschaft und ihre Berufe kann man bis in die Gegenwart an den Wohnhäusern – und auch an den Kirchen – erkennen. Das werden wir bei unserem Stadtrundgang gleich sehen". Mit diesen Worten beginnt der Laternenmann seine Führung durch die Altstadt von Lübeck.

„Das gegliederte Stadtbild ist Ausdruck der Gesellschaftsordnung im mittelalterlichen Lübeck. Die Rangfolge in der Größe und im Aussehen der kirchlichen, städtischen und privaten Gebäude wurde ebenso eingehalten wie die gesellschaftliche Hierarchie: Rat und Geistlichkeit, Kaufmannschaft, Handwerker, Lohnabhängige. Die Kaufleute wohnten in Hafennähe in herrschaftlichen Großbürgerhäusern, während kleine Armenbuden an bedürftige Bürger vergeben wurden.

1143 Graf Adolf II. gründet auf der hügeligen Halbinsel, zwischen Trave und Wakenitz, die deutsche Stadt Lübeck, als bescheidene kaufmännische Siedlung. An diesem Ort existierten bereits die slawische Burg Bucu und eine slawische Besiedlung.
1181 Heinrich der Löwe, der bisherige Stadtherr, geächtet. Lübeck von Kaiser Barbarossa eingenommen und mit zahlreichen Vorrechten ausgestattet.
1251 Große Stadtbrände verwüsten die noch größtenteils aus Holzbauten bestehende Stadt. Übergang zum Backsteinbau.
1350 Vollendung der Marienkirche.
1358 Erster Hansetag in Lübeck.
1535 Errichtung neuer Stadtbefestigungen (Wallanlagen).
1942 Am 28. März große Teile der Altstadt durch Bomben vernichtet.
1961 Alle Türme der zerstörten Kirchen sind wiederaufgebaut.
1987 UNESCO erklärt große Altstadtbereiche Lübecks zum Weltkulturerbe – das erste Kulturdenkmal dieser Art in der Bundesrepublik, da sonst nur Einzelobjekte.

M4: Daten zur Geschichte Lübecks

M5: Lübecks Stadtpanorama heute

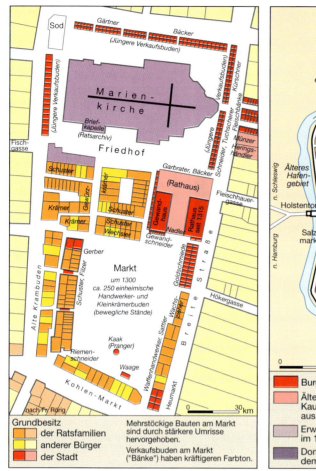

M1: Der Markt von Lübeck
Anfang des 14. Jahrhunderts

M2: Lübeck im Mittelalter

1. Erläutere die räumliche Gliederung von Lübeck im Mittelalter (M1 und M2).

„Die Sozialordnung in der mittelalterlichen Stadt hatte auch eine sichtbare räumliche Ordnung. So lebten die Schiffer und Fischer in der Nachbarschaft der Kirchen St. Petri und St. Jakob, benannt nach den Schutzpatronen ihrer Berufsgruppen."
(Aus einer Informationsschrift über das mittelalterliche Lübeck)

M3: Bevölkerungsentwicklung von Lübeck (Einw. in 1000)

Jahr	Einwohner
1350	18,0
1400	17,2
1642	31,0
1871	48,3
1900	93,2
1939	154,8
1947	245,1
1950	238,3
1997	215,7

Die mittelalterliche Stadt Lübeck entspricht in ihrer Ausdehnung flächengleich der heutigen Innenstadt. Sie ist umgeben von Wohnvierteln des 19. Jahrhunderts. Seit 1900 hat sich an der Untertrave ein Industriegebiet entwickelt. Es liegt in Hafennähe und bildet eine so genannte Industriegasse. Am Stadtrand sind neue Wohngebiete entstanden.

Die Altstadt stellt den Kern der Großstadt Lübeck dar, die heute das **Oberzentrum** im östlichen Schleswig-Holstein ist. Ein Teil der Lübecker Altstadt hat sich zur **City** entwickelt. Sie ist das Geschäfts-, Kultur- und Verwaltungszentrum. Neben dem Rathaus häufen sich in der City weitere öffentliche und private Dienstleistungseinrichtungen: Dienststellen der Stadtbehörden, Büros, Arztpraxen,

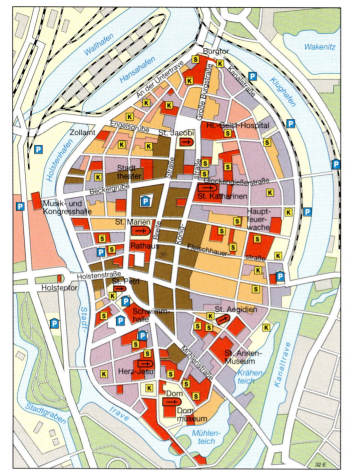

M4: Lübeck heute

Rechtsanwaltskanzleien. So werden sie nicht nur von Lübeckern, sondern auch von Einwohnern eines Einzugsbereichs, der über die Stadtgrenze hinausreicht, in Anspruch genommen.

Tagsüber herrscht in der Fußgängerzone oft großes Gedränge. Viele Menschen aus der Stadt und aus ihrem Umland kaufen in den Warenhäusern und Spezialgeschäften ein; zahlreiche Touristen besichtigen die Museen, suchen die Sehenswürdigkeiten auf und kehren in den vielen Cafés und Gaststätten ein. Abseits der Fußgängerzone nimmt die Zahl der Geschäfte ab. Hier findet man mehr Wohnungen als in der City.

> Lübeck soll als Beispiel anregen die Vergangenheit und heutigen Merkmale anderer Städte aus dem Mittelalter zu untersuchen. Vielleicht habt ihr auf Klassenfahrten und bei Tagesexkursionen die Gelegenheit in einer Stadt auf Spurensuche zu gehen.

2. In der mittelalterlichen Stadt lebten verschiedene Bevölkerungsgruppen zusammen. Begründe diese Aussage anhand von *M1*, *M2* und *M4*.

3. In der City stoßen Mittelalter und Gegenwart unmittelbar aufeinander. Erkläre mithilfe von *M2* und *M4*.

4. Mittelalterliche Stadt – Altstadt – Innenstadt. Nimm Stellung.

5. Beschreibe Merkmale der City, und untersuche den Wandel der heutigen Innenstadt seit dem Mittelalter *(M2* und *M4)*.

Auf Spurensuche in unserem Ort

Spurensuche „live"

Nehmt euren Ort unter die Lupe. Erkundet die Veränderungen mit Fotoapparat, Kassettenrekorder, Fragebogen, Papier und Stift. Für die Spurensuche findet ihr hier drei Möglichkeiten.

Erstellt ein Fotoalbum über euren Ort – früher und heute

1. a) Informiert eure Eltern, Großeltern und Bekannten über euer Vorhaben und bittet sie um alte Fotos aus eurem Ort.
b) Wählt besonders eindrucksvolle Fotos für euer Album aus und fotokopiert sie.
c) Gebt die Fotos wieder an ihre Besitzer zurück, denn sie sind oft eine wertvolle Erinnerung.
Tipp: Fotos mit Personen, Fahrzeugen oder technischen Anlagen im Vordergrund sind besonders interessant.
2. Stöbert in der Schul-Chronik oder in der Gemeinde-Chronik nach weiteren Bildern oder anderen interessanten „Quellen". Das können zum Beispiel Urkunden, Zeugnisse oder Zeitungsberichte sein.
Achtet darauf nur Unterlagen zu verwenden, die sich auch richtig datieren lassen.
3. a) Sucht in Arbeitsgruppen die Standorte der fotografierten Gebäude und Straßen.
b) Fotografiert von der gleichen Stelle die heutige Situation.
4. a) Klebt alte und neue Fotos auf gegenüber liegende Seiten oder untereinander. Ihr könnt als Album zum Beispiel ein Ringbuch mit Pappseiten nehmen.
b) Beschreibt kurz die Veränderungen unter oder neben den Bildern.
5. Präsentiert das Album mit den Veränderungen in eurem Ort auf einem Elternabend.

M1: Seiten im Fotoalbum

Befragt Bürgerinnen und Bürger über euren Ort früher und heute

Führt Interviews mit älteren und jüngeren Leuten
1. Sammelt Fragen und stellt sie in einem Fragebogen zusammen.
2. Befragt zunächst zehn ältere Menschen. Ihr könnt zum Beispiel folgende Fragen stellen:
   – Wo wohnten Sie 1960?
   – Wo arbeiteten Sie 1960?
   – Wie kamen Sie zum Arbeitsplatz?
   – Welches Verkehrsmittel benutzten Sie damals?
   – Wie lange benötigten Sie bis zur Arbeitsstelle?
   – Welche Geschäfte gab es vor Ort?
3. Befragt anschließend zehn jüngere Menschen. Verändert die Fragen entsprechend. Vergleicht die Antworten und formuliert die Ergebnisse.

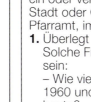

Befragt Fachleute über die Entwicklung in eurem Ort

Ladet Experten (Mitarbeiterin oder Mitarbeiter der Stadt- bzw. Gemeindeverwaltung, der Kirche oder des Heimatvereins) ein oder vereinbart einen Termin bei der Stadt oder Gemeinde, im Museum, im Pfarramt, im Vereinsheim ...
1. Überlegt euch Fragen.
   Solche Fragen könnten zum Beispiel sein:
   – Wie viele Einwohner hatte unser Ort 1960 und wie viele Einwohner hat er heute?
   – Wie viele Menschen wohnen in dem Neubaugebiet?
   – Welche Berufe gab es in unserer Gemeinde 1960 und welche gibt es heute?
   – Welche Geschäfte gab es 1960, welche Geschäfte gibt es heute?
2. Überlegt, wie ihr die Fragen verteilt.
3. Vereinbart, wie ihr die Antworten festhalten könnt. Wenn ihr die Antworten mit einem Kassettenrekorder aufnehmen wollt, müsst ihr die Gesprächspartnerin oder den Gesprächspartner vorher fragen.

Die Kreuzung heute: Fußgängerüberweg mit Zebrastreifen. Pfeiler verhindern, dass Autos auf dem Gehweg parken. Kreuzung mit Autos. Viele Verkehrsschilder. Die Häuser sind renoviert.

Zum Vergleich Marrakech

Im Labyrinth einer orientalischen Stadt

Wer als Tourist eines der mächtigen Stadttore der Medina, der Altstadt von Marrakech, durchschreitet, verliert in den unübersichtlichen Sackgassen schnell die Orientierung. Verwirrend ist außerdem das Menschengedränge im wirtschaftlichen Zentrum der Altstadt, dem so genannten Souk oder Basar. Tausende von Menschen arbeiten hier. In winzigen Werkstätten produzieren, reparieren oder verkaufen Handwerker ihre Ware und Händler zeigen in ihren vollgestopften Läden alles, was sie zu bieten haben. Auffällig ist, dass gleiche oder sich ergänzende Berufe oder Waren oft in einer Gasse zu finden sind. So gibt es den Souk der Gewürzhändler, der Wollfärber oder der Kupferschmiede. Töpfer, Gerber oder Getreidehändler sind am Rand der Altstadt angesiedelt, weil sie mehr Fläche benötigen bzw. Verunreinigungen verursachen.

„Allahu Akbar! Allah ist groß!" Wenn diese Worte in den Gassen erschallen, werden viele Betriebe hinter Rollläden und Bretterverschlägen verschlossen, denn ihre Besitzer eilen zum Beten in die Moschee. Die Wege sind kurz, denn über 120 kleinere und größere Moscheen sind über die Medina verstreut. In der größten, der Koutoubia, dem Wahrzeichen von Marrakech, versammeln sich an jedem Freitag, dem islamischen Feiertag der Woche, bis zu 25 000 Betende gleichzeitig.

M1: Islamischer Orient

1. Vergleiche Lübeck und Marrakech hinsichtlich ihrer Stadtanlage. Liste die festgestellten Gemeinsamkeiten und Unterschiede auf.

M2: Im Souk der Kunstschmiede

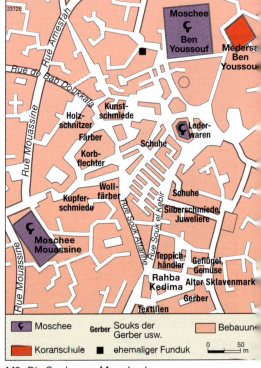

M3: Die Souks von Marrakech

Deutschland: Räume verändern sich

Das Wichtigste kurz gefasst

Landwirtschaft in Ost und West
In den alten Bundesländern haben die landwirtschaftlichen Betriebe während der letzten Jahrzehnte ihre Produktivität immer weiter erhöht. Gefördert wurde dies durch zunehmende Mechanisierung, Spezialisierung und Intensivierung. Viele Landwirte mussten während dieses Strukturwandels ihren Hof aufgeben. Heute sind die ständigen Produktivitätssteigerungen zum Problem geworden: Man muss Maßnahmen ergreifen um zum Beispiel der Überproduktion oder auch der steigenden Umweltbelastung Herr zu werden.
In den neuen Bundesländern kam es durch die plötzliche Einführung der Marktwirtschaft zu tief greifenden Veränderungen. Ein wichtiges Ergebnis des dortigen Strukturwandels sind die zahlreichen Genossenschaften. Wie im Westen, so besteht auch im Osten heute ein großer Teil des bäuerlichen Einkommens aus Subventionen.

Industrieräume im Wandel
Deutschland ist seit über 100 Jahren eines der weltweit führenden Industrieländer. Im Verlauf der letzten Jahrzehnte haben sich allerdings sowohl das Produktionsprofil als auch die räumlichen Strukturen innerhalb des Wirtschaftsbereichs Industrie stark verändert. Während noch in den fünfziger Jahren die Eisen- und Stahlerzeugung eine Schlüsselposition im Wirtschaftsgefüge Deutschlands besaß, spielt dieser Industriebereich heute hinsichtlich seiner Wertschöpfung und seiner Beschäftigtenzahl nur noch eine untergeordnete Rolle.

Ruhrgebiet
Der Strukturwandel im Ruhrgebiet ist vom Bedeutungsverlust der Montanindustrie geprägt. Die Wirtschaft benötigt immer weniger Kohle und Stahl, dafür werden Zukunftstechnologien verlangt. Im Ruhrgebiet hat man auf das veränderte Verhältnis von Angebot und Nachfrage reagiert. Viele Forschungseinrichtungen wurden gegründet, sie geben dem Ruhrgebiet ein neues Image.

Stadt und Umland
Viele deutsche Städte wurden im Mittelalter gegründet. Häufig wurden sie durch Brände und Kriegszerstörungen heimgesucht. So blieb das mittelalterliche Stadtbild nur selten erhalten. Anhand alter Karten und restaurierter Gebäude kann man sich dennoch ein Bild einer mittelalterlichen Stadt mit ihren Stadtvierteln machen. Großstädte bestehen aus vielen Teilen. In der City, dem Zentrum einer Stadt, befinden sich viele Dienstleistungsbetriebe. Es gibt ein Geschäftsviertel mit Einkaufspassagen, Warenhäusern und Spezialgeschäften, den Hauptbahnhof, die Stadtverwaltung und oft auch kulturelle Sehenswürdigkeiten.
An die City schließen sich Wohnviertel an, die sich nach ihrem Alter, der Art der Häuser und ihrer Ausstattung mit Schulen, Freizeit- und Einkaufsmöglichkeiten sehr unterscheiden. Die Wohngebiete sind meist von den Industriegebieten getrennt, damit die Bewohner nicht belästigt werden. Deshalb legt man die neuen Industrie- und Gewerbegebiete auch außerhalb der Städte an. Die Unternehmen nutzen dort die günstige Verkehrslage, wie Autobahn- und Eisenbahnanschlüsse und großzügige Parkplätze.

Grundbegriffe

Strukturwandel
Flurbereinigung
Betriebssystem
Viehbesatz
Intensivhaltung
Planwirtschaft
Genossenschaft
Infrastruktur
Grundstoffindustrie
Investitionsgüterindustrie
Konsumgüterindustrie
Stadtviertel
Oberzentrum
City

In einem isländischen Fjord

Das Kolosseum in Rom

Europa:
Ein Kontinent wächst zusammen

In den Alpen

Die Basilius-Kathedrale in Moskau

EU: Europa ohne Grenzen

M1: Karikatur aus dem Jahr 1950 über die Montanunion

1. a) Bearbeite die Übungskarte (*M1* und *Atlas, Karte: Europa – Staaten*).
b) Welche Staaten gehören der EU an?
c) Welche Gebirge liegen im Gebiet der EU (*Atlas, Karte: Europa – physische Übersicht*)?

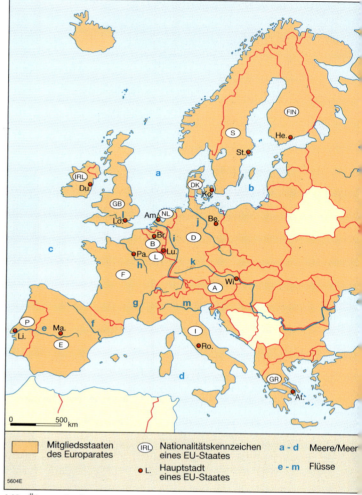

M2: Übungskarte

So fing es an: die Gründung des Europarats

1945 endete der Zweite Weltkrieg. Millionen Menschen hatten ihr Leben verloren. Viele Städte waren durch Bomben zerstört. Damit in Europa nie wieder einzelne Staaten gegeneinander kämpfen, trafen sich im Jahr 1948 über 750 bedeutende Politiker zu einem Kongress in der niederländischen Stadt Den Haag. Sie forderten ein geeintes Europa und eine verbindliche Erklärung über die Einhaltung der Menschenrechte.

1949 gründeten dann zehn Staaten den **Europarat**. Er hat seinen Sitz in Straßburg. In den ersten Jahren war der Europarat Mittelpunkt der europäischen Einigungspolitik. Später übernahm die Europäische Gemeinschaft (EG) bzw. die **Europäische Union (EU)** diese Rolle. Dem Europarat gehören heute 41 Staaten an.

So ging es weiter: EG und EU

Um die Forderungen des Europarats umzusetzen, machte Frankreich folgenden Vorschlag:
Deutschland und Frankreich sollten die Förderung von Kohle und die Herstellung von Stahl einer gemeinsamen Organisation übertragen, die auch anderen Staaten Europas offen stehen sollte. Damit würde jeder Krieg zwischen beiden Ländern unmöglich sein. Denn gerade Kohle und Stahl sind für die Kriegsführung besonders wichtige Güter.

1951
In diesem Jahr wird die Vereinbarung verwirklicht. Die Länder Deutschland, Frankreich, Belgien, Italien, Luxemburg und die Niederlande gründen die Europäische Gemeinschaft für Kohle und Stahl (EGKS), auch „Montanunion" genannt. Innerhalb dieser Gemeinschaft werden die Zölle für Kohle und Stahl abgeschafft und der Kohleabbau und die Stahlherstellung von einer gemeinsamen Behörde verwaltet und kontrolliert.

1957
Dies ist das Gründungsjahr der Europäischen Wirtschaftsgemeinschaft (EWG). Nachdem die Zusammenarbeit der sechs Länder in der Montanunion sehr erfolgreich ist, will man weitergehen und wirtschaftlich enger zusammenarbeiten. Auch andere Zölle zwischen den Mitgliedsländern sollen schrittweise verringert werden. Die Verträge, die zur Gründung der Gemeinschaft führten, werden „Römische Verträge" genannt, weil sie in Rom unterzeichnet wurden.

1967
Der EWG-Vertrag wird erweitert und der Name der Staatengemeinschaft wird in Europäische Gemeinschaft (EG) geändert. Gemeinsame Ziele sind jetzt u.a. der Abbau der sozialen Unterschiede durch Zuschüsse und Fördermaßnahmen für die „armen" Mitgliedsländer, gemeinsame Forschungs- und Technologiepolitik sowie Umweltpolitik.

1973, 1981, 1986
Weitere Staaten treten der Gemeinschaft bei.

1993
Die EG erweitert ihre Zusammenarbeit in dem Vertrag von Maastricht und dokumentiert das durch einen neuen Namen, die Europäische Union (EU). Die Mitgliedsstaaten beschließen einen Gemeinsamen Binnenmarkt. Das bedeutet, dass die Grenzen zwischen den Mitgliedsstaaten nun ohne Grenzkontrollen passiert werden können. Dafür finden an den Grenzen zu Nicht-EU-Ländern stärkere Kontrollen statt. Jede Bürgerin und jeder Bürger der EU kann sich in jedem Mitgliedsland einen Arbeits- oder Ausbildungsplatz suchen.

1995
Weitere Staaten treten der Union bei.

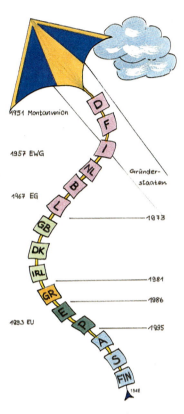

M3: Europa im Aufwind

2. Lege eine Tabelle an mit den Gründungs- und Beitrittsländern der Staatengemeinschaft, die heute die EU bildet. Ordne nach den Jahreszahlen des Beitritts (M2).

3. Erläutere die Ziele der EU in den Jahren 1951, 1957, 1967 und 1993.

Die Europäische Union

So arbeitet die Europäische Union

An der Spitze Europas stehen die Regierungschefs der Mitgliedsstaaten. Sie bilden den Europäischen Rat. Etwa zweimal im Jahr kommen sie zu den viel beachteten Gipfeltreffen zusammen. Auf diesen Konferenzen treffen sie Beschlüsse, die für die gesamte EU von grundsätzlicher Bedeutung sind. Dazu gehört z.B. die Einführung einer neuen Währung.

Drei Gremien diskutieren jetzt die Einzelheiten:
1. Der Ministerrat ist die wichtigste gesetzgebende Instanz. Hier versuchen die Fachminister der einzelnen Staaten die Entwicklung so zu steuern, dass die Interessen ihrer Länder gewahrt sind. Die Landwirtschaftsminister beraten z.B. über die Frage, wie lange Tiertransporte in der EU dauern dürfen.
2. Die eigentliche Regierung Europas ist die Kommission. Die Kommissare nehmen die Vorschläge des Ministerrats entgegen und arbeiten nun die Vorlagen für Gesetze und Vorschriften aus. Die Kommission wacht auch über die Einhaltung der Verträge.
3. Schließlich kommen die Vorlagen ins Parlament. In der Vergangenheit hat das Parlament nur beraten. Jetzt aber ist es an der Gesetzgebung beteiligt. Es muss auch der Ernennung der Kommissare zustimmen.

M1: Sitzungssaal des Europäischen Parlaments in Straßburg

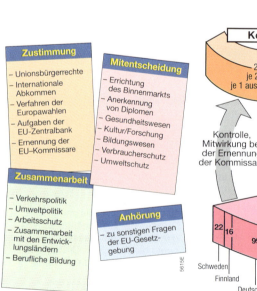

M2: Mitwirkungsrechte des Europäischen Parlaments

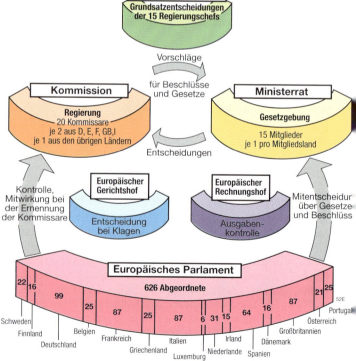

M3: Organe der Europäischen Union

a) Höchstes Entscheidungsgremium der Gemeinschaft, das die allgemeinen politischen Grundsatzentscheidungen und die langfristige Orientierung festlegt.

b) Gesetzgebendes Organ der Gemeinschaft, hier werden die Rechtssetzungen der EU verabschiedet, und zwar:
- Verordnung: Rechtssetzung, die nach der Verabschiedung in allen Mitgliedsstaaten der EU sofort gültig wird.
- Richtlinie: Weisung an Einzelstaaten der EU, ihre nationalen Gesetze und Vorschriften innerhalb eines fest gelegten Zeitraums verbindlich zu ändern. Dabei bleibt es dem Nationalstaat überlassen, wie er das Ziel der Weisung erreicht.
- Entscheidung: Rechtsakt, der Einzelfälle für einen Staat oder ein Unternehmen verbindlich festlegt.

c) Motor der Gemeinschaft

d) Unabhängiges Richtergremium, das die Auslegung, die Wahrung und Anwendung des Gemeinschaftsrechtes sichert.

e) Überprüft die Rechtmäßigkeit und Ordnungsmäßigkeit der Einnahmen und Ausgaben der EU.

f) Seit 1979 direkt gewählt, aber nicht vergleichbar mit nationalen Parlamenten. Es hat Kontrollrechte, das Haushaltsrecht, Legislativrecht und Beratungsrecht bei Gesetzesentwürfen.

1. Beschreibe mit eigenen Worten die Arbeitsweise der EU.

2. Ordne die Texte a – f in *M4* den entsprechenden Organen der EU in *M3* zu.

3. Erläutere die Aufgaben der Europäischen Kommission.

M4: Texte zu den Organen der EU

M5: Mitglieder und Aufgaben der Europäischen Kommission

In der Vielfalt liegt die Stärke

Großbritannien

M1: Großbritannien

M2: Arbeiterwohnsiedlung in Hebden Bridge/Yorkshire

Großbritanniens ältester Industrieraum

Die westlichen Midlands waren der industrielle Kernraum Großbritanniens. Hier wurden die Erfindungen gemacht, die das industrielle Zeitalter einläuteten und die Welt veränderten: der mechanische Webstuhl, die Dampfmaschine und der Kokshochofen. Die enge Nachbarschaft von Kohle-, Eisenerz- und Kalkvorkommen begünstigten die Entwicklung der Eisen- und Stahlindustrie sowie der Metall verarbeitenden Folgeindustrien. Als in der Textilindustrie die Kapazitäten durch die heimischen Rohstoffe nicht mehr ausgelastet waren, importierte man Baumwolle aus den Kolonien und exportierte die Fertigwaren.

Großbritanniens Industrie: Krise und Aufschwung

1990 jubelte die bedeutende „Financial Times": „*We are back again* – wir haben die jahrzehntelange Wirtschaftsschwäche, die ‚englische Krankheit', überwunden. Der englische Löwe brüllt wieder in Europa!" Was war geschehen?

England, das Mutterland der Industrie und die früher größte Industrienation der Erde, war in eine schwere Wirtschaftskrise gefallen. Seine traditionellen **Schlüsselindustrien**, Kohle, Stahl, Textilindustrie, die Werften und der Fahrzeugbau, waren auf dem Weltmarkt nicht mehr konkurrenzfähig. Kohle konnte bis zu 75 Euro /t billiger in Übersee eingekauft werden, Textilien wurden preisgünstiger in Südostasien produziert, Stahl gab es auf dem Weltmarkt zu Billigpreisen. Die Krise verschärfte sich, weil viele Betriebe nicht rechtzeitig modernisiert wurden. Ähnlich wie das Ruhrgebiet fiel Englands ehemaliger Kernraum, das „Black Country", in eine schwere Strukturkrise, in der viele Menschen ihre Arbeit verloren und ganze Stadtviertel verelendeten. Auch die spätere Verlagerung der Eisenhütten an die Küste, Subventionen und Garantielöhne konnten den Niedergang nicht verhindern. Daher werden Kohle-, Stahl- und Textilindustrie, Großbritanniens einstiger Stolz und Exportfavorit, heute nur noch als *sunset-industry* bezeichnet.

Durch die Schließung unrentabler Betriebe, den Einsatz modernster Technologie, einem rigorosen Abbau von Arbeitsplätzen und durch **schlanke Produktion** (*lean production*), die man von Japan übernahm, gelang es die Produktivität entscheidend zu steigern. Sogar für die Kohle sieht man auf Grund günstiger Abbaubedingungen bei moderner Fördertechnik eine Überlebenschance. Von den über 400 Zechen blieben allerdings nur 20 übrig.

Mit dem Geld aus dem Ölgeschäft werden heute vor allem der Ausbau der chemischen Industrie und die Ansiedlung von Zukunftstechnologien gefördert. Diese *sunrise-industry* meidet jedoch trotz verlockender EU-Zuschüsse die alten oder peripheren Standorte: Die Kommunikationstechnologie, Computerfirmen, die Raumfahrt und der Flugzeugbau konzentrieren sich in den neuen Wachstumsregionen des *Golden Corridor* einer Zone, die von London bis Bristol reicht. Inzwischen leben 23 Prozent aller Beschäftigten in dieser Region und 42 Prozent verfügen über einen Hochschulabschluss. Die besonders qualifizierten Mitarbeiter kommen aus aller Welt, auch Wissenschaftler von deutschen Hochschulen arbeiten hier.

„Für die großen internationalen und europäischen Konzerne ist England wieder zu einem interessanten Investitionsstandort geworden", sagt man in den Chefetagen. „Die Lohnkosten sind niedrig, sie erreichen teilweise nur 77 Prozent des westdeutschen Niveaus. Darüber hinaus erleichtern Tochtergesellschaften auf den britischen Inseln den schnellen Zugang zu dem wieder interessanten britischen Markt. Für die asiatischen und amerikanischen Firmen dagegen öffnen sie die Tür zu dem riesigen Binnenmarkt der EU."

Die Konzentration auf den Süden wird jedoch dazu beitragen, dass sich das industrielle und soziale Süd-Nord-Gefälle auf den britischen Inseln weiter verschärfen wird.

> **i** **Lean production – schlanke Produktion**
>
> Das in Japan eingeführte Produktionssystem löste die Fließbandproduktion ab. Die Arbeiter bildete man zu Monteuren aus. Jeder Monteur einer Firma beherrscht alle Handgriffe. So konnten in kurzer Zeit Arbeitsgruppen zusammengestellt werden, die sofort in der Lage waren, sich gegenseitig zu helfen, Fehler aufzudecken und zu beseitigen. Das spart Kosten und Zeit.

1. Beschreibe die Verteilung von Bevölkerung und Industrie auf den britischen Inseln (*Atlas*).

2. Nenne Gründe für den Niedergang und den Aufschwung der britischen Industrie.

3. Der *Golden Corridor* entwickelte sich zu einem bevorzugten Standort der *sunrise-industry*. Fasse die Gründe zusammen und überlege, welche Folgen diese Regionalisierung hat.

4. Zeichne in die Kopie einer Weltkarte die Zulieferländer und die Kfz-Teile, die Ford in England erhält *(M5)*.

M5: Zulieferer für Ford (England)

Land	Teile (Auswahl)
GB	Kupplung, Batterie Lampen, Zylinderkopf
B	Reifen, Beschläge
DK	Keilriemen
D	Kolben, Verteiler Tank, Zündung
F	Bremsen, Lichtmaschine
E	Kühler, Kabelbaum
I	Scheiben
Japan	Anlasser
USA	Ventile

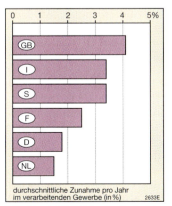

M3: Produktivität in der Industrie

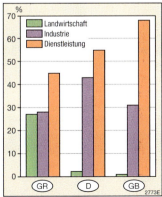

M4: Erwerbsstruktur

M1: Abweichung des Bruttoinlandproduktes je Einwohner vom Durchschnitt der Gemeinschaft (nach eurostat 98)

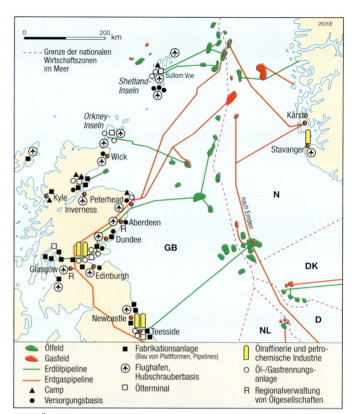

M2: Öl- und Gasgewinnung in der Nordsee und ihre Auswirkungen auf die Küste

Großbritanniens Norden im Umbruch

1960 stellte der Abgeordnete Peter Cullum in einer Rede vor dem britischen Unterhaus in London folgende Behauptung auf: „Großbritannien wird nicht in den Kreis der wohlhabenden und führenden Industrienationen Europas oder gar der Welt zurückkehren, solange es seine ‚Armenhäuser' Nordirland, Schottland und die nördlichen Inselgruppen alimentieren (=unterhalten) muss. Welchen Nutzen kann England aus öden Bergländern oder sturmgepeitschten Inseln in der Nordsee ziehen? Schottland sollte dankbar für jeden Penny sein, den London nördlich von Edinburgh investiert."

Als 1969 große Erdöl- und Erdgasfelder in dem britischen Sektor der Nordsee entdeckt wurden, änderte sich diese Einstellung umgehend. Innerhalb weniger Jahre wurde aus mancher *backward area* eine *boom area*, in der Goldgräberstimmung herrschte.

Bevor das erste Nordseeöl fließen konnte, musste jedoch eine völlig neue Fördertechnik entwickelt werden. Noch nie hatte man Erdöl aus Meeren gefördert, die so tief wie die Nordsee waren. Noch nie hatte man Ölplattformen zur **Offshore**-Förderung in ein Seegebiet gebaut, in dem

---

1. Beschreibe mithilfe des *Atlas* und *M1* die regionalen Unterschiede in Großbritannien von Bevölkerungsverteilung, Industriedichte und Wirtschaftskraft.

2. Erläutere die Veränderungen, die im Norden Großbritanniens durch die Ölfunde erfolgten (*M2*, *M3* und *Atlas*).

Stürme und haushohe Wellen die Regel, Schönwetterperioden dagegen die Ausnahme waren.

Die Investitionen, die die Ölmultis Exxon, Shell, Esso und ihre britischen Tochtergesellschaften einsetzen mussten, waren gigantisch. Die Erschließung eines einzigen Öl- und Gasfeldes kostete bis zu 10 Mrd. Euro. Diese teure und technisch aufwendige Förderung lohnte sich nur deshalb, weil die Erdöl exportierenden Länder zu jener Zeit den Ölpreis drastisch erhöhten.

Mit den Öl- und Gasfunden in der Nordsee begann der wirtschaftliche Umbau einer ganzen Region. Aberdeen, ein früher eher verschlafenes Städtchen, wurde zu der „Ölhauptstadt" der britischen Inseln. Sullom Voe, ein bis dahin völlig unbekannter Ort auf den Shetlands, entwickelte sich zu dem größten Öl-Terminal Europas. Teesside, ein heruntergekommenes Schwerindustriegebiet an der Küste Yorks, ist heute einer der führenden Standorte der Petrolchemie in Großbritannien und Europa.

Auch in den Folgeindustrien entstanden in dem strukturschwachen Raum Tausende neuer Arbeitsplätze. Die Ausrüstungen und Dienstleistungen, die für die Offshore-Bohrungen gebraucht wurden, bildeten einen Markt, der viele Firmen veranlasste in dem früher unattraktiven Norden Niederlassungen zu gründen. Sogar die Computer- und Elektronikindustrie hat Schottland als lohnenden Firmenstandort entdeckt. „Das Gold der Nordsee hat in unsere verlassene Region das Leben zurückgebracht", sagt Frau MacBride aus Aberdeen. „Wir hoffen, dass mit den Einnahmen aus dem Ölgeschäft die hier immer noch bestehenden Disparitäten abgebaut werden können. Leider müssen wir jedoch viel Öl und Steuern an das energie- und rohstoffhungrige England liefern. Für den Export in andere europäische Länder bleiben ganze sieben Prozent übrig."

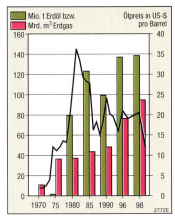

M3: Entwicklung der Erdöl- und Erdgasförderung sowie der Rohölpreise

3. a) Stelle Vor- und Nachteile des Ölbooms zusammen (M3, M4 und Atlas).
b) Suche zu M4 Raumbeispiele (M2 und Atlas).

4. Begründe, warum viele Schotten eine Trennung ihres Landes von England anstreben.

5. Welche europäischen Länder sind durch die Erdöl- und Gaspipelines der Nordsee miteinander verbunden (Atlas)?

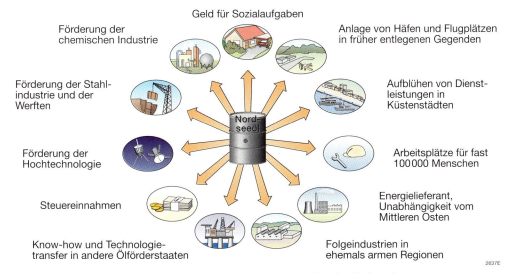

M4: Wirtschaftlicher Aufschwung durch das Nordseeöl im Norden Großbritanniens

Italien

Italien: Der Stiefel hat ein Loch

Der Mezzogiorno, der Süden Italiens, gehört zu den unterentwickeltsten Regionen Europas. Er umfasst 41 Prozent der Fläche Italiens und beherbergt 36 Prozent der italienischen Bevölkerung, er trägt aber nur zu 24 Prozent zum italienischen Bruttoinlandsprodukt bei.

Seit Ende des 19. Jahrhunderts haben über 8 Millionen Menschen diesen Raum auf der Suche nach Arbeit verlassen, noch zu Beginn der achtziger Jahre waren es fast 30 000 Migranten pro Jahr. Der größte Teil dieser Menschen zog in den wirtschaftlich starken Norden, viele verließen jedoch Italien und gingen als Gastarbeiter nach Deutschland oder nach Amerika. Meist waren es gut ausgebildete, innovationsbereite, junge Leute, die dem Mezzogiorno den Rücken kehrten. Dadurch wurde diese Region immer mehr geschwächt.

Seit etwa 50 Jahren unternehmen der italienische Staat und in den letzten Jahren auch die EU Versuche durch Förderprogramme den „Stiefel zu flicken". Zunächst bemühte man sich um die Modernisierung der Landwirtschaft und um die Schaffung von Arbeitsplätzen in der Industrie. Dabei setzte man viele Jahre auf die Förderung von Großprojekten. So entstand zum Beispiel mit massiver Unterstützung der EU ein großes Stahlwerk in Tarent. Zeitweise waren dort rund 40 000 Menschen beschäftigt. Von die Stahlkrise war es jedoch genauso betroffen wie die anderen europäischen Stahlwerke auch. Heute wird es vom Staat (trotz Verbotes der EU) subventioniert.

Nach diesem und weiteren Rückschlägen setzt man nun die Hoffnungen auf völlig andere Entwicklungskonzepte. Eines davon ist die Förderung des Tourismus.

1. a) Vergleiche den Entwicklungsstand der Regionen innerhalb Italiens (*M2*).
b) Beschreibe die Folgen für die Bevölkerungsverteilung.

2. Berichte über die Fördermaßnahmen des italienischen Staates und der EU (*M2* und *Seite 118 M2*).

3. Erläutere den Ausbau der touristischen Infrastruktur (*M1*).

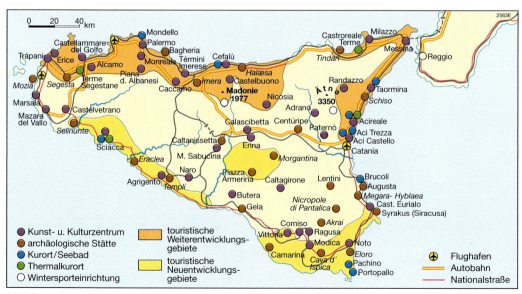

M1: Entwicklungsgebiete und touristische Angebote auf Sizilien

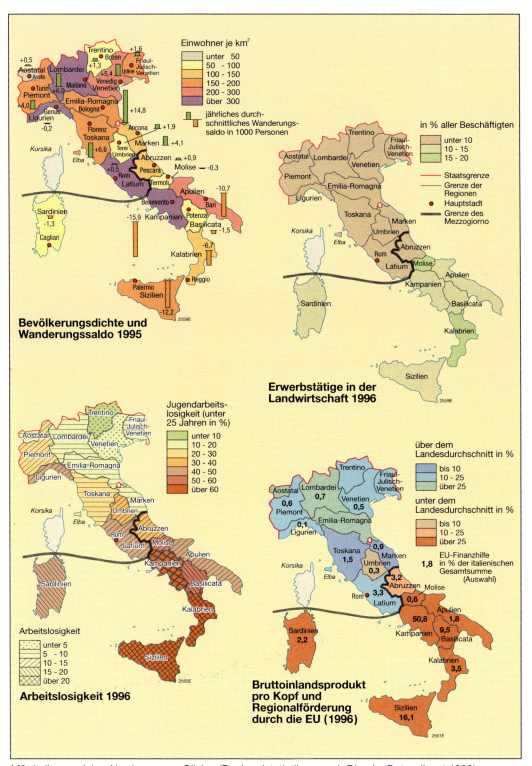

M2: Italien – reicher Norden, armer Süden (Regionalstatistiken, nach Diercke Datendienst 1999)

M1: Touristenzentrum Taormina (Sizilien)

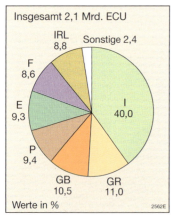

M2: EU-Fördermittel für den Tourismus (Fünfjahresleistung)

1. Alle staatlichen Betriebe müssen in Italien 80 Prozent ihrer Investitionen im Mezzogiorno durchführen. Erkläre.

2. Beurteile die touristische Attraktivität Siziliens. Gehe dabei auch auf den Naturraum ein (*M1* und *S. 116 M1, Atlas*).

Die große Hoffnung: der Tourismus

Der Tourismus ist der einzige Wirtschaftszweig des Mezzogiorno, der seit Jahren Zuwachsraten zu verzeichnen hat. Jeder fünfte Italiener und auch noch jeder achte ausländische Italienurlauber fährt trotz der weiten Anreise in das Gebiet südlich von Rom. Der Mezzogiorno ist auch durchaus attraktiv: Neben dem typisch mediterranen Klima und einer malerischen Landschaft bietet vor allem Sizilien zahlreiche kulturelle Sehenswürdigkeiten. Dies ist für den weiteren Ausbau des Tourismus von Bedeutung, weil immer mehr Badetouristen auch kleine Bildungstouren ins Landesinnere unternehmen wollen.

Für die Entwicklung der armen ländlichen Gebiete ist gerade das sehr interessant: Dadurch können dort zahlreiche kleine Erwerbsquellen entstehen, sei es durch den Ausbau von landwirtschaftlichen Gebäuden zu Fremdenzimmern oder durch die Einrichtung einer Gaststätte. Hier setzt auch die Förderung der EU an. Sie investiert seit Jahren erhebliche Geldsummen gerade in den Ausbau des italienischen Fremdenverkehrs. Dabei fördert man zum Beispiel die Tourismuswerbung oder finanziert den Umbau von Bauernhöfen und den Ausbau der Infrastruktur, das heißt, den Neubau von Straßen und Kläranlagen oder den Ausbau des Strom- und Telefonnetzes.

Die Entwicklung des Tourismus verläuft jedoch nicht ohne Probleme. Vor allem die starke Konzentration des Fremdenverkehrs auf nur wenige Monate hat weit reichende Auswirkungen. In der Hochsaison werden so viele Arbeitskräfte benötigt, dass sogar Migranten aus Nordafrika eingestellt werden, in der Nebensaison steigt dagegen die Arbeitslosigkeit wieder enorm an. Weite Teile der touristischen Infrastruktur sind dann kaum noch genutzt. Man versucht daher die Saison auszugleichen. Dazu will man auch in Italien die Sommerferien von Region zu Region staffeln. Außerdem wirbt man mehr für die kulturellen Touristenattraktionen um damit Bildungstouristen außerhalb der „Badezeiten" anzulocken.

Ein zweites Problem stellt die vergleichsweise hohe Umweltbelastung dar. Immer häufiger sind auch in Süditalien Wasser und Strände verschmutzt. – Dies ist nicht zuletzt eine Folge der intensiven Bemühungen zu weiterer Industrialisierung.

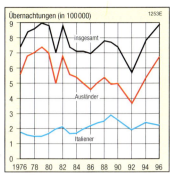

M3: Übernachtungen in Taormina

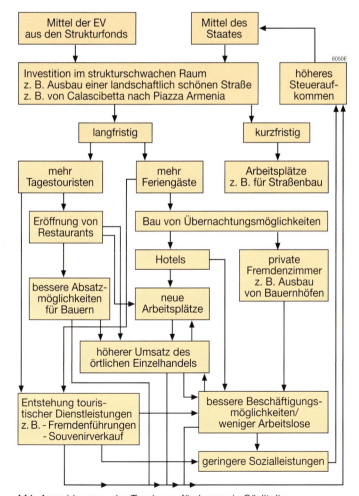

M4: Auswirkungen der Tourismusförderung in Süditalien

3. Erläutere die Probleme der süditalienischen Fremdenverkehrswirtschaft und Maßnahmen zu ihrer Lösung *(M4)*.

4. Die EU fördert den Erhalt und die Restaurierung der antiken Stätten in Sizilien. Inwieweit trägt dies zur Entwicklung der Region bei?

Export-orientierte Landwirtschaft in Spanien

Spanien: Frisches aus dem sonnigen Süden

Paprika, Tomaten, Gurken, Brokkoli, Eisbergsalat, Bohnen, Zitrusfrüchte, Trauben, Avocados, Erdbeeren, Melonen - das sind nur einige Produkte, die aus Spanien frisch auf unserem Tisch landen. Allein auf dem Großmarkt in Düsseldorf werden im Winter wöchentlich etwa 10 000 Kisten Orangen (pro Kiste 15 kg) und 20 000 Kisten Clementinen verkauft. Jede Woche treffen hier zwei bis drei Lkw mit Gemüse ein (pro Lkw 20 bis 25 t) und von Mai bis Juli je Woche fünf Lkw mit Pfirsichen und Nektarinen. Die Anbaugebiete liegen an der Mittelmeerküste, wo die Bauern die Gunst des Klimas nutzen um im Winter als erste Anbieter auf dem Markt die besten Preise zu erzielen.

In den **Huertas** (lat. *hortus*=Garten), den intensiv genutzten und bewässerten Ebenen an der Küste, sind die Wintertemperaturen mit durchschnittlich 10° bis 13°C ausgesprochen mild und die Gebirgsketten schützen vor Kaltlufteinbrüchen. Ausgeklügelte Anbautechniken, wie die Sandkultur, verschaffen den Bauern an der Costa del Sol einen Erntevorsprung von bis zu 30 Tagen vor den anderen südeuropäischen Konkurrenten. Die Anbauweise ist eine **Intensivkultur**, die hohe Erträge bringt, aber auch einen hohen Arbeitseinsatz verlangt.

Voraussetzung für den Anbau ist die Verfügbarkeit von Bewässerungswasser. Auch ebene Flächen sind in den schmalen Küstenstreifen nur begrenzt vorhanden. Neu angelegte Terrassen ziehen sich daher häufig die Hänge hinauf. Die Intensivkulturen verdrängen die traditionellen Trockenkulturen, wie Oliven und Mandeln, zugunsten von Winter- und Frühgemüse für die Vitamin hungrigen Westeuropäer. So hat sich die Provinz Almería zum größten europäischen Lieferanten von Wintergemüse entwickelt.

M1: Aridität und Humidität in Spanien

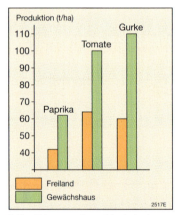

M2: Ertragsunterschiede bei Sandkultur im Freiland und Gewächshaus

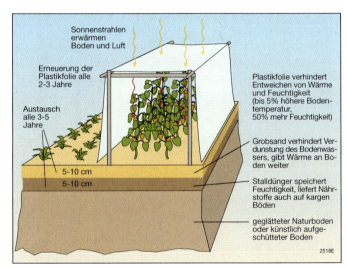

M3: Sandkultur (Enarenado) unter Plastikbedeckung und im Freiland (schematisch)

1. Die Küste bei Almería wird scherzhaft „Costa del Plastico" genannt. Begründe (*Seite M3*).

2. Beschreibe die Anbaubedingungen in den Huertas (*M1* und *Atlas*).

3. Erläutere die Vorteile der Sandkultur (*M2* und *M3*).

Zwischen Ochsenkarren und Computer

Viele Huertanos besitzen nur etwa einen Hektar Land, haben aber dank der Intensivkulturen Vollerwerbsbetriebe. Diese Kleinbauern geraten zunehmend unter Druck, weil Großbetriebe durch hohen Kapitaleinsatz für Glashäuser, computergesteuerte Tropfbewässerung, Spezialdünger, Mechanisierung sowie eigene Vermarktungsorganisationen noch kostengünstiger produzieren können. Zum neuen „Agrobusiness" in Andalusien gehört auch die Verwendung von Torf aus Norddeutschland: In einem aus Torf aufbereiteten Boden wachsen die Jungpflanzen heran, deren Ernteprodukte bei uns wieder verzehrt werden.

Außerhalb der durch Bewässerung begünstigten Räume ist die landwirtschaftliche Produktion in Andalusien wie in ganz Spanien nur begrenzt wettbewerbsfähig. Wegen der weithin ungünstigen natürlichen Bedingungen sowie oft veralteter Anbautechniken ist die Produktivität gering. Auf der Meseta, der großen Hochfläche im Landesinneren, gilt dies vor allem für den Trockenfeldbau (mit eingeschobenen Brachejahren) und die extensive Weidewirtschaft. Stimmen in der EU fordern angesichts der Überschussproduktion einen Großteil der Ackerflächen stillzulegen.

Ein weiteres Kennzeichen der spanischen Landwirtschaft ist die ungleichmäßige Verteilung des Besitzes. In Zentral- und Südspanien herrscht Großgrundbesitz vor. In Andalusien gehören etwa 5000 Gutsherren 50 Prozent des Trockenlandes und 40 Prozent des Bewässerungslandes. Nur ein Fünftel der Landbewohner bearbeitet eigenen Boden. Für den Rest, die Tagelöhner, fällt nur zur Erntezeit Arbeit an. Viele Andalusier suchen daher Arbeit in den Städten.

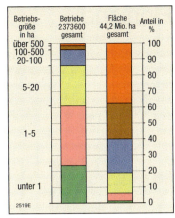

M4: Landwirtschaftliche Betriebe nach Größenklassen

4. In Spanien können nur etwa 40 Prozent des Landes landwirtschaftlich genutzt werden. Begründe (M1 und Atlas).

5. Andalusien ist ein landwirtschaftlicher Gunstraum, gehört aber dennoch zu den „Armenhäusern" Europas. Erläutere und begründe (M4, M5).

6. „Zwischen Ochsenkarren und Computer". Erläutere, inwieweit diese Gegensätze auf Andalusien und ganz Spanien zutreffen (M4, M5, Atlas).

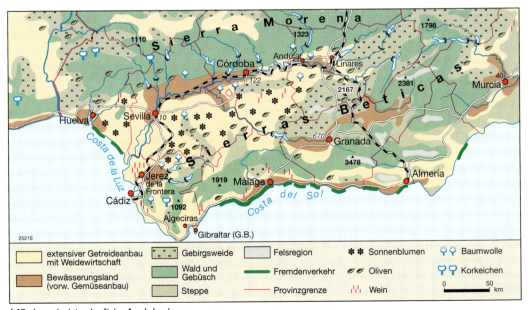

M5: Landwirtschaft in Andalusien

Finnland

Der Norden von Finnland – ohne Perspektiven

Im Frühjahr 1991 musste Juhani Ysotalo seinen Hof aufgeben. 1946 hatte der Staat seinem Großvater in Ratasvuoma, einem Ortsteil der Gemeinde Ylitornio, Acker- und Grünland sowie Wald zur Bewirtschaftung zugeteilt. Der Wald machte etwa ein Drittel aus. Wegen der ungünstigen klimatischen Bedingungen wurde auf einem weiteren Drittel Futtergetreide angebaut, das restliche Drittel als Wiese genutzt. Aber dank hoher staatlicher Subventionen hatten die Ysotalos lange ein gutes Auskommen.

Ab den 70er Jahren wurden die hohen Agrarsubventionen drastisch gekürzt. Viele Landwirte gaben auf. Das endgültige Aus für Juhani war die neunte Missernte in Folge. Mal brach in den letzten Jahren der Winter zu früh ein, mal begann das Frühjahr zu spät oder war der Sommer zu nass. Von dem Einkommen aus der Landwirtschaft konnten Juhani und seine Familie nicht länger existieren.

Wie Juhani Ysotalo wanderten viele Menschen aus dem Norden und Osten Finnlands in den Süden. Diese **Migration** ist vor allem das Ergebnis mangelnder Arbeits- und geringer Verdienstmöglichkeiten in der alten Heimat.

Herr Ysotalo hat im Süden eine neue Arbeit gefunden: in der Papierfabrik in Valkeakoski, in der Nähe von Tampere. Dank der guten Infrastruktur, wie weit reichende Busverbindungen und zahlreiche Versorgungseinrichtungen vom Zahnarzt über den Supermarkt bis zum Schwimmbad, hat sich seine Familie rasch an die neue Umgebung gewöhnt.

M1: Finnland

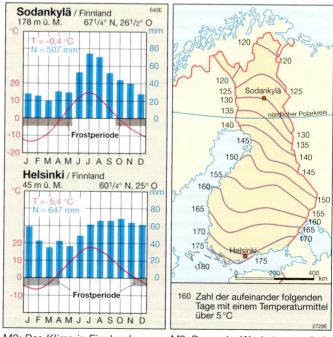

M2: Das Klima in Finnland

M3: Dauer der Wachstumsperiode

1. Beschreibe und beurteile die naturräumlichen Voraussetzungen für die Landwirtschaft im Norden Finnlands (M2 und M3, Atlas).

M4: Beim Sortieren des Holzes   M5: In einer Papierfabrik

Industrie verschärft Disparität

Fast 80 Prozent der Landfläche Finnlands sind von Wald bedeckt. Zusammen mit Norwegen und Schweden bildet Finnland Europas ‚grünen Holzhof'. Hier ist der Wald noch ein ständiger Lieferant an Rohmaterial für Produkte aus Holz, Karton und Papier, obwohl in der Vergangenheit ein zu starker Einschlag betrieben wurde.

Die Holzverarbeitung und die Metallverarbeitung, die beiden wichtigsten Industriezweige, konzentrieren sich im Süden. Zum einen fällt hier wesentlich mehr Rohstoff an als im Norden (Holzwachstum im Norden 1 m³/ha, im Süden bis 8 m³/ha), zum anderen sind die nahen Exporthäfen ein wichtiger Standortfaktor. Das Holz wird zwar überall geschlagen, aber nur an wenigen zentralen Stellen verarbeitet.

Im industrialisierten Städtedreieck Helsinki-Tampere-Turku sind durch den Ausbau des sekundären und tertiären Wirtschaftssektors zahlreiche Arbeitsplätze geschaffen worden. Hier bewirken hohe Löhne und besonders attraktive weiche Standortfaktoren (z.B. Wohnen und Freizeit) eine Nord-Süd-Migration, die für Finnland charakteristisch ist. Sie verschärft die großräumigen Disparitäten zwischen ‚Industriefinnland' im Süden, dessen Wirtschaftsaufschwung auf dem Einsatz hoch moderner Technologien beruht, und dem Norden. Dieser kann nur begrenzt mit der Entwicklung in den Gunstgebieten Südwestfinnlands Schritt halten. Die Konzentration und Entwicklung der Infrastruktur und Industrie im Süden entzieht den Randgebieten zum Beispiel Ausbildungsplätze, was dort zu minder qualifizierter Arbeitskraft und zu einem Mangel an industriellen Arbeitsplätzen führt.

(nach: H. Bronny, Staatslexikon Bd. 6, Freiburg 1992, S. 173 ff.)

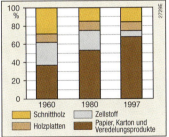

M6: Holzexport Finnlands nach Erzeugnissen

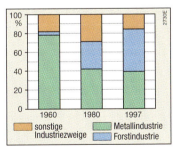

M7: Export Finnlands nach Industriezweigen

2. Weshalb zählt man Finnland zum ‚grünen Holzhof' Europas?

3. Begründe die Nord-Süd-Migration in Finnland.

Armut und Reichtum in der EU

1. a) Bestimme die Wirtschaftskraft folgender Regionen (Gebietseinheiten) in *M2*:
1 Großraum London, 2 Lombardei, 3 Ile-de-France, 4 Elsaß, 5 Hamburg, 6 Oberbayern, 7 Antwerpen, 8 Cornwall/Devon, 9 Groningen, 10 Kalabrien, 11 Balearen, 12 Galicien, 13 Lissabon/Tejotal.
b) In welchen Ländern liegen diese Regionen *(Atlas)*?

2. Beschreibe die Lageverteilung der ärmeren und reicheren Regionen innerhalb der EU. Benutze folgende Begriffe: Mitte, Rand, innen, außen, Linie, Punkt.

„Arm" und „Reich" in der EU

Die Mitglieder der EU erbringen im Weltvergleich eine hohe Wirtschaftsleistung. Die Unterschiede innerhalb der EU sind jedoch sehr groß. Es gibt ärmere Länder und Regionen mit einem hohen Anteil an Beschäftigten in der Landwirtschaft. Sie liegen vor allem an den Rändern der EU. Auch die „alten" Industriegebiete innerhalb der EU gelten als Problemregionen. Hier ist die Zahl der Arbeitslosen überdurchschnittlich hoch.

Andere Regionen der EU erwirtschaften dagegen ein weit überdurchschnittliches Bruttoinlandsprodukt (BIP). Dies sind vor allem die „reichen" Dienstleistungsregionen und Zentren der Hochtechnologie um die Metropolen London, Paris, Frankfurt/Main, München, Mailand oder Turin.

M1: Bauernhof nördlich von Galway

Irland – Hightech statt Butter

Irland, die „grüne Insel", liegt am westlichen Rand Europas. Es gehört zu den ärmeren Regionen in der EU. Mehr als 80 % der Landesfläche werden landwirtschaftlich genutzt, meist als Weideland. Etwa 13 % der Erwerbstätigen arbeiten in der Landwirtschaft, 28 % in der Industrie und etwa 59 % im Dienstleistungsbereich. Irland hat damit – gemessen am EU-Durchschnitt – einen hohen Anteil an landwirtschaftlich Beschäftigten.

Über 20 % der Exporte sind Agrarprodukte, zum Beispiel Butter, Milch und Rindfleisch. Die meisten der kleinen Höfe sind unrentabel. Für die Modernisierung fehlt zahlreichen Landwirten das Geld. Schon viele gaben ihre Betriebe auf. Sie wanderten ab oder wurden erwerbslos.

Seit Jahren bemüht sich die irische Regierung um neue Arbeitsplätze. Seit dem EU-Beitritt Irlands 1973 siedelten sich über 1000 ausländische Unternehmen an. Sie erhalten Steuervorteile, günstige Kredite und billiges Fabrikgelände. Von 1994–1999 werden 25 Mrd. Euro in den Ausbau des Verkehrssystems, in die Energieversorgung und in die Wachstumsindustrien (z. B. Elektronikindustrie) investiert. Der Großteil der Investitionen stammt aus EU-Fördermitteln für die vier ärmsten EU-Länder.
(nach: Europäische Kommission: Eine Reise durch Europa.)

M2: Arme und reiche Regionen in der E

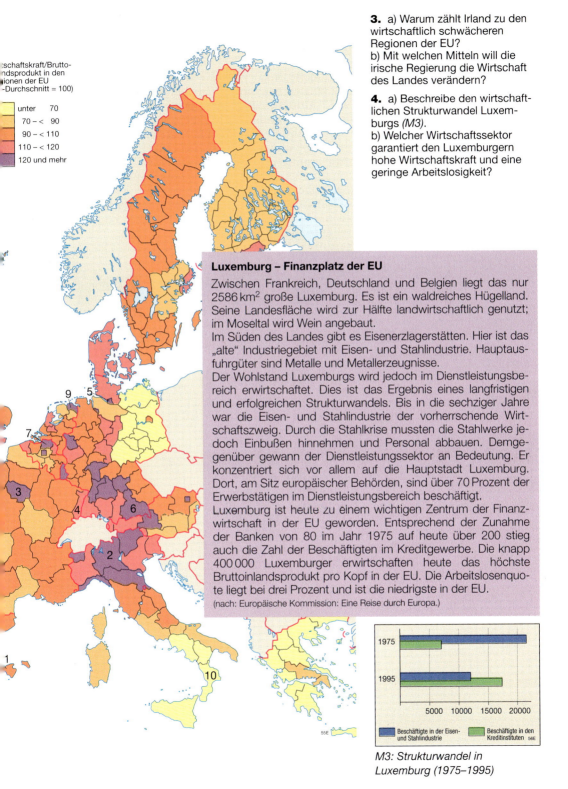

3. a) Warum zählt Irland zu den wirtschaftlich schwächeren Regionen der EU?
b) Mit welchen Mitteln will die irische Regierung die Wirtschaft des Landes verändern?

4. a) Beschreibe den wirtschaftlichen Strukturwandel Luxemburgs *(M3)*.
b) Welcher Wirtschaftssektor garantiert den Luxemburgern hohe Wirtschaftskraft und eine geringe Arbeitslosigkeit?

Luxemburg – Finanzplatz der EU

Zwischen Frankreich, Deutschland und Belgien liegt das nur 2586 km² große Luxemburg. Es ist ein waldreiches Hügelland. Seine Landesfläche wird zur Hälfte landwirtschaftlich genutzt; im Moseltal wird Wein angebaut.
Im Süden des Landes gibt es Eisenerzlagerstätten. Hier ist das „alte" Industriegebiet mit Eisen- und Stahlindustrie. Hauptausfuhrgüter sind Metalle und Metallerzeugnisse.
Der Wohlstand Luxemburgs wird jedoch im Dienstleistungsbereich erwirtschaftet. Dies ist das Ergebnis eines langfristigen und erfolgreichen Strukturwandels. Bis in die sechziger Jahre war die Eisen- und Stahlindustrie der vorherrschende Wirtschaftszweig. Durch die Stahlkrise mussten die Stahlwerke jedoch Einbußen hinnehmen und Personal abbauen. Demgegenüber gewann der Dienstleistungssektor an Bedeutung. Er konzentriert sich vor allem auf die Hauptstadt Luxemburg. Dort, am Sitz europäischer Behörden, sind über 70 Prozent der Erwerbstätigen im Dienstleistungsbereich beschäftigt.
Luxemburg ist heute zu einem wichtigen Zentrum der Finanzwirtschaft in der EU geworden. Entsprechend der Zunahme der Banken von 80 im Jahr 1975 auf heute über 200 stieg auch die Zahl der Beschäftigten im Kreditgewerbe. Die knapp 400 000 Luxemburger erwirtschaften heute das höchste Bruttoinlandsprodukt pro Kopf in der EU. Die Arbeitslosenquote liegt bei drei Prozent und ist die niedrigste in der EU.
(nach: Europäische Kommission: Eine Reise durch Europa.)

M3: Strukturwandel in Luxemburg (1975–1995)

Methode: Wirtschaftskarte

Wir zeichnen eine Karte zum Thema:

Die EU der 15 – Wirtschaftskraft der Mitgliedstaaten

Die Tabelle in *M1* zeigt dir die Rangfolge der 15 EU-Mitgliedstaaten nach ihrer Wirtschaftskraft. Diese wird nach dem Bruttoinlandsprodukt pro Einwohner ermittelt. Für die Festlegung der Rangfolge wird zunächst der Durchschnittswert der 15 Mitgliedstaaten auf den Wert 100 festgesetzt und dann für jeden einzelnen Staat der Rangplatz ermittelt. Nach dieser Tabelle kannst du eine thematische Karte zeichnen. Sie verschafft dir einen räumlichen Überblick darüber, welche der 15 EU-Mitglieder wirtschaftlich stärker oder schwächer sind, welche Staaten nach ihrer Wirtschaftsleistung über oder unter dem EU-Durchschnitt liegen.
Gestalte deine thematische Karte so:

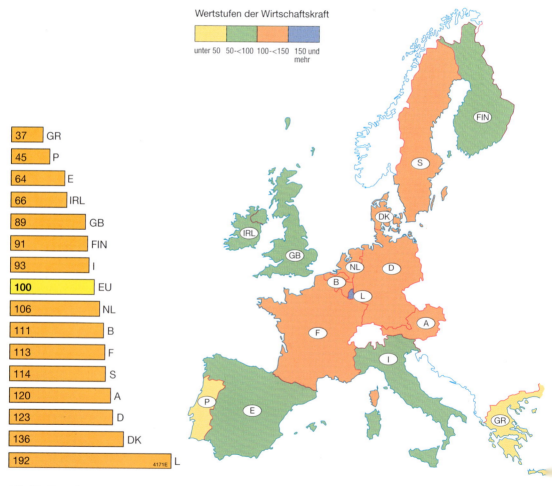

M1: Die Rangfolge der Wirtschaftskraft in den EU-Ländern

M2: Thematische Karte: EU der 15 – Wirtschaftskraft der Mitgliedstaaten

1. Zeichne die Umrisse der 15 EU-Mitgliedstaaten auf Transparentpapier und ergänze die Hauptstädte.
2. Erstelle dann nach den Angaben in *M1* eine Kartenlegende. Fasse die Zahlenwerte in der Tabelle zu geeigneten Gruppen zusammen um die Wirtschaftskraft der einzelnen Staaten unterscheiden zu können.
3. Für die Einteilung in Gruppen musst du dir den höchsten und niedrigsten Zahlenwert anschauen sowie die Verteilung der dazwischen liegenden Daten ermitteln. Eine Hilfstabelle erleichtert dir diese Arbeit. Im vorliegenden Beispiel werden die Länder der EU nach ihrer Wirtschaftskraft in vier Gruppen um den EU-Durchschnittswert 100 *(M1)* verteilt:

A	7,2%	GR	10,0%
B	11,8%	I	12,3%
D	11,1%	IRL	9,1%
DK	6,3%	L	4,1%
E	18,8%	NL	4,1%
F	11,6%	P	5,0%
FIN	11,8%	S	6,5%
GB	4,7%		

M3: Arbeitslosigkeit in der EU 1998 in %
(nach: Fischer Weltalmanach 2000)

unter 50	50 - <100	100 - <150	150 und mehr
Griechenland 37	Spanien 64	Niederlande 106	Luxemburg 192
Portugal 45	Irland 66	Belgien 111	
	Großbrit. 89	Frankreich 113	
	Finnland 91	Schweden 114	
	Italien 93	Österreich 120	
		Deutschland 123	
		Dänemark 136	
2 Länder	5 Länder	7 Länder	1 Land
unter dem EU-Durchschnitt		über dem EU-Durchschnitt	

Die einzelnen Gruppen erhalten unterschiedliche Farben. Je nach der Gruppenzugehörigkeit in der Tabelle kannst du nun die Länder in deiner Kartenskizze farbig ausmalen und der Karte einen Titel geben, zum Beispiel:
EU der 15 – Wirtschaftskraft der Mitgliedstaaten.

Der Betrachter kann nun aus deiner thematischen Karte wichtige Informationen „herauslesen". Zum Beispiel erkennt er, dass Irland (Farbe grün) mit vier anderen Ländern zu den wirtschaftsschwächeren EU-Ländern gehört und am Rand der EU liegt oder dass Luxemburg eine weit über dem Durchschnitt liegende Wirtschaftskraft hat und sogar eine eigene Gruppe (Farbe blau) bildet.

Bruttoinlandsprodukt (BIP)

Ein Kennzeichen der Wirtschaftskraft eines Landes ist das Bruttoinlandsprodukt, kurz BIP genannt. Es ist der Gesamtwert aller Leistungen, die innerhalb eines Landes in einem Jahr erbracht werden. Die dabei auf ausländische Arbeitnehmer entfallenden Leistungen sind eingeschlossen. Der Gesamtwert wird durch die Einwohnerzahl des Landes geteilt und als Pro-Kopf-Zahlenwert angegeben. Nach dem BIP lassen sich die Länder in ihrer Wirtschaftsleistung vergleichen.

1. a) Gestalte nach den Hinweisen auf diesen Seiten selbst deine Karte zum Thema: Die EU der 15 und ihre Wirtschaftskraft. Bilde folgende Gruppen: unter 80, 80 bis <120, 120 bis <160, 160 und mehr.
b) Beschreibe nach deiner thematischen Karte die Lageverteilung (Mitte, Rand) der wirtschaftlich stärkeren und schwächeren Länder innerhalb der EU.
c) Bewerte die Wirtschaftskraft der drei zuletzt beigetretenen EU-Mitglieder Schweden, Finnland und Österreich.

2. Gestalte nach den Angaben in *M3* eine thematische Karte. Berücksichtige die Hinweise auf dieser Seite und ordne die Arbeitslosenquoten der EU-Länder nach den Wertstufen: unter 6%, 6 bis <11%, 11 bis <15%, 15x% und mehr.

Die Überwindung von Disparitäten

Gegenseitige Hilfe

Die Europäische Union versteht sich als Solidargemeinschaft. Das heißt, sie sorgt dafür, dass die Stärkeren den Schwächeren helfen, dass den ärmeren Regionen mehr Gelder zufließen als den reichen. Dadurch soll den Menschen in den benachteiligten Gebieten zu einem Lebensstandard verholfen werden, wie er in anderen Gebieten selbstverständlich ist.
(nach: C. D. Grupp: Sechs - Neun - Zehn - Zwölf; EG. Köln 1986, S. 61)

Um die Unterschiede zwischen den Ländern der EU abzubauen und weniger entwickelte Gebiete zu fördern hat die EU drei verschiedene Strukturfonds eingerichtet, aus denen Fördermaßnahmen bezahlt werden.

Die EU hat einen eigenen Haushalt. Die Mitgliedsländer zahlen in die „gemeinsame Kasse" ein. „Reichere" Länder zahlen mehr als „ärmere". Die Höhe des Beitrags richtet sich nach der Wirtschaftsleistung des jeweiligen Landes. Im Durchschnitt zahlt jede Bürgerin oder jeder Bürger der Europäischen Union ungefähr 204 Euro pro Jahr in den EU-Haushalt ein. Ein großer Teil davon ist für die Strukturfonds bestimmt. Wenn die „ärmeren" Länder wirtschaftlich gefördert werden, können sie sich mehr „leisten" und es entstehen neue Absatzmärkte. Davon profitiert vor allem Deutschland, denn es ist das größte Exportland der EU. Doch auch die „reicheren" Länder der EU erhalten Zuschüsse für Fördermaßnahmen in ihrem Land. Hier sind vor allem die „alten" Industriegebiete vom Niedergang bedroht. Durch Zuschüsse soll die Ansiedlung neuer Industrien gefördert werden.

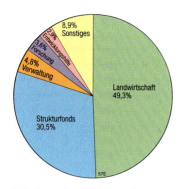

M1: Ausgabenverteilung im EU-Haushalt

ECU – Euro

Der ECU ist eine Währungseinheit. Sie vereinfacht den Warenaustausch und die Abrechnung zwischen den Ländern der EU und dem übrigen Ausland.
Euro ist der Name der gemeinsamen EU-Währung, die bis ins Jahr 2002 die einzelnen nationalen Währungen ablösen soll.

Einem EURO entsprechen:

1,96	Deutsche Mark
6,56	Französische Francs
166,74	Spanische Pesetas
40,43	Luxemburgische und Belgische Francs
0,78	Irische Pfund
1936,27	Italienische Lira
2,20	Holländische Gulden
13,80	Österreichische Schillinge
200,48	Portugiesische Escudos
5,95	Finnische Mark

1. a) Wo liegen Gebiete mit Entwicklungsrückstand? Beschreibe ihre Lage innerhalb der EU *(M2)*.
b) In welchen Ländern liegen die Industriegebiete mit rückläufiger Entwicklung?
c) In welchen Ländern liegen die Gebiete mit extrem niedriger Bevölkerungsdichte?

2. Schreibe untereinander die drei EU-Strukturfonds auf und ordne ihnen Fördermaßnahmen zu.

3. Notiere, weshalb die EU auch für die „reicheren" Länder Vorteile bietet.

Die drei EU-Strukturfonds

- Europäischer Fonds für regionale Entwicklung
- Europäischer Sozialfonds
- Europäischer Agrarfonds

Maßnahmen der EU-Strukturpolitik

1. Hilfe für rückständige Regionen
2. Hilfe für Industriegebiete mit rückläufiger Entwicklung
3. Bekämpfung der Langzeitarbeitslosigkeit
4. Eingliederung der Jugendlichen ins Erwerbsleben
5. Anpassung der Agrarstrukturen in den verschiedenen Regionen
6. Entwicklung des ländlichen Raumes

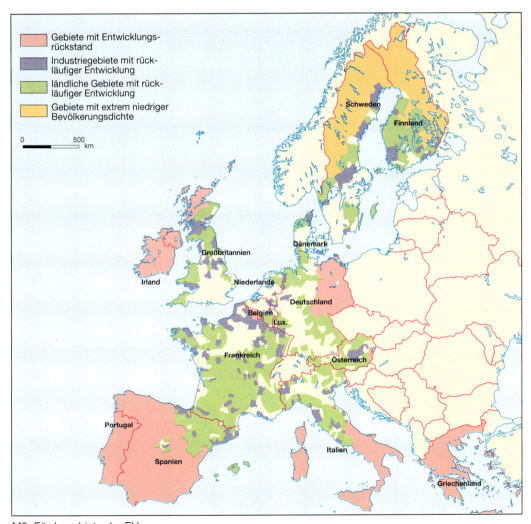

M2: Fördergebiete der EU

Euregio – Zusammenarbeit über Grenzen

Drei Länder – eine Landschaft

Die Oberrheinebene ist eine einheitliche Landschaft zu beiden Seiten des Rheins. Die Kirchen von Straßburg, Freiburg und Basel sind Zeugen einer gemeinsamen Kultur. Zwischen Basel und Freiburg leben beiderseits des Flusses weit über zehn Millionen Menschen. Sie wohnen in drei verschiedenen Ländern, denn am „Rheinknie" bei Basel treffen die Grenzen von Frankreich, Deutschland und der Schweiz zusammen.

Viele Menschen überqueren täglich die Staatsgrenze. In Rastatt zum Beispiel kommt ein Viertel der Beschäftigten der großen Betriebe jeden Morgen aus dem benachbarten Frankreich zur Arbeit. Viele Deutsche wohnen im französischen Grenzgebiet. Häuser und Grundstücke sind in Frankreich billiger als in Deutschland.

Doch die Nachbarschaft bringt auch Probleme. Zwischen Straßburg und Colmar wurden auf französischer Seite eine Verbrennungsanlage für Industriemüll und eine Zone der elsässischen Großindustrie errichtet. Gegenüber auf deutscher Seite liegen die Kurorte Bad Krozingen und Badenweiler. Da in unseren Breiten der Wind meistens aus dem Westen kommt, führen Abgase und Gestank immer wieder zu Belästigungen auf deutscher Seite; das will die deutsche Bevölkerung nicht hinnehmen.

Probleme dieser Art können oft nicht von den beteiligten Grenzgemeinden allein gelöst werden. Hier hilft die **Euregio** Oberrhein.

i Euregio

In vielen Grenzgebieten der EU gibt es eine Zusammenarbeit der Länder. Diese Gebiete heißen Euregios. Sie wurden an fast allen Binnengrenzen und Außengrenzen der EU eingerichtet (Deutschland hat zum Beispiel eine Binnengrenze zu Frankreich und eine Außengrenze zu Polen).
Die Regierungen der beteiligten Staaten legen Größe und Abgrenzung der Euregios fest. Die Euregios haben die Aufgabe grenzüberschreitende Probleme gemeinsam zu lösen und Planungsvorhaben wie zum Beispiel den Bau von Autobahnen abzustimmen.

Starker Gestank aus dem Elsass?

Ausbau der Zitronensäurefabrik in Marckolsheim beunruhigt deutsche Gemeinden

Die Zitronensäurefabrik im französischen Marckolsheim will in den nächsten drei Jahren ihre Produktion um 25 Prozent erhöhen. Sie liegt direkt am Rhein. In den benachbarten deutschen Gemeinden wird befürchtet, dass der Ausbau der Fabrik zu einer noch stärkeren Geruchsbelästigung führt als bisher.
Seit die Fabrik vor gut drei Jahren in Betrieb gegangen ist, ziehen regelmäßig üble Gerüche über den Rhein. Am Anfang stank es nach Kloake, später kam der Geruch von angebrannten Kartoffeln dazu. Wenn die Produktion erhöht wird, ist damit zu rechnen, dass auch die Geruchsbelästigung zunimmt.

Der Bürgermeister von Sasbach bekam die französischen Planungsunterlagen zwar zugeschickt, aber er konnte mit ihnen nicht viel anfangen. „Wichtige Punkte waren einfach nicht übersetzt", sagt er. „Bereiche wie Gefahren, Sicherheit und Umweltverträglichkeit lagen mir letzte Woche auf Deutsch noch gar nicht vor. Inzwischen haben wir eine Übersetzung bekommen. Wir werden uns jetzt bemühen, dass ein zweites Klärbecken gebaut wird, damit die Geruchsbelästigung wenigstens etwas geringer wird."

(nach: Badische Zeitung vom 27.11.1996)

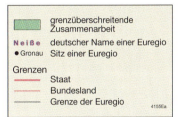

M1: Euregios an den Grenzen Deutschlands

1. a) Bestimme die Staaten, mit denen Deutschland grenzüberschreitend zusammenarbeitet *(M1)*.
b) Welche dieser Staaten gehören zur EU?

2. Erläutere den Begriff Euregio. *Nutze auch S. 139 M4.*

3. a) Welche Gemeinsamkeiten gibt es in der Euregio Oberrhein?
b) Nenne Probleme, die sich durch die Grenzlage ergeben.
c) Welche Lösungen sind möglich?

M2: Zitronensäurefabrik in Marckolsheim

Die Euregio Oberrhein: Ergebnisse und Planungen

Ein besonderer Schwerpunkt der grenzüberschreitenden Arbeit sind Verbesserungen der Verkehrssituation. Eine Regio-S-Bahn-Linie von Mülhausen nach Basel ist fertig gestellt. Andere Vorhaben ziehen sich länger hin. So wird die Schnellstraße von Straßburg nach Norden bis zur Grenze in Lauterburg bereits befahren. In der Pfalz fehlt jedoch noch ein Zwischenstück von zehn Kilometern zum Anschluss an das deutsche Autobahnnetz.

Eine besondere Bedeutung hat die Zusammenarbeit der Universitäten Freiburg, Basel, Straßburg, Karlsruhe und Mülhausen. Sie bieten Veranstaltungen an, die auch Studierende der Nachbarländer besuchen können. Die Universitäten untersuchen gemeinsam die Umweltsituation am Oberrhein. In den Bereichen Geologie, Klima, Boden, Wasser, Tiere und Pflanzen arbeiten die Forscher eng zusammen. Erste Ergebnisse wurden in dem Klima-Atlas „Oberrhein Mitte-Süd" vorgestellt. Er enthält über 40 thematische Karten zur Umweltsituation mit ausführlichen Erläuterungen. Zum Beispiel wurde eine Karte über die Nebelhäufigkeit in der Region erstellt. Von Nebel spricht man, wenn die Sichtweite weniger als einen Kilometer beträgt. In Gebieten mit hoher Nebelhäufigkeit können Industrieabgase schwerer in die Atmosphäre entweichen. Mit der neuen Karte können Standorte von Fabriken so geplant werden, dass die Umweltbelastung möglichst gering ist.

Euregio Oberrhein – Schwerpunkte der Zusammenarbeit

- Ausbau von grenzüberschreitenden Wander- und Radwegen
- Entwicklung eines Drei-Länder-Kulturhandbuches „Oberrhein" mit Adressen von Museen, Büchereien, Theatern, Opernhäusern und Kinos
- Zusammenarbeit der Krankenhäuser und Rettungshubschrauber in den drei Ländern
- Ausbau des grenzüberschreitenden Nahverkehrs: Bau einer Regio-S-Bahn-Linie
- Projekt in der Grundschule: „Lerne die Sprache des Nachbarn"
- Förderung von grenzüberschreitenden Schulpartnerschaften
- Zusammenarbeit der Universitäten: zum Beispiel Erarbeitung eines Klima-Atlas „Oberrhein Mitte-Süd"
- Theateraustausch am Oberrhein: Regio-Theaterwochen in Basel und Freiburg
- zweisprachiges Regio-Schulbuch zur Heimatkunde

M1: Bilder aus der Euregio Oberrhein

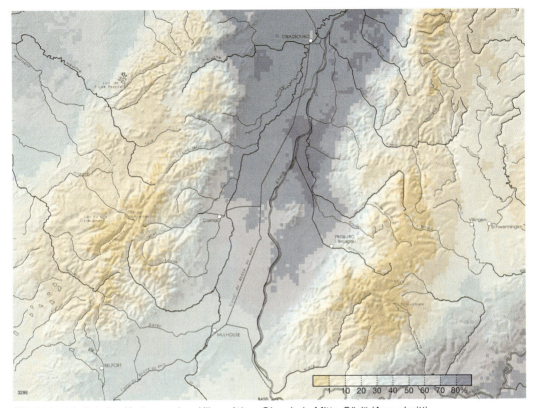

M2: Nebelhäufigkeit – Karte aus dem Klima-Atlas „Oberrhein Mitte-Süd" (Ausschnitt)

1. Die Euregio Oberrhein hat viele Vorteile. Belege diese Aussage anhand des *Textes* und *M1*.

2. Welche Bedeutung können grenzüberschreitende Forschungen haben *(M2, Atlas, Karte: Deutschland – Industrie)*?

Erweiterung der EU nach Osten

Schlagzeilen aus den Jahren 1989–1999
1989: Wahlen in der UdSSR – stopp – Ungarn öffnet Grenzen – stopp – Václav Havel Staatspräsident in der Tschechoslowakei – stopp – DDR-Führung öffnet Grenzen zur BRD und nach West-Berlin – stopp
1990: Erste freie Wahlen in der DDR – stopp – Litauen erklärt Unabhängigkeit von Sowjetunion – stopp – Freie Wahlen in Rumänien – stopp – Deutschland wieder vereinigt – stopp – Wałęsa wird polnischer Staatspräsident – stopp –
1991: Warschauer Pakt aufgelöst – stopp – Boris Jelzin erringt Macht in Russland – stopp – Blutiger Zerfall Jugoslawiens – stopp
1992: Erste freie Präsidentenwahl in Bulgarien – stopp –
1993: Tschechoslowakei löst sich auf – stopp – Rumänien wird 32. Mitglied des Europarats – stopp –
1994: Russlands Präsident Jelzin gibt Befehl zum Krieg gegen Tschetschenien – stopp – Russland gegen Osterweiterung der NATO – stopp –
1995: Friedensabkommen von Dayton/USA beendet nach vier Jahren den Krieg in Bosnien-Herzegowina – stopp –
1996: EU nimmt wieder diplomatische Beziehungen zu Jugoslawien auf – stopp – Ungarn beantragt EU-Mitgliedschaft – stopp –
1997: „Gemeinsame Erklärung" der Parlamente von Deutschland und Tschechien zur Vergangenheit – stopp –
1998: Massenproteste in Belgrad gegen sozialistische Regierung Milošević – stopp –
1999: Vertreibung der albanischen Bevölkerung aus dem Kosovo – stopp – NATO-Luftschläge zwingen Milošević zum Einlenken – stopp – Beginn des Friedensprozesses – stopp – Ausweitung des Konflikt in Dagestan/Russland, Abspaltung droht – stopp

9./10.11.1989 – eine unvergessliche Nacht

Eine brutale Grenze trennte 28 Jahre lang den östlichen und westlichen Teil Deutschlands. Ihre Überwindung schien unerreichbar. Doch dann – über Nacht – wurde das Unvorstellbare Wirklichkeit: Die Bevölkerung der ehemaligen DDR erkämpfte sich die Freiheit. Am Abend des neunten November tanzten West- und Ost-Berliner auf der Mauer. Und in der Nacht geschah das Wunder: Die Mauer wurde geöffnet, die Grenze in Deutschland zerfiel. Diese Tage im Herbst 1989 veränderten Deutschland und die „alte Ordnung" in Europa.

Jahre, die Europa veränderten

Europa war nach dem Zweiten Weltkrieg in zwei große Teile gespalten. Quer durch den Erdteil zerschnitt eine fast unüberwindliche Grenze die Länder und Völker Europas. Die beiden Blöcke standen sich feindlich gegenüber:

Auf der westlichen Seite lagen die demokratischen Länder. Auf der anderen Seite standen die ehemals kommunistischen und sozialistischen Staaten Mittel-, Ost- und Südosteuropas, der so genannte Ostblock. In den Jahren 1989–1997 veränderte sich Europa grundlegend. Der Ostblock löste sich auf. Ehemals kommunistische Länder zerfielen, neue Staaten mit frei gewählten Regierungen bildeten sich, Deutschland wurde wieder vereinigt.

M1: Europa – Die Landkarte hat sich verändert

M2: Berlin, November 1989

1. Vergleiche die beiden Europakarten *(M1)*. Welche vier Staaten gibt es heute nicht mehr in den damaligen Grenzen?

2. a) Liste auf: Wie heißen die neu gebildeten Staaten *(M1; Atlas, Karte: Europa – Staaten)*?
b) Zeichne hinter jeden Namen der neuen Staaten die richtige Flagge *(M1)*.

3. Erstelle Steckbriefe zu Deutschland und vier neu gebildeten Staaten in Europa. Lege dir dazu für jedes Land eine Karteikarte an. Du brauchst ein nach 1992 erschienenes Länderlexikon und die passenden Atlaskarten.

4. „Deutschland – ein wieder vereinigtes, aber kein einiges Land." Kommentiere diese Zeitungsschlagzeile aus deiner Sicht.

Erweiterung der

Die EU steht vor den größten Herausforderungen ihrer Geschichte

Der „goldene Westen" lockt 100 Millionen Osteuropäer

Die Erweiterung der EU um die osteuropäischen Reformstaaten
Wer soll das bezahlen, wer hat so viel Geld?

Verlängerte Werkbänke im Osten sichern Arbeitsplätze im Westen

Chance für Zukunft Europas nutzen
Reformstaaten hoffen auf raschen EU-Beitritt

EU dämpft Beitrittseuphorie
Viele offene Fragen vor Osterweiterung

Meldungen!

● „In den ostmitteleuropäischen Staaten leben mehr Landwirte als in der EU. Werden sie in gleicher Weise subventioniert wie ihre Kollegen in West-, Süd- und Nordeuropa, kommen auf die EU Mehrkosten in Höhe von 17 Mrd. DM pro Jahr zu."

● „Deutschland wird eine neue Gastarbeiterwelle erleben, weil man bei uns wesentlich mehr verdient als in Osteuropa. Der Arbeitsmarkt gerät in Bewegung."

Ländersteckbrief **RUMÄNIEN**

Hauptstadt: Bukarest
Fläche: 237 500 km²
Einwohner: 22,8 Mio.
Bruttoinlandsprodukt pro Kopf: 1 140 US-Dollar
Beschäftigte: Landwirtschaft 33 %
  Industrie 37 %
  Dienstleistungen 30 %
Außenhandel: wichtige Exportgüter:
  Metalle und Metallprodukte,
  Textilien, Mineralien;
  wichtige Importgüter:
  Mineralien, Maschinenbauerzeugnisse, Textilien;
  wichtige Handelspartner:
  Deutschland, Italien, Russland

Meldungen!

● „Wir müssen uns daran gewöhnen, europäischer zu denken. Französische Unternehmer investieren und produzieren in Deutschland, deutsche in Tschechien oder ungarische in Österreich. Eben dort, wo sie die größten Gewinne machen. Nationale Grenzen werden eine immer geringere Rolle spielen."

● „Durch die Ost-Erweiterung vergrößert sich der Binnenmarkt um 110 Mio. Verbraucher. Das erhöht die Absatzchancen für die Industrie. Schon heute kaufen osteuropäische Länder mehr als die Hälfte ihrer Importwaren in Deutschland."

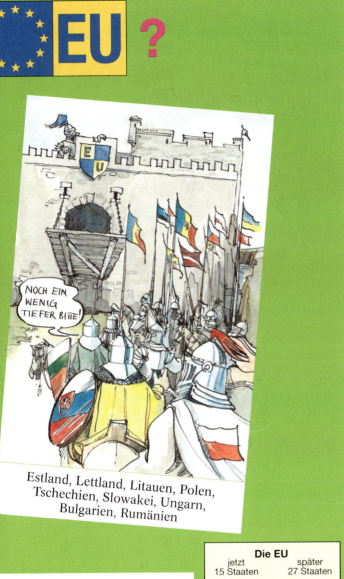

„NOCH EIN WENIG TIEFER BITTE!"

Estland, Lettland, Litauen, Polen, Tschechien, Slowakei, Ungarn, Bulgarien, Rumänien

1. Was spricht deiner Meinung nach für und was gegen den Beitritt der ostmitteleuropäischen Länder zur EU? Begründe.

2. Erstellt Länder-Steckbriefe zu den in der Karikatur genannten neun Staaten, die der EU beitreten wollen *(Lexikon, Atlas)*. Arbeitet in Gruppen.

3. Lege eine Sammelmappe mit Zeitungsausschnitten zu den ostmitteleuropäischen Staaten an. Ordne die Artikel nach Themen (z.B. Landwirtschaft, Industrie, Handel, Wirtschaftsreformen, EU-Beitritt). Wähle ein Thema aus und fasse die wesentlichen Aussagen der Zeitungsartikel stichwortartig zusammen.

4. Nehmt mit dem Abgeordneten des EU-Parlaments (Straßburg) aus eurer Region Kontakt auf. Ladet ihn in eure Klasse ein. Befragt ihn zur EU-Osterweiterung. Fertigt ein Gesprächsprotokoll an und wertet es aus.

Meldungen!

● „Es ist noch völlig ungeklärt, wie die Umweltgesetze der EU auf die ostmitteleuropäischen Länder angewendet werden können. Dort hat man sich um den Umweltschutz doch kaum gekümmert."

● „Das (Noch-)Nicht-EU-Land Tschechien exportiert mehr Waren in die EU Waren als das EU-Land Griechenland."

Die EU
jetzt 15 Staaten — später 27 Staaten
3,2 Mio. km² — 5,1 Mio. km²
372 Mio. Einwohner — 544 Mio. Einwohner

Hier bekommt ihr Informationen zur Osterweiterung der EU:

Europäisches Haus
Europäische Kommission
Vertretung in der
Bundesrepublik Deutschland
Unter den Linden 78
10117 Berlin
(Telefon 030/22802000)

Presse- und Informationsamt
der Bundesregierung
Neustädtische Kirchstr. 15
10117 Berlin

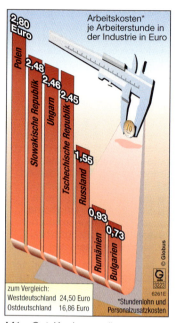

M1: „Ost-Konkurrenz"

M2: Joint Venture Skoda – VW in Mladá-Boleslav (Jungbunzlau).

Europa – liegt die Zukunft im Osten?

Die Gartenmöbelfirma Kurz aus Bietigheim bei Stuttgart kaufte 1993 ein Grundstück in der Nähe von Pilsen (Tschechien) und errichtete darauf eine Fabrikhalle. Kurz lässt dort die Bezüge für Liegen und Sessel nähen: in der gleichen Qualität wie in Deutschland, aber um Einiges billiger. Für seine 100 Beschäftigten in Bietigheim zahlte der Unternehmer jährlich 5 Mio. DM, am neuen Firmenstandort für die gleiche Anzahl von Arbeitskräften jedoch nur 1,2 Mio. DM.

(nach: ZEITmagazin vom 20.1.1995)

1. a) Wie hoch sind die Kosten für einen Arbeiter in Deutschland, wenn er 37 Stunden pro Woche arbeitet *(M1)*?
b) Wie viele Stunden muss ein Beschäftigter in Polen arbeiten, damit die gleichen Kosten entstehen?

2. Joint Ventures sind für die Geschäftspartner aus Ost und West von Vorteil. Begründe *(M1, M2)*.

Zahlreiche Unternehmen verlagern ihre Produktion in die Reformländer. Sie vergeben Aufträge an Firmen im Osten, die dann ihre Waren herstellen, errichten eigene Firmen oder gründen mit östlichen Geschäftspartnern gemeinsame Unternehmen, so genannte **Joint Ventures**. In Tschechien arbeiten zum Beispiel VW mit Skoda und Continental mit dem Reifenhersteller Barum zusammen. Dabei bringen die westlichen Firmen zumeist das Geld für die Modernisierung der Betriebe ein. Darüber hinaus wissen die West-Partner aus jahrelanger Erfahrung, wie man eine Firma unter marktwirtschaftlichen Gesichtspunkten führen muss; und gerade dieses Know-how fehlt den meisten Managern, die in den Reformstaaten aufgewachsen sind. Die Unternehmer aus dem Westen handeln nicht uneigennützig. Sie rechnen sich in Osteuropa größere Absatzchancen für ihre Waren aus, wenn sie dort Zweigwerke haben. Zudem lassen sich die günstig produzierten Waren auch im Westen gut verkaufen. Über die Aufnahme der Reformstaaten in die EU wird seit Ende der neunziger Jahre verhandelt. In den Jahren zuvor wurden entlang von Oder und Neiße Euroregionen gegründet.

M3: Tschechien: Start in die Marktwirtschaft

Euroregion POMERANIA
Gründung: September 1992 (Bildung der Kommunalgemeinschaft Europaregion POMERANIA e.V.)
Beteiligung: Stralsund, Greifswald sowie die Landkreise Rügen, Nordvorpommern, Ostvorpommern, Uecker-Randow, Barnim und 26 Gemeinden der Wojewodschaft Szczecin; insgesamt rund 1,7 Mio. Einwohner.
Wirtschaft: wichtigste Industriestandorte sind Szczecin (Werften), Eberswalde (Maschinenbau) und Schwedt (Petrolchemie, Papierindustrie); Wissenschaftsstandorte Greifswald und Szczecin; große Teile der Region sind agrarisch geprägt; der Tourismus entwickelt sich zu einem bedeutenden Wirtschaftsfaktor; BIP/Ew 18 000 DM.
Probleme: vergleichsweise schwache Erschließung, hohe Arbeitslosigkeit, Bevölkerungsrückgang.
Projekte: 75 Projekte (bis Mitte 1995) vor allem auf den Gebieten Tourismus, Ausbau der Infrastruktur und Bildung/Kultur (deutsch-polnisches Gymnasium in Gartz).

Euroregion PRO EUROPA VIADRINA
Gründung: Dezember 1993 (ging aus dem Kommunalverband „Mittlere Oder e.V." und den Verbänden Lubusker und Gorzówer Gemeinden hervor).
Beteiligung: Frankfurt/Oder und die Brandenburger Kreise Märkisch-Oderland und Oder-Spree sowie die Gemeinden der Wojewodschaft Gorzów; insgesamt rund 800 000 Einwohner.
Wirtschaft: wichtige Industriestandorte sind Eisenhüttenstadt (Montanindustrie), Frankfurt (Elektrotechnik/Elektronik), Gorzów-Wielkopolski (chemische Industrie, Maschinenbau), Kostrzyn (Papierindustrie), Debno (Textilindustrie); Wissenschaftsstandort Frankfurt (Europauniversität); große Teile der Region sind agrarisch geprägt.
Probleme: Strukturprobleme (Montanindustrie und Landwirtschaft), Arbeitslosigkeit, Bevölkerungsrückgang.
Projekte: Verschiedene Projekte zur Verbesserung der Infrastruktur, insbesondere des Ausbaus des grenzüberschreitenden Verkehrs; Förderung der Region als Handelsraum (Ost-West-Verbindung).

Euroregion NEISSE
Gründung: Mai 1991 als Kommunalverband polnischer, tschechischer und deutscher Gemeinden.
Beteiligung: Städte und Gemeinden der Kreise Niederschlesischer Oberlausitzkreis, Bautzen und Sächsischer Oberlausitzkreis, Städte und Gemeinden der Wojewodschaft Jelenia Góra sowie Teile der Region Nordböhmen.
Wirtschaft: Große Bedeutung besitzt auf deutscher Seite die Energie- und Brennstoffwirtschaft; Industriestandorte sind Niesky, Bautzen und Zittau (Maschinenbau), daneben sind zahlreiche Standorte der Textilindustrie, Brennstoff- und Energiewirtschaft und Zelluloseherstellung strukturbestimmend. In Tschechien erweist sich der Tourismus zunehmend als wichtiges Standbein der Wirtschaft.
Probleme: Strukturprobleme in der Energie-und Brennstoffwirtschaft, starker Arbeitskräfteabbau auch in der Textilindustrie; Umweltschäden.
Projekte: gemeinsame Konzeption für den Tourismus und den Naturschutz.

Euroregion SPREE-NEISSE-BOBER
Gründung: September 1993.
Beteiligung: Cottbus, die Kreise Cottbus-Land, Forst, Guben, Spremberg (durch die Kreisreform zusammengefasst zum Kreis Spree-Neisse), Eisenhüttenstadt sowie Zielona Góra und 18 Städte und Gemeinden der gleichnamigen Wojewodschaft.
Wirtschaft: Strukturbestimmender Wirtschaftszweig auf deutscher Seite ist die Energie- und Brennstoffwirtschaft; Eisenhüttenstadt ist ein wichtiger Standort der Eisen- und Stahlerzeugung, daneben existieren Standorte der Textil-, Glas- und chemischen Industrie. Auf polnischer Seite ist Zielona Góra wichtigster Industriestandort, in der Wojewodschaft dominieren der Maschinen- und Gerätebau, die Elektrotechnik sowie die Textil- und Lebensmittelindustrie.
Probleme: Wirtschaftliche Probleme verursacht vor allem der starke Rückgang des Braunkohlenabbaus und der damit verbundenen Veredelungsindustrie.
Projekte: Ziel der begonnenen Zusammenarbeit ist die Transitregion zu einer gemeinsamen Wirtschaftsregion zu gestalten, Beispiele für Zusammenarbeit sind das Schulprojekt Guben und gemeinsame Kulturzirkel.

M4: Ausgewählte Euroregionen entlang der Ostgrenze Deutschlands – Kurzinformationen

1. Bestimme mithilfe der *M1* und *M2* den Verlauf der Tournee. Erstelle dazu eine Tabelle

(*Atlas, Karten: Westeuropa, Südwesteuropa, Südosteuropa, Mitteleuropa – physisch*).

Konzert	Gastspielort	Staat
1	Amsterdam	Niederlande
...	...	...

2. Warum nennt die Musikgruppe aus Luleå einen Song auf ihrer Platte „66,5°N"? Was drückt diese Zahl aus? (*Atlas, Karte: Nordeuropa – physisch*)

3. Wo findet man die folgenden Konzerthallen: The Marquee Club, Alabama, Club K4, Rotown, Top Rank, Orpheum, Apresenta? (*M2 und 1; Atlas, Karte: Europa – physisch*)

4. Bestimme die Staaten Europas, die die Band nicht besucht und deren Hauptstädte (*M1; Atlas, Karte: Europa – Staaten*).

Eine Tournee durch Europa

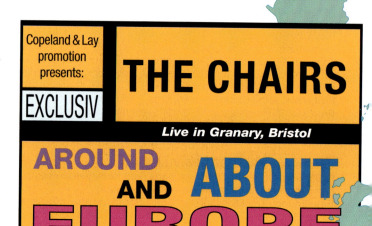

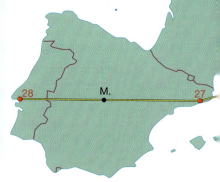

- 1-28 Gastspielorte (Tourneeverlauf)
- Hauptstadt (mit Anfangsbuchstaben)

Sie nennen sich „The Chairs", auf deutsch „die Stühle". Die Heimat der vier jungen Musiker ist Luleå, die nordschwedische Hafenstadt. Mit „Daughter of Midnight Sun", ihrem ersten Hit, hielt sich die Band aus Skandinavien wochenlang in vielen Hitparaden Europas. Nun gehen die „Chairs" auf eine große Europa-Tournee. „Scandinavia rocks – around and about Europe", so lautet das Motto der Tour. In 26 Gastspielorten und 17 Ländern stellt die Band nun ihr erstes Album vor. Es heißt „Songs of Northern Lands". In den Stücken der „Chairs" spiegelt sich die Herkunft der Gruppe aus Nordeuropa wieder.

„66,5°-Polcirkeln" ist ein bekanntes Lied des ersten Albums. In diesem Titel treffen sich Gestalten aus verschiedenen **Landschaften** Skandinaviens zu einem Fest der Mitternachtssonne. Da tanzen und singen die Hexen **Dalarna** und **Gudbrandsdal**, die Trolle **Norr**, **Jämt** und **Lapp**, der Wassermann **Värm**, die Feen **Göta** und **Svea**, der Gnom **Tele** und die Elfe **Finn**.

5. Finde heraus, in welchen Landschaften Skandinaviens die genannten Hexen, Feen, die Wald- und Wassergeister zu Hause sind (*Atlas, Karte: Nordeuropa – physisch*). Lege eine Tabelle an:

Name der Gestalt	Landschaft	Stadt	Land
Fee Svea	Svealand	Ludvika, Uppsala	Schweden
Troll Lapp	....	....	....

Konzert Nr.	Gastspiel- ort	Konzert- halle
1	A.	Paradiso
2	R.	Rotown
3	Sh.	City Hall
4	D.	University
5	L.	The Marquee Club
6	Br.	Granary
7	S.	Top Rank
8	B.	Forest Nacional
9	F.	Batschkapp
10	Ma.	Rosengarten
11	Mü.	Alabama
12	Pi.	Sporthalle
13	Pr.	Danuvia Hall
14	W.	Rockhaus
15	La.	Club K4
16	V.	Stagione Remiera
17	Z.	Volkshaus
18	G.	PTR
19	P.	Le Palace
20	Ly.	Le chat bleu
21	Ma.	La Luna Nuova
22	R.	Harlequin
23	At.	Orpheum
24	Wa.	Tempodrom
25	Bu.	Agora
26	Z.	Music Hall
27	Ba.	Tierra Templada
28	Li.	Apresenta

M1: Europatournee „The Chairs" (Verlauf und Gastspielorte)

M2: Konzerthallen in Großstädten Europas (Auswahl)

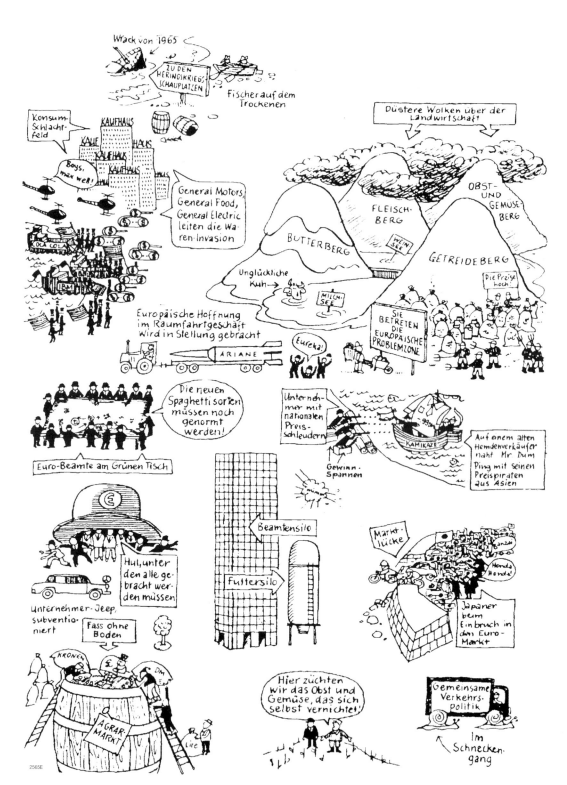

M1: EU – Probleme gemeinsam angepackt

Europa – Ein Kontinent wächst zusammen

Das Wichtigste kurz gefasst

EU: Europa ohne Grenzen
Schon in den fünfziger Jahren ist man in Deutschland und in anderen Ländern Europas zu der Einsicht gelangt, dass es aus wirtschaftlichen Gründen sinnvoll ist, sich zu einer Gemeinschaft zusammenzuschließen. Die Europäische Union (EU), der heute 15 Mitgliedsstaaten angehören, verfolgt neben dem Ziel der wirtschaftlichen Vereinigung auch das einer politischen Integration. Wichtige Bausteine der EU-Politik sind die Regionalpolitik, die gleiche Lebensbedingungen in allen Teilen der Union anstrebt, der Gemeinsame Markt und die Gemeinsame Agrarpolitik.

In der Vielfalt liegt die Stärke
Großbritannien, Italien und Finnland sind europäische Industrieländer mit unterschiedlichem wirtschaftlichen Profil.
Der britischen Wirtschaft gelang es, eine tiefe Strukturkrise zu überwinden: Die ehemals bedeutenden Industriezweige erlebten einen Niedergang und wichen zu einem großen Teil modernen Branchen wie der Kommunikationstechnologie, der Computer- und Raumfahrtindustrie. Dieser Strukturwechsel wurde u.a. mit Mitteln aus dem Ölgeschäft finanziert. Inzwischen entstanden zahlreiche neue Arbeitsplätze.
Die italienische Wirtschaft leidet unter räumlichen Disparitäten, die sich bis in die Gegenwart hinein laufend vertieft haben. Dem hoch entwickelten Norden mit einer modernen leistungsfähigen Industrie steht ein agrarisch geprägter südlicher Landesteil, der Mezzogiorno, gegenüber. Starke Einkommensunterschiede zwischen den Regionen und Beschäftigungsdefizite im Süden sorgen für eine starke nordwärts gerichtete Binnenwanderung. Die Ankurbelung des Tourismus in Süditalien soll dieser Entwicklung entgegenwirken.
Auch Finnland versucht seine räumlichen Disparitäten zu überwinden. Hier ist die Binnenwanderung von Nord nach Süd gerichtet. Die klimatisch benachteiligten Gebiete im Norden werden zunehmend entvölkert, während sich die Bevölkerung im Süden immer stärker konzentriert.

Armut und Reichtum in der EU
Neben regionalen Kaufkraftunterschieden innerhalb der einzelnen EU-Länder gibt es auch Einkommensunterschiede zwischen den EU-Ländern. Ausgleichszahlungen im Rahmen der EU-Strukturpolitik sollen dazu beitragen, diese Unterschiede abzubauen.

Euregio – Zusammenarbeit über Grenzen
Die grenzüberschreitende Zusammenarbeit im Namen der Euregios bringt die EU-Länder ihrem gemeinsamen Ziel näher, die Grenzen innerhalb Europas zu überwinden. Nachdem ein gemeinsamer Binnenmarkt geschaffen wurde, der den Rahmen für die wirtschaftliche Einheit bildet, sollen nun auch administrative Schranken auf regionaler Ebene überwunden werden und sich die Menschen näher kommen.

Erweiterung der EU nach Osten
Anfang der neunziger Jahre veränderte sich die Landkarte Europas stark. Die aus der Konkursmasse des Sozialismus hervorgegangenen Reformstaaten müssen mit in den europäischen Einigungsprozess eingebunden werden. Ungarn, Polen und Tschechien sind Aufnahmekandidaten der EU.

Grundbegriffe

Europarat
Europäische Union
Schlüsselindustrie
schlanke Produktion
Offshore
Huerta
Intensivkultur
Migration
Euregio
Joint Venture

Pfahlhaussiedlung am Siem Reap Fluss in Zentralkambodscha – in vergleichbaren Verhältnissen leben rund drei Milliarden Menschen der „Dritten Welt"

„Dritte Welt" – was ist das?

Ein Begriff und seine Probleme

Seit langem gibt es Versuche, Länder hinsichtlich ihres Entwicklungsstandes in Gruppen zusammenzufassen. Während zum Beispiel die meisten Staaten Europas einen hohen Entwicklungsstand (Industrieländer) aufweisen, zählen die Länder Afrikas und Amerikas in der Mehrzahl zu den so genannten Entwicklungsländern. Häufig fasst man diese Länder auch mit dem Begriff „Dritte Welt" zusammen.

Die Zuordnung der Länder erfolgte früher allein nach der Wirtschaftskraft (bzw. dem BIP) der Länder *(M1)*. Für die Beurteilung des Entwicklungsstandes spielen jedoch auch politische, kulturelle und soziale Gesichtspunkte eine Rolle, die seit Anfang der neunziger Jahre als **HDI** in Zahlenwerten erfasst werden. Die meisten Länder besitzen einen *mittleren oder geringen Stand der menschlichen Entwicklung*, es sind die bereits erwähnten Entwicklungsländer. Da auch zwischen diesen Ländern Unterschiede existieren, wird noch weiter gliedert. Hinter der Abkürzung LDC (*least developed countries*) verbergen sich beispielsweise die ärmsten Entwicklungsländer. Sie unterscheiden sich deutlich von den Schwellenländern, die bereits Merkmale von Industrieländern aufweisen. Obwohl die Begriffe *Entwicklungsland* und *Dritte Welt* nicht einheitlich definiert sind, gehören sie zum allgemeinen Sprachgebrauch. Sie beziehen sich auf Länder, die bei aller Vielfalt wesentliche gemeinsame Merkmale aufweisen.

M1: HDI-Werte ausgewählter Länder im Vergleich mit dem BSP/Kopf (aus: Bericht über die menschliche Entwicklung 1999)

	HDI	BSP/Kopf/$
hoher Stand der menschlichen Entwicklung		
1. Kanada	0,932	22 480
2. Norwegen	0,927	24 450
3. USA	0,927	29 010
14. Deutschland	0,906	21 260
44. Polen	0,802	6 520
mittlerer Stand der menschlichen Entwicklung		
47. Ungarn	0,795	7 200
78. Saudi Arabien	0,704	10 120
79. Brasilien	0,793	6 480
86. Türkei	0,728	6 350
98. China	0,701	2 250
107. El Salvador	0,674	2 880
132. Indien	0,545	1 670
geringer Stand der menschlichen Entwicklung		
140. Laos	0,491	1 300
160. Angola	0,398	1 430
174. Sierra Leone	0,254	410

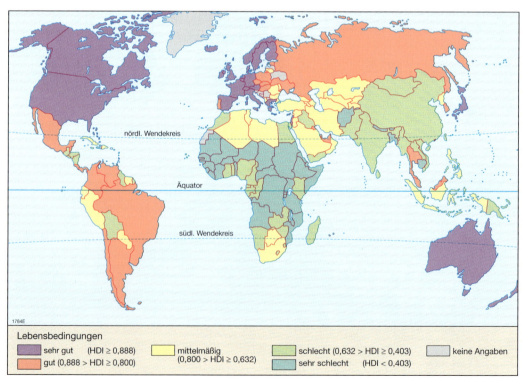

M2: Einteilung der Staaten der Erde nach ihrem Entwicklungsstand (Bildung von 5 Klassen)

Lebensbedingungen: sehr gut (HDI ≥ 0,888); gut (0,888 > HDI ≥ 0,800); mittelmäßig (0,800 > HDI ≥ 0,632); schlecht (0,632 > HDI ≥ 0,403); sehr schlecht (HDI < 0,403); keine Angaben

Merkmale von Entwicklungsländern

Gegenwärtig werden etwa 130 Staaten der Erde zur Gruppe der Entwicklungsländer gezählt. Zu ihnen gehören Staaten mit unterschiedlicher Größe, Bevölkerungszahl und politischer Orientierung. Entwicklungsländer liegen in Regionen der Erde, die eine unterschiedliche kulturelle Prägung erkennen lassen.

Die Entwicklungsländer weisen eine Reihe von gemeinsamen Merkmalen auf, mit denen sie sich als Gruppe von den Industriestaaten unterscheiden *(M1)*. Darüber hinaus unterscheiden sich auch die Entwicklungsländer untereinander und weisen individuelle Besonderheiten auf.

Es ist unbedingt zu beachten, dass die im Folgenden *(M2)* genannten Merkmale nicht in jedem Entwicklungsland gleichermaßen ausgeprägt sind. Die bereits bekannte Unterteilung dieser Länder ist dafür ein deutlicher Hinweis. So lassen sich die bevölkerungsarmen Erdölförderländer am Persischen Golf, die aufgrund hoher Exporterlöse hohe Pro-Kopf-Einkommen aufweisen, kaum mit den etwa 45 Entwicklungsländern vergleichen, die zu den ärmsten Staaten der Welt gerechnet werden und häufig bereits als „Vierte Welt" bezeichnet werden.

Ein wesentliches Merkmal der Entwicklungsländer ist der oft gravierende Unterschied in den Lebensverhältnissen innerhalb des Landes. Ein bestimmter Teil der Bevölkerung lebt im Überfluss, während der Großteil der Menschen bittere Armut erleidet.

HDI

Der Human Development Index drückt den Entwicklungsstand der einzelnen Staaten als vergleichbare mathematische Größe aus. Der Berechnung des HDI wurden drei Indikatoren zugrunde gelegt:
– Lebenserwartung (als Indikator für langes und gesundes Leben),
– Bildungsniveau (als Indikator für erworbene Kenntnisse) und
– Einkommen (als Indikator für angemessenen Lebensstandard).

Der HDI-Wert vereinfacht die komplizierte Realität, soll letztlich aber zeigen, wie weit ein Land noch von der Erreichung folgender angestrebter Ziele entfernt ist:
– durchschnittliche Lebenserwartung von 85 Jahren,
– vollständige Alphabetisierung der Erwachsenen sowie Zugang zu Bildung jeder Stufe für alle und
– ein auskömmliches Leben ermöglichendes jährliches Einkommen von 5000 US-$.

Der HDI-Wert bringt die drei Indikatoren auf eine gemeinsame Basis. Die Werteskala reduziert sich auf Werte zwischen 0 und 1. Als anzustrebend wurde ein HDI-Wert von 1 festgelegt. Alle Länder der Erde wurden entsprechend dem berechneten HDI-Wert eingestuft. Je mehr ein Land davon entfernt ist, desto geringer ist sein Entwicklungsstand. Vergleiche M1 und M2. Die Bildung von Gruppen oder Klassen erfolgt mehr oder weniger willkürlich.

Bevölkerung:
hohe Geburtenrate; steigende Lebenserwartung; hohes Bevölkerungswachstum („Bevölkerungsexplosion"); zunehmende Verstädterung (Landflucht); unzureichende Ernährung (Hunger und Unterernährung); hohe Analphabetenrate; krasse soziale Ungleichheiten.

Politische Verhältnisse:
vielfach Militärregierungen; häufig innen- und außenpolitische Auseinandersetzungen (Militärputsche, Bürgerkriege, militärische Konflikte).

Wirtschaft:
geringer Industrialisierungsgrad; Landwirtschaft dominierender Erwerbszweig; ein großer Teil der Menschen arbeitet im informellen Sektor, Kinderarbeit ist weit verbreitet, unzureichende technologische Basis; geringe Produktivität; schwach ausgebaute Infrastruktur; geringer Energieverbrauch; starke Exportabhängigkeit; Devisenmangel; hohe Verschuldung.

Umwelt:
verstärkte Ressourcennutzung; Gefährdung des Gleichgewichts zwischen Natur und Gesellschaft (Vernichtung tropischer Wälder, Desertifikation); „Import" umweltbelastender Industrien.

M3: Kennzeichen von Entwicklungsländern

---

1. Stelle mithilfe von *M2* eine Tabelle zusammen, anhand derer du über die Gruppierung von Entwicklungsländern berichten kannst. Notiere jeweils mindestens drei Beispiele.

2. Beweise anhand selbstgewählter Beispiele, dass zu den Entwicklungsländern höchst unterschiedliche Staaten gehören.

3. Welche Gründe siehst du, die die Einteilung von Ländern erschweren?

Entwicklungsstrategien

Die Suche nach dem richtigen Weg

Der richtige Weg zur Überwindung der Unterentwicklung ist heiß umstritten. Es gibt zahlreiche **Entwicklungsstrategien**, von denen hier einige zusammengestellt sind. Sie werden von den Entwicklungsländern in unterschiedlichen Kombinationen angewendet.

Strategie: Grundbedürfnisbefriedigung

Ziel aller Entwicklungsstrategien soll sein, dass möglichst alle Menschen ihre Grundbedürfnisse decken können. Dazu muss zunächst direkt bei den Menschen angesetzt werden: Es müssen Bildungseinrichtungen geschaffen und die medizinische sowie die Versorgung mit Nahrungsmitteln verbessert werden. Nur gesunde und gebildete Arbeitskräfte können auch die wirtschaftliche Entwicklung eines Landes vorantreiben.

Strategie: Entwicklung der Wirtschaft

Die Entwicklung der Wirtschaft, vor allem der Aufbau von Industrie und Tourismus, soll mit allen Mitteln gefördert werden. Dazu kann man kurzfristig auch Auslandsverschuldung und Umweltverschmutzung in Kauf nehmen. Ist der Wirtschaftsmotor erst einmal angesprungen, geben die Steuereinnahmen die Möglichkeit die Schulden zurückzuzahlen und sich um die Umwelt zu kümmern. Außerdem sind dann so viele Arbeitsplätze geschaffen, dass auch die Befriedigung der Grundbedürfnisse gesichert werden kann.

Strategie: Autozentrierte Entwicklung (Entwicklung nach innen / Self-reliance)

Die Entwicklungsländer sollten nicht weiter billige Rohstoffe für den Export in die Industrieländer produzieren. Es gilt, sich auf die eigenen Kräfte zu besinnen. Zunächst muss die eigene Landwirtschaft gefördert werden um vor allem den Binnenmarkt zu versorgen. Die Industrie sollte so aufgebaut werden, dass sie zunächst vor allem Güter herstellt, die die Bedürfnisse breiter Bevölkerungsschichten befriedigen (also keine Luxusgüter). Dabei kann in Kauf genommen werden, dass sich das Land zunächst soweit als möglich vom Weltmarkt zurückzieht und Importe und Exporte auf das Nötigste beschränkt.
Ziel sollte die Grundbedürfnisbefriedigung aller, möglichst auf Grundlage eigener Rohstoffe und Technologien sein. Entwicklungshilfe ist nur dann anzunehmen, wenn sie auch in dieses Konzept passt. Diese Strategie wurde lange Zeit zum Beispiel von Tansania und China verfolgt.

Zur Anwendung jeder dieser Strategien gibt es Gründe, die dafür, aber auch solche, die dagegen sprechen. Deshalb gilt es, für einen bestimmten Raum mit seinen Problemen die beste Strategie bzw. die beste Kombination verschiedener Strategien herauszufinden.

Strategie:
Entwicklungshilfe – aber nur unter bestimmten Bedingungen:

1. Hilfe zur Selbsthilfe
Die Industrieländer sollen die Menschen in den Entwicklungsländern in die Lage versetzen sich selbst zu helfen und sich von fremder Hilfe unabhängig zu machen, das heißt **Hilfe zur Selbsthilfe** zu leisten. Dazu erhalten sie im Rahmen der Entwicklungshilfe je nach Bedarf finanzielle, personelle oder technische Unterstützung.

2. Angepasste Technologien
Die in den Entwicklungsprojekten verwendete Technik soll so beschaffen sein, dass sie von den Menschen im Partnerland ohne fremde Hilfe eingesetzt und gewartet werden kann sowie den örtlichen Bedingungen gerecht wird (**angepasste Technologie**).

3. Nachhaltige Entwicklung
In den Entwicklungsprojekten sollen vor allem langfristige und lang währende Erfolge, also eine **nachhaltige Entwicklung**, erreicht werden. Das heißt auch, dass zum Beispiel auf die Umweltverträglichkeit der Projekte geachtet werden muss.

4. Zusammenarbeit mit den Partnerländern
Alle Maßnahmen müssen genau mit Organisationen in den Entwicklungsländern abgesprochen werden.

ENTWICKLUNGSHILFE MODELL A

ENTWICKLUNGSHILFE MODELL B!

Strategie: Änderungen im Welthandel

Da die bestehende Form des Welthandels und die Terms of Trade die Industrieländer bevorteilen, ist eine tief greifende Änderung die Basis jeder weiteren Entwicklung. Als Kernpunkt beinhaltet sie den Abbau der Zollschranken und gerechte Preise für die Waren (Rohstoffe) der Entwicklungsländer. Dies könnte zum Beispiel durch eine Koppelung der Preise für Rohstoffe an die für Fertigwaren geschehen.

Strategie: Integration in den Weltmarkt

Das Entwicklungsland sollte die Nachfrage auf dem Weltmarkt zu seiner eigenen Entwicklung nutzen. Es sollte die Bereiche entwickeln, in denen es Produktionsvorteile hat: z.B. Produktion von knappen landwirtschaftlichen und bergbaulichen Rohstoffen oder Aufbau intensiver Industrien bei niedrigen Arbeitslöhnen. Es ist allerdings zu beachten, dass die Nachfrage auf dem Weltmarkt schwankt.

1. Auf der *Seite 154* werden am Beispiel einer kleinen Region in Bolivien Maßnahmen zur Überwindung der Unterentwicklung vorgestellt. Dabei werden verschiedene Strategien kombiniert.
a) Welche sind es?
b) Diskutiert die Vor- und die Nachteile dieser Maßnahmen.

2. Was muss berücksichtigt werden, wenn man sich für eine Strategie entscheidet? Diskutiert darüber.

Exportprodukt Kaffee

Kaffee – Angebot und Nachfrage bestimmen den Preis

New York, Dienstag, 7. Oktober, 10 Uhr: Im großen Saal der Börse treffen sich Kaffeehändler aus vielen Ländern der Welt. Sie beobachten die Monitore, über die ständig neue Informationen flimmern: Mengen und Preise von Kaffeebohnen, die in Brasilien, Kolumbien, Indonesien oder an der Elfenbeinküste geerntet werden. Einer der Händler ist Gernot Brusius aus Hamburg. Er ist an 300 Sack kolumbianischen Kaffeebohnen interessiert. Er kann diese sofort an die Firma Tchibo weiterverkaufen. Deshalb bietet er mehr Geld als alle anderen Händler. Er erhält den Zuschlag und macht ein gutes Geschäft. Noch vor einer Woche hätte er für die gleiche Menge Kaffee umgerechnet 2500 Euro mehr gezahlt.

Der Kaffeepreis verändert sich ständig. Er steigt, wenn weltweit weniger Kaffeebohnen angeboten als verbraucht werden; dann müssen die Kaffee-Röstereien auf ihre Vorräte zurückgreifen. Der Preis fällt, wenn die Kaffee-Ernten sehr gut ausfallen. Dann gibt es weltweit mehr Kaffeebohnen als gekauft werden. Eine Schlüsselrolle spielt das wichtigste Kaffee-Anbauland der Erde: Brasilien. Dort wird über ein Viertel des gesamten Kaffees der Welt geerntet. Kommt es in Brasilien zu Rekord- oder Missernten, wirkt sich dies besonders drastisch auf den Preis aus.

i Heimat des Kaffees

Die Heimat des Kaffees ist Äthiopien. Der Name Kaffee ist vom dortigen Kaffa-Hochland abgeleitet worden.
Kaffee wurde ab dem 15. Jahrhundert von den Arabern im Jemen angebaut. Sie handelten mit Kaffee. Der bekannteste Kaffeehafen, war der jemenitische Hafen Mocha. Daher stammt der Name Mokka.
Erst seit dem 17. Jahrhundert ist der Kaffee in Europa bekannt. Holländische Kaufleute brachten ihn aus Arabien mit.

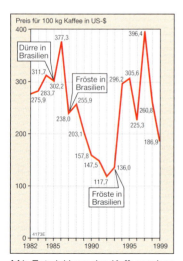

M1: Entwicklung des Kaffeepreises

M2: In der Börse von New York

Handel schafft Abhängigkeiten

Für die Entwicklungsländer sind Erdöl und Kaffee die wichtigsten Handelsprodukte. Jedes Jahr wird beim Welthandel Rohkaffee im Wert von rund zehn Milliarden Dollar verkauft beziehungsweise gekauft. Die wirtschaftliche Grundlage vieler Staaten und ihrer Einwohner hängt davon ab, welcher Preis für den Kaffee bezahlt wird.

Die Kaffee-Exportländer sind auf die Einnahmen aus dem Kaffeehandel angewiesen. Damit kaufen sie Industriegüter, bauen Verkehrswege, Krankenhäuser und Schulen. Für die Exportländer ist es deshalb wichtig, dass die Nachfrage nach Kaffee in den Industrieländern groß ist und für den Kaffee ein hoher Preis gezahlt wird. Sinkt der Kaffeepreis, gehen den Staaten der Dritten Welt Einnahmen in Millionenhöhe verloren. Uganda zum Beispiel würde pro Jahr umgerechnet rund 15 Millionen Euro weniger einnehmen, wenn der Preis für Kaffee nur um drei US-Dollar pro 100 kg zurückginge. Brasilien hätte sogar Einbußen in Höhe von 92 Millionen Euro.

Die Kaffee-Importländer dagegen wollen guten und zugleich preiswerten Kaffee. Die Händler der großen Importfirmen wollen ihn so günstig wie möglich einkaufen.

1. Beschreibe die Entwicklung des Kaffeepreises *(M1)*.

2. Nenne mithilfe von *M1* drei Zeitspannen, in denen
a) das Angebot an Kaffee größer war als die Nachfrage,
b) die Nachfrage größer war als das Kaffeeangebot.
c) Begründe.

3. Der Kaffee ist eine Nutzpflanze, die nicht überall auf der Welt angebaut werden kann. Erläutere.

4. Vom Rohkaffeepreis hängt das Wohl zahlreicher Entwicklungsländer ab. Erkläre.

Kaffee – Von der Pflanze bis zur Bohne

(a)

(b)

(c)

Kaffeepflanzen gedeihen am besten bei Temperaturen zwischen 17 und 23 Grad Celsius. Sie brauchen 1000 bis 2000 mm Niederschlag pro Jahr. Die jungen Pflanzen wachsen zu Sträuchern heran, die nach drei Jahren zum ersten Mal blühen. Aus den Blüten entwickeln sich Früchte (a). Diese sind zunächst grün. Wenn die Früchte nach ca. elf Monaten leuchtend rot sind, werden sie per Hand gepflückt. Nach der Ernte wird das rote Fruchtfleisch entfernt. Im Innern der Kaffeekirschen sitzen die Bohnen (b). Sie werden getrocknet (c). Die Rohkaffee-Bohnen müssen geröstet werden. Das Rösten geschieht in den Industrieländern.

M1: Lage von Costa Rica

Kaffee von Kleinbauern – fair gehandelt

„Ich baue auf meinem vier Hektar großen Stück Land Kaffee an. Bis vor fünf Jahren habe ich die Bohnen an einen Plantagenbesitzer verkauft. Das Geld reichte aber kaum aus um meine Familie zu ernähren", erzählt Felipe Vargas. Felipe lebt mit seiner Frau und seinen vier Kindern in Costa Rica. Er ist ein Kleinbauer wie viele andere auch. Felipe hat sich mit 220 anderen Kleinbauern zusammengetan. Sie haben eine Genossenschaft gegründet. Jedes Mitglied der Genossenschaft baut Kaffee an. Die Ernte verkaufen sie direkt an die Organisation TransFair in Deutschland. Allerdings müssen sie die Kaffeesäcke selbst zum Hafen von Limón bringen.

Die Genossenschaft hat sich Geld bei der Bank geliehen und davon einen gebrauchten Lastwagen gekauft. Die Bauern verdienen jetzt mehr als früher, denn TransFair zahlt für den Kaffee einen Mindestpreis in Höhe von 278 US-Dollar pro 100 kg; dieser Preis liegt normalerweise über dem Weltmarktpreis. Die Familie von Felipe Vargas und die anderen Genossenschaftsfamilien haben ein gesichertes Einkommen.

1. a) Beschreibe die Zusammensetzung des Kaffeepreises (M2).
b) Nimm Stellung.

2. Erkläre, warum „faire" Kaffeepreise für die Kleinbauern in den Entwicklungsländern wichtig sind (M3).

3. a) Liste die wichtigen Kaffee-Exportländer auf (M4) und nenne den Kontinent, auf dem sie liegen.
b) Nenne die wichtigen Kaffee-Importländer (M4).

4. Die „fairen" Kaffeemarken (M5) wurden z.B. aus folgenden Häfen exportiert: Veracruz, Cartagena, Puerto Barrios. Ermittle die Herkunftsländer (Atlas, Karte: Nordamerika/Mittelamerika – physisch).

Plantagenarbeiter	5,1%
Plantagenbesitzer	8,5%
Exporteur	3,7%
Exportsteuer	17,2%
Seefracht	1,4%
Zoll	1,8%
Kaffeesteuer	18,4%
Mehrwertsteuer	6,1%
Importeur	7,6%
Röstkosten	6,5%
Einzelhändler	23,7%
Ladenpreis	**100,0%**

M2: Wer verdient was an unserem Kaffee?

TransFair ist ein Bündnis von über 30 kirchlichen, entwicklungspolitischen und sozialen Organisationen in Deutschland.

Anschrift:
Remigiusstraße 21,
50937 Köln

Die Kaffeetrinker freut es, wenn der Kaffee billig ist. Für die Kaffeebauern bedeuten niedrige Verkaufspreise jedoch Armut. Kaffeemarken, die das TransFair-Siegel auf ihrer Verpackung haben, sind etwas teurer. Der Mehrpreis kommt aber garantiert den Bauern zugute. Heute hat TransFair-Kaffee schon einen Marktanteil von ca. zwei Prozent. Das bedeutet: 1996 konnten 4600 Tonnen Rohkaffee zu fairen Preisen verkauft werden. Die Kaffeebauern bekamen 8 Millionen Euro mehr und die Kaffeetrinker bezahlten zwei Cent mehr pro Tasse.

Das TransFair-Siegel gibt es auch für Tee, Honig, Schokolade und Bananen. So wird 500 000 Menschen in 19 Ländern Südamerikas, Afrikas und Asiens geholfen.

M3: „TransFair" – höhere Preise für die Kaffeebauern

M4: Kaffee-Welthandel

M5: „Faire" Kaffeemarken

M1: Miskhamayu liegt etwa 3000 Meter hoch in den Anden und ist ca. 70 km von Sucre entfernt.

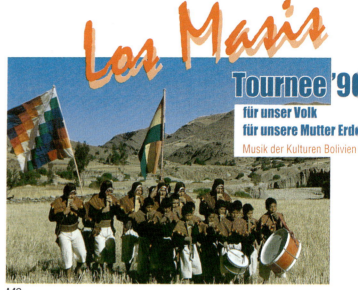

M2

Los Masis – Konzerttourneen für die ländliche Entwicklung in Bolivien

Sommer 1996. Wieder einmal touren *Los Masis* durch Mitteleuropa, auch durch Schleswig-Holstein und Hamburg. Tausende von Konzertbesuchern hören ihre Lieder: Sie erzählen von den bolivianischen Anden, vom Leben der Indios, ihren Festen und ihren Sorgen. Doch „die Gefährten" (so die Übersetzung aus dem Spanischen) wollen nicht nur die Kultur ihrer Heimat vermitteln. Sie spielen für die Entwicklung ihrer Heimat. Die Einnahmen sollen einen Beitrag für die Hilfe zur Selbsthilfe in Miskhamayu leisten.

In der kleinen Gemeinde gibt es keine Post, kein Telefon, keine regelmäßig fahrenden Verkehrsmittel. Die rund 300 Einwohner leben ausschließlich von der **Subsistenzlandwirtschaft.**

Seit 1984 betreiben *Los Masis* hier ein Entwicklungsprojekt. Es besteht aus mehreren Teilbereichen: In der Schule werden den Kindern neben modernen auch traditionelle indianische Verhaltensweisen und Werte vermittelt, zum Beispiel die Verantwortung des Einzelnen für die Gemeinschaft und für den Schutz der Umwelt. Die Menschen lernen Anbaumethoden kennen, die die Erträge steigern und dennoch umweltgerecht sind. Neben der Umgangssprache Quetschua wird auch Spanisch gelehrt, die „Handelssprache" Boliviens. 1995 konnte neben der Schule ein Internat errichtet werden, in dem Kinder aus weit entfernten Gehöften während der Woche bleiben können. Eine weiterführende Schule bietet den Jugendlichen die Möglichkeit neben der Landwirtschaft auch ein Handwerk zu erlernen: Es gibt Kurse für Maurer, Schmiede, Töpfer oder Schreiner. Unter Einbeziehung alter indianischer Traditionen wurde so in Miskhamayu ein Modell für eine nachhaltige Entwicklung im wirtschaftlichen und sozialen Bereich geschaffen.

Nur wenige Höfe des Dorfes liegen eng beisammen. Sie sind vielmehr über mehrere Quadratkilometer verstreut, einige liegen sogar über eine Stunde Fußweg voneinander entfernt.
Auf dem Gelände der Schule werden auch häufig öffentliche Versammlungen abgehalten; so z.B. Versammlungen der verschiedenen Kooperativen. Im Rahmen des Entwicklungsprojektes entstand auch eine Textil-Kooperative von Frauen, die sich auf den Erhalt traditioneller Webkunst spezialisiert hat. Durch den Verkauf der Waren (z.B. an Touristen) wird ein Beitrag zum Familieneinkommen erzielt.
Im Rahmen des Gesundheitsprogramms finden von Zeit zu Zeit in der Gemeinde Sprechstunden und Vorträge zu Gesundheit und Hygiene statt. Gemeinsam wurde eine kleine Dorfapotheke errichtet.
Schon die Kinder lernen, wie wichtig der Erhalt und das Wiederaufforsten des Bergwaldes ist um die erosionsgefährdeten Nutzflächen zu bewahren. Alle helfen beim Pflanzen und Pflegen der jungen Bäume.

1. Welche Probleme haben die Bewohner Miskhamayus und wie sollen sie gelöst werden.

Die „Dritte Welt" in der Einen Welt

Das Wichtigste kurz gefasst

„Dritte Welt" – was ist das?
Die Welt ist ungleich aufgeteilt. Deutlich wird die unterschiedliche Entwicklung der Länder der Erde im Human Development Index (HDI), der verschiedene Merkmale zusammenfasst. So ist für Entwicklungsländer typisch, dass viele Menschen im informellen Sektor arbeiten. Das Bruttoinlandsprodukt dieser Länder ist daher niedrig, die Grundbedürfnisse der meisten Menschen sind nicht befriedigt, Mangel- und Unterernährung sowie Analphabetentum sind weit verbreitet. Typisch für Entwicklungsländer ist auch ein hohes Bevölkerungswachstum, das aus einer (noch) hohen Geburtenrate und einer sinkenden Sterberate resultiert.

Entwicklungsstrategien
Es gibt zahlreiche Entwicklungsstrategien, die sich zum Teil ergänzen, zum Teil ausschließen. Das Konzept für die meisten deutschen Projekte ist heute von drei Schlagwörtern geprägt: Hilfe zur Selbsthilfe, Einsatz angepasster Technologie und nachhaltige Entwicklung. Große Bedeutung kommt im Rahmen der Entwicklungsstrategien der Familienplanung zu, die vor allem in einigen Ländern Asiens sehr erfolgreich betrieben wird. Dort liegen auch die Staaten, die mit ihrer schnellen Industrialisierung und ihren niedrigen Löhnen zur Konkurrenz für die Industriestaaten werden, sei es im Bereich der Hightech- oder der Autoindustrie.

Exportprodukt Kaffee
Zahlreiche Entwicklungsländer exportieren Rohkaffee. Sie wollen dieses Produkt zu einem möglichst hohen Preis verkaufen. Die Importländer dagegen möchten einen möglichst niedrigen Kaffeepreis zahlen. Angebot und Nachfrage bestimmen den Preis. Für die Kaffee-Bauern sowie ihre Familien bedeuteten niedrige Preise Armut. Sie haben Genossenschaften gegründet um ihren Kaffee direkt vermarkten zu können. Sie verkaufen den Kaffee zum Beispiel an die Organisation TransFair. TransFair zahlt einen Kaffeepreis, der zumeist über dem Weltmarktpreis liegt.

Los Masis – Entwicklung in Bolivien
Das Beispiel Los Masis verdeutlicht die Notwendigkeit und die Funktion von Hilfe zur Selbsthilfe. In der kleinen Gemeinde in den bolivianischen Anden fehlt es an allem. Die Bevölkerung lebt von Subsistenzlandwirtschaft. Hoffnungen auf eine Verbesserung der Lebensverhältnisse kommen von dem Selbsthilfe-Projekt Los Masis. Mit Unterstützung von Entwicklungshilfegelder finden Konzerttourneen des Los Masis-Ensembles durch Mitteleuropa statt. Dabei werden Spenden für das Entwicklungsprojekt Schule gesammelt. Folgende Ziele sind mit dem Schulprojekt verbunden: Vermittlung moderner und traditioneller Techniken und Werte (Verantwortung des Einzelnen für die Gemeinschaft und den Schutz der Umwelt, Vermittlung umweltgerechter, ertragssteigernder Anbaumethoden); Vermittlung der Umgangssprache Quetschua und der Handelssprache Spanisch; weiterführende Schule: Erlernen eines landwirtschaftlichen oder handwerklichen Berufs → Modell für eine nachhaltige Entwicklung im wirtschaftlichen und sozialen Bereich.

Grundbegriffe

HDI
Entwicklungsstrategie
Subsistenzlandwirtschaft

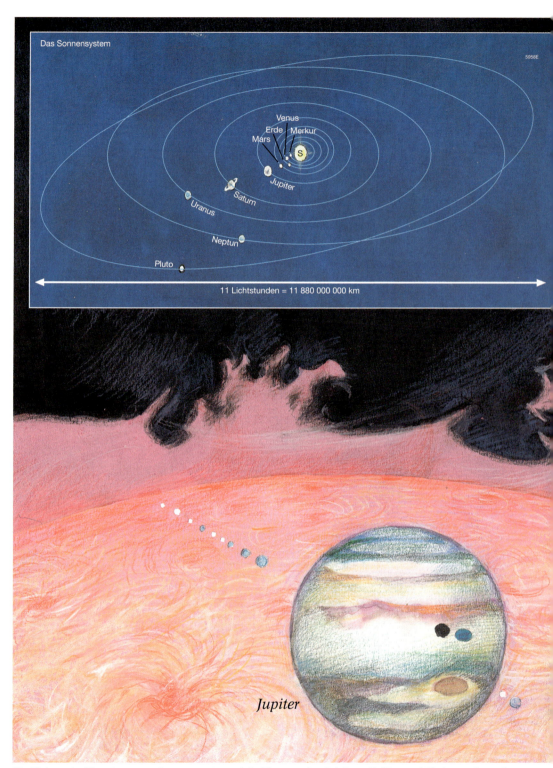

Die Erde – ein Planet unseres Sonnensystems (alle Planeten im richtigen Größenverhältnis zur Sonne)

Planet Erde

Die Erdgeschichte im Überblick

Die Anfänge unseres Planeten

Seit Jahrtausenden beschäftigt die Menschen die Frage, wie die Erde entstanden sein könnte. Es gibt heute verschiedene Theorien und Auffassungen über ihre Entstehung und frühe Entwicklung. Viele Wissenschaftler gehen davon aus, dass aus 99,8 Prozent einer Gas- und Staubmasse, die sich im Bereich unseres heutigen **Sonnensystems** angesammelt hatte, eine Ursonne entstand. Die übrigen sich verdichtenden Teilmassen bildeten unter anderem die neun **Planeten** unseres rotierenden Sonnensystems. So war vor etwa fünf Milliarden Jahren auch die Herausbildung des Erdkörpers weitestgehend abgeschlossen.

Radioaktive Zerfallsprozesse setzten Energien frei, die die Erde zu einem Feuerball aufheizten, der sich bereits auf einer Umlaufbahn um die Sonne bewegte. Auch die Energie massenhaft aufschlagender **Meteoriten** trug zur Aufheizung des Erdkörpers bei (Umwandlung kinetischer in Wärmeenergie). Im Laufe eines hunderte Millionen Jahre währenden Prozesses sammelten sich die schweren Bestandteile (Nickel und Eisen) der „Urerde" im Kern.

Vor etwa 4,6 Milliarden Jahren begann die äußere Hülle langsam zu erstarren. Vulkanausbrüche und Meteoriteneinschläge rissen die sich bildende Kruste auf. Es wurden große Mengen an Gasen, vor allem Wasserdampf und Kohlendioxid, freigesetzt. Mit der Abnahme der Temperatur an der Erdoberfläche kam es zur Kondensation von Wasserdampf. Eine Uratmosphäre entwickelte sich. Erstes Wasser sammelte sich auf der Erde an, als die Temperatur unter 100 °C sank. Urkontinente und Urozeane bildeten sich allmählich heraus. Die ältesten Gesteine, die man bis jetzt fand, stammen aus der Erdfrühzeit und sind etwa 3,9 Milliarden Jahre alt. Schon in dieser Zeit entstanden erste Lebensformen. Der Lebensraum der ersten nachweisbaren Lebewesen war der lichtreiche Flachwasserbereich des Weltmeeres. Die eindringende UV-Strahlung führte zu Mutationen, die die Evolution vorantrieben.

Aus dem Geschichtsbuch der Erde

Das Aussehen unserer Erde hat sich seit ihrer Existenz immer wieder verändert. Wo vor Millionen von Jahren tie-

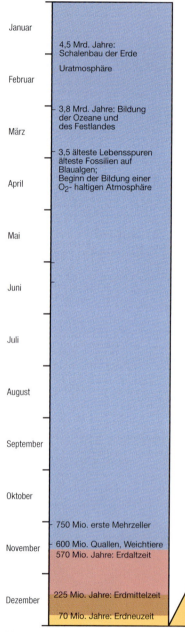

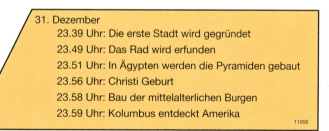

M1: Zur Verdeutlichung der Zeitabläufe in der Entwicklungsgeschichte der Erde: Die Erdgeschichte von rund 4,5 Mrd. Jahren projeziert auf den Zeitraum eines Jahres

fe Meere waren, türmen sich heute Gebirge (z. B. die Alpen) auf. Diese Veränderungen der Erdoberfläche liefen in unterschiedlich langen Zeiträumen ab und können verschiedenen Zeiten der Erdgeschichte, den Erdzeitaltern und ihren Formationen, zugeordnet werden.

Bei der Aufstellung einer erdgeschichtlichen Zeittafel (s. S. 160/161) orientiert man sich an der Entwicklung des Lebens auf der Erde, das anhand von Fossilien (Überreste von Pflanzen und Tieren oder deren Lebensspuren) rekonstruiert wird. Besonders gut erhalten blieben harte Bestandteile, zum Beispiel Knochen und Schalen, zum Teil sind ihre Formen nur als Abdrücke im Gestein sichtbar. Funde von Fossilien erlauben Rückschlüsse auf die früheren klimatischen Verhältnisse in den Fundgebieten sowie auf die Verteilung von Land und Meer und die Prozesse der Reliefveränderung. Als Leitfossilien bezeichnet man die Überreste von Lebewesen, die gehäuft, meist über weite Gebiete und in bestimmten Zeitabschnitten verbreitet, auftraten. Sie bilden die Grundpfeiler für geologische Altersbestimmung und Einordnung.

Weitere Erkenntnisse über die Erdgeschichte erhält man durch Untersuchung der Gesteine. Zum einen kann man ihr Alter durch die Messung der Zerfallszeit der in ihnen enthaltenen radioaktiven Elemente ermitteln. Zum anderen geben die Veränderungen an Gesteinsschichten (z. B. Faltungen, Brüche, Verbiegungen) Auskunft über wichtige Prozesse in der Erdgeschichte.

M2: Urvogel (Archäopteryx)

Der Archäopteryx

Im Jahre 1876 wurden die nahezu vollständigen, versteinerten Knochen dieses Tieres in einem Steinbruch in Bayern gefunden. Von den Federn fand man Abdrücke. So war es möglich, das Aussehen dieses Lebewesens zu rekonstruieren. Es lebte im Jura und wird als Übergangsform vom Kriechtier zum Vogel angesehen. Im Jura waren Teile Bayerns vom Meer bedeckt, an den Ufern wuchsen Nadelbäume und baumhohe Farne, in denen der Archäopteryx lebte.

M3: Nach dem Fossilfund rekonstruiertes Aussehen des Archäopteryx und seines Lebensraumes

1. Informiere dich über andere Theorien zur Entstehung unseres Sonnensystems und der Erde!

2. Ordne die folgenden erdgeschichtlichen Ereignisse der geologischen Tabelle zu:
– Eiszeit
– Entstehung der Alpen
– Blütezeit der Saurier.

3. Finde mithilfe der geologischen Karte im Atlas heraus, welche Abschnitte der Erdgeschichte oberflächenbildend für Mitteleuropa sind!

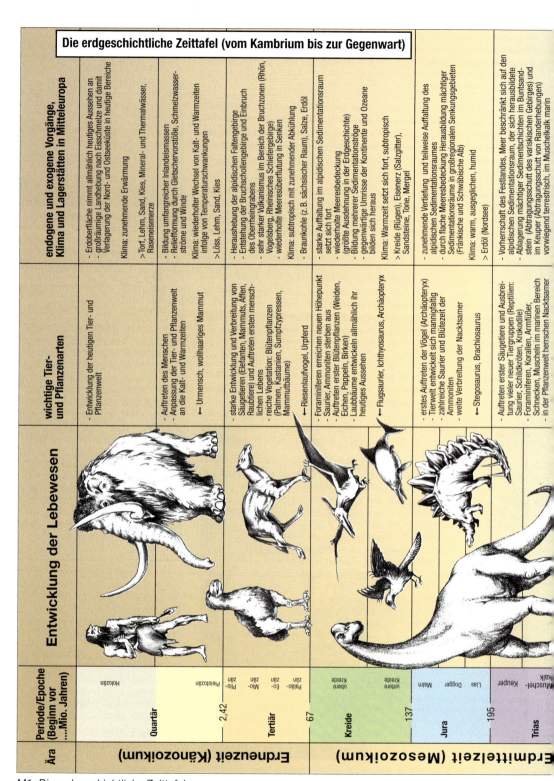

M1: Die erdgeschichtliche Zeittafel

Die Bildung von Theorien

Eine verrückte Idee wird geboren: Kontinente wandern

Der deutsche Meteorologe Alfred WEGENER veröffentlichte im Jahre 1915 eine dreibändige Arbeit mit dem Titel *„Die Entstehung der Kontinente und Ozeane"*. In ihr vertrat er die Ansicht, dass die Festlandsmassen der Kontinente keine dauerhafte Lage auf der Erdkugel besitzen, sondern sich horizontal verschieben. WEGENER ging davon aus, dass es vor Jahrmillionen nur einen Urkontinent gab, der zerbrach und dessen Bruchstücke seitdem auseinander driften. Er stützte seine Theorie auf verschiedene Beobachtungen bzw. Überlegungen. So war ihm beim Betrachten einer Weltkarte aufgefallen, dass die Konturen Afrikas und Südamerikas – wie bei einem Puzzle – zusammenpassen. Zudem besitzen die geologischen Strukturen beider Kontinente viele Ähnlichkeiten und es kommen jeweils die gleichen Bodenschätze und Fossilien vor. Übereinstimmendes fand WEGENER nicht zuletzt hinsichtlich der Ausprägung des Reliefs, bis hin zu übereinstimmenden Spuren aus früheren Eiszeiten. Auch aus der Tatsache, dass in den Polarregionen Steinkohlenlagerstätten anzutreffen sind, leitete er eine Lageverschiebung der Kontinente ab, denn Steinkohlenwälder konnten nur unter subtropischen Verhältnissen entstanden sein.

Jahrzehnte später wurde nachgewiesen, dass sich die Erdkruste tatsächlich in einem Zustand horizontaler Bewegung befindet *(M2)*. Zu WEGENERS Lebzeiten lehnte die Fachwelt jedoch seine Theorie ab und seine revolutionären Ideen fanden keine wissenschaftliche Bestätigung.

Endogene Vorgänge

Endogen heißt so viel wie *innenbürtig* oder *aus dem Inneren kommend*. In den Geowissenschaften werden damit Kräfte und Substanzen bezeichnet, die aus dem Erdinneren kommen. Endogene Vorgänge sind eng an das Magma gebunden. Zu ihnen gehören großräumige Plattenverschiebungen (Plattentektonik, Epirogenese), Vulkanismus, Erdbeben sowie gebirgsbildende Vorgänge (Tektogenese, Orogenese).

Fixismus (lat. *fix* – fest)

Theorieansatz:
Denkvorstellung über geotektonische Prozesse. Sie geht davon aus, dass die Lage der Kontinente und Ozeane unverrückbar festgelegt ist. Die Fixisten behaupteten, dass an der Erdoberfläche nur vertikale Veränderungen (Hebungen und Senkungen) möglich seien.
Die Entstehung von Gebirgen erklärten die Fixisten mit der angeblichen Schrumpfung der Erde, bei der Gebirgswülste herausgepresst würden. Auch die Bildung riesiger Senkungströge (Geosynklinalen) als Frühstadien eines Faltengebirgsbildungszyklus gehört in das Theoriegebilde der Fixisten.
Die praktische Nachweisführung blieb jedoch sehr unvollständig, zu viele Fragen blieben offen, sodass der Fixismus schließlich verworfen wurde.

Wichtige Vertreter:
E. SUESS (um 1900)
H. STILLE (um 1930)

Mobilismus (lat. *mobil* – beweglich)

Theorieansatz:
Denkvorstellung über den Ablauf geotektonischer Prozesse. Die Mobilisten gehen davon aus, dass sich die Lage der Kontinente und Ozeane verändert. Anfangs wurde behauptet die Kontinente würden sich seitwärts auf ihrem Untergrund aufeinander zu bzw. voneinander weg bewegen (WEGENER). Nach der Entdeckung der Mittelozeanischen Rücken wird von der Verschiebung großer Krustenstücke – Platten – ausgegangen (WILSON). In den Mittelozeanischen Rücken entsteht neue Kruste. Die zwei Platten, die ein Mittelozeanischer Rücken trennt, bewegen sich voneinander weg. In den sechziger Jahren verdrängte der Mobilismus den Fixismus und wurde zur vorherrschenden Theorie. Diese wird ständig weiterentwickelt.

Wichtige Vertreter:
A. WEGENER (ab 1912)
J. T. WILSON (ab 1968)

M1: Geotektonische Hypothesen

Die Weiterentwicklung der Wegenerschen Idee zur Theorie der Plattentektonik

Nachdem WEGENER 1930 auf einer Grönlandexpedition ums Leben gekommen war, blieben seine Vorstellungen vom „Wandern" der Kontinente zunächst weitgehend unbeachtet. Erst als amerikanische Wissenschaftler in den sechziger Jahren die *Theorie der Plattentektonik* veröffentlichten, wurde die bahnbrechende Bedeutung der WEGENER'schen Ideen deutlich.

Bei der Erforschung untermeerischer Gebirgssysteme hatte man in den sechziger Jahren entdeckt, dass die Kontinente Teile riesiger Platten sind, die auch den Gesteinsuntergrund der Ozeane bilden. Die heute weitgehend anerkannte *Theorie der Plattentektonik* geht davon aus, dass die Lithosphäre in unterschiedlich große Bruchstücke, die Platten, gegliedert ist. *M2* zeigt, dass es neben sieben großen Platten eine weitere Anzahl kleinerer Platten gibt. Alle Platten sind gegeneinander beweglich, jedoch in unterschiedlicher Weise aktiv.

Die Untersuchung des Meeresbodens ergab unter anderem, dass die geologisch sehr aktiven Mittelozeanischen Rücken die Plattengrenzen bilden. Hier entsteht neue Erdkruste und die beiden an einen Mittelozeanischen Rücken angrenzenden Platten werden seitlich verschoben. An anderer Stelle kollidieren sie miteinander. Dort befinden sich die Hauptzonen der Faltengebirgsentstehung, des Vulkanismus und der Erdbebentätigkeit. Auf die Zusammenhänge von Plattenbewegungen und weiteren endogenen Vorgängen wird im Folgenden näher eingegangen.

1. Platten können sich aufeinander zu, voneinander weg oder aneinander vorbei bewegen. Überlege, zu welchen Vorgängen es an den Plattenrändern bei den einzelnen Bewegungsformen kommen kann.

2. Errechne die Zeitspanne, in der sich Nordamerika von Europa um einen Kilometer entfernt, wenn sich der Atlantische Ozean jährlich um zwei Zentimeter weitet.

3. Vergleiche die unterschiedlichen geotektonischen Hypothesen *(M1)*. Begründe, warum der Fixismus heute als überholt gilt.

4. Überlege, warum Wegeners Idee von der Kontinentaldrift zu seinen Lebzeiten keine Anerkennung fand.

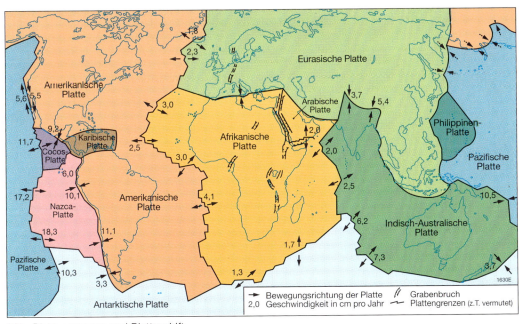

M2: Plattengrenzen und Plattendrift

M1: Forschungs-U-Boot-„Alvin"

Ein Tauchgang in die absolute Finsternis

„Um 15 Uhr griff Jack Donelly, der Pilot des 3-Mann-Tauchboots ‚Alvin', zum Mikrofon. Aus 2800 Meter Tiefe, aus der Urwelt des ewigen Schweigens, des aberwitzigen Drucks, der grimmigen Kälte und der absoluten Finsternis, meldete er seinem Mutterschiff ‚Lulu' mit ruhiger Stimme: ‚Wir sind in einer Spalte festgeklemmt'.

Donelly hatte Ballastwasser ausgeblasen und die senkrechte Schraube in Gang gesetzt. Aber die Zahlen der Tiefenanzeige veränderten sich nicht. Um Energie zu sparen schaltete der Pilot alle elektrischen Stromkreise aus, nur die Antriebsschraube ließ er laufen. Ein winziges Lämpchen erhellte das Innere des 12 Tonnen schweren, aus Titan geschmiedeten U-Boots, einem Juwel der Metallurgie.

Jetzt saß der Stolz der amerikanischen Marine am Eingang zur Unterwelt fest, an der Pforte zum Inneren der Erde – 400 Seemeilen westlich der Azoren, mitten im Atlantik, zwischen Afrika und Amerika.

Hier erhebt sich, 2000 Meter unter dem Meeresspiegel, der Mittelatlantische Rücken. Er ist ein Teil der Mittelozeanischen Rücken, der ausgedehntesten und imposantesten geographischen Formation der Erde: eine Gebirgskette von insgesamt 60 000 Kilometer Länge. Wie die Naht auf einem Tennisball zieht sie sich durch alle Weltmeere. Fast auf seiner gesamten Länge ist der gewaltige Gebirgszug am Scheitel durch ein Mitteltal von 20 Kilometer Breite und 1000 bis 2000 Meter Tiefe gespalten – ein kompli-

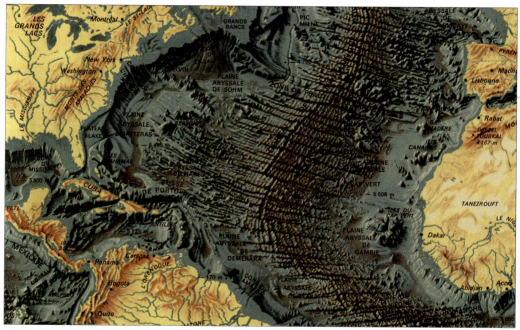

M2: Karte des Meeresbodens im mittleren Atlantik

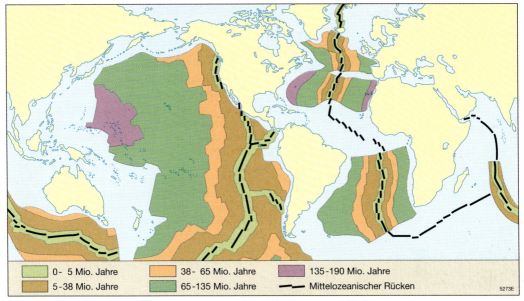

M3: Das Alter ozeanischer Kruste als Funktion der Entfernung vom Mittelozeanischen Rücken

Legende:
- 0–5 Mio. Jahre
- 5–38 Mio. Jahre
- 38–65 Mio. Jahre
- 65–135 Mio. Jahre
- 135–190 Mio. Jahre
- Mittelozeanischer Rücken

ziertes Grabensystem mit zahlreichen Längs- und Querspalten. Dieses System wollte die Besatzung des Tiefseetauchboots erforschen.

Jack Donelly ließ die Seitenpropeller in unterschiedlicher Richtung arbeiten, den einen vorwärts, den anderen rückwärts, den einen nach oben, den anderen nach unten – doch nichts rührte sich. Zwei Stunden und 20 Minuten saß das Tauchboot fest, dann sprang die ‚Alvin' plötzlich mit einem Satz nach vorn – das Boot stieg.

Wer jedoch glaubt, dass die drei Aquanauten nun nichts Eiligeres zu tun gehabt hätten als aufzusteigen, der irrt. Sie waren von der bizarren Lavalandschaft so fasziniert, dass sie zwei weitere Stunden unten blieben um mit ihren französischen Kollegen in den Tauchbooten ‚Cyana' und ‚Archiméde' diese Schlüsselregion der Erddynamik zu vermessen und auf einer Karte darzustellen. In dem zerklüfteten Gelände machten die Forscher an mehreren Tagen insgesamt 23 000 Fotos, belegten ihre Beobachtungen durch 100 Stunden Fernsehaufnahmen und ließen durch stählerne Greifarme zwei Tonnen Gestein in die außenbords montierten Körbe packen.

Ihr Unternehmen ‚Famous', Abkürzung für ‚French-American Mid-Ocean Undersea Study' lieferte entscheidende Beweise für bis dahin unglaubliche Befunde:

Alle Meeresböden dehnen sich aus, weil sie an einem schmalen Riss in der Erdkruste längs der Ozeanischen Rücken ständig auseinander geschoben werden."

(Auszug aus: Becher, J.: So reiste Europa quer über den Globus. – In: P.M. Perspektive „Die Erde", mit freundlicher Genehmigung der Gruner + Jahr AG, Hamburg)

1. Stelle in M2 die unterschiedlichen Reliefformen auf dem Meeresboden fest und beschreibe ihre charakteristischen Merkmale.

2. Erläutere, welche Forschungsmethoden angewendet werden um Aufschlüsse über den Bau der Erde zu erhalten (S. 166 M1 und S. 167 M2).

3. Nenne Gründe für den im Text geschilderten Vorstoß in die Tiefen des Atlantischen Ozeans?

4. Stelle eine stichwortartige Faktensammlung zu den Mittelozeanischen Rücken und den Vorgängen in ihnen zusammen.

5. Begründe, warum das Alter der ozeanischen Kruste mit zunehmendem Abstand vom Mittelozeanischen Rücken zunimmt (M3).

Der Schalenbau der Erde

Ein Blick ins Innere der Erde

Die Mitte der neunziger Jahre beendete Tiefbohrung in der Oberpfalz *(M1)* erforderte einen finanziellen Aufwand von mehr als einer viertel Milliarde Euro. Welchem Ziel diente diese enorm teure Forschungsbohrung?

Man erhoffte durch die Untersuchung des erbohrten Gesteins einen exakten Einblick in den geologischen Bau der obersten Erdkruste und die während der Erdaltzeit in dieser Region Mitteleuropas stattgefundenen Gebirgsbildungsvorgänge zu gewinnen.

Solche und ähnliche Ziele verfolgte auch die über zwölf Kilometer tiefe Rekordbohrung auf der Halbinsel Kola (Russland). Es darf jedoch nicht verkannt werden, dass die bei solchen Forschungsvorhaben erreichten Tiefen angesichts des Erdradius von 6371 km nur einem winzigen Nadelstich in die Erdkugel gleichen. *Was wissen wir heute vom schalenförmigen Bau der Erde?*

1. Die unterschiedlich mächtige **Erdkruste** ist unter Ozeanen weniger als zehn Kilometer stark, unter Gebirgen auf Kontinenten dagegen bis etwa 70 km. Ihre chemische Zusammensetzung und ihre physikalischen Merkmale sind nicht einheitlich. Kontinentale Kruste wird von granitischem Gestein gebildet und ozeanische Kruste von basaltischem Gestein (Basalt, Gabbro). An der Grenzschicht zwischen beiden Krustenbereichen ändert sich die Ausbreitungsgeschwindigkeit seismischer (Erdbeben-) Wellen in sprunghafter Weise. Nach ihrem Entdecker, dem österreichischen Geophysiker V. CONRAD, erhielt diese flächenhafte Grenzschicht die Bezeichnung *Conrad-Diskontinuität* (M2).

Die KTB

M1 zeigt den Bohrturm der Kontinentalen Tiefenbohrung in Windischeschenbach in der Oberpfalz.
Von 1990 bis 1994 entstand hier ein Loch in der Erdkruste von 9101 Metern Tiefe, wofür 270 Mio. Euro aufgewendet wurden. Die reinen Forschungszwecken dienende Bohrung wurde beendet, als man auf Grund der hohen Temperatur von 300 °C und des gewaltigen Druckes auf zähflüssiges, plastisches Gestein stieß.
Der Bohrort wurde ausgewählt, weil man vermutete, dass hier vor rund 340 Mio. Jahren die Afrikanische und die Eurasische Lithosphäreplatte aufeinander prallten. Dabei entstanden für die Wissenschaft hoch interessante geologische Strukturen in herausgepressten Hochgebirgsmassiven. Ihre Entstehung ist anhand der gewonnenen Gesteinsbohrkerne heute erforschbar. Im Verlauf der Forschungsarbeiten über die Zusammensetzung der Erdkruste traten viele neue Rätsel auf.

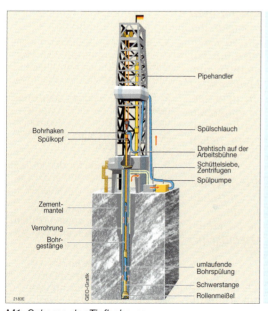

M1: Schema der Tiefbohrung

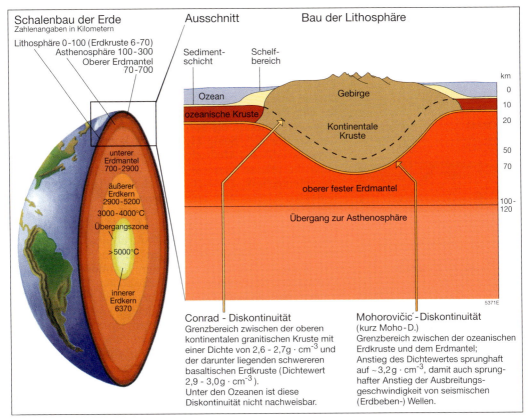

M2: Aufbau des Erdkörpers

2. Darunter folgt der obere feste **Erdmantel**. Sein oberer Teil bildet gemeinsam mit der Erdkruste die **Lithosphäre**, die Gesteinshülle der Erde, die nach heutiger Kenntnis etwa eine Tiefe von 100 km erreicht. Erdkruste und Erdmantel werden durch die nach dem kroatischen Geophysiker A. Mohorovičić genannte Mohorovičić-Diskontinuität, kurz Moho-Schicht, getrennt. Sie weist auf eine veränderte chemische Zusammensetzung hin. Mit einer Temperatur von 1200 °C folgt ein zähplastischer Mantelbereich, die **Asthenosphäre**. Die Beschaffenheit dieses Mantelbereichs bedingt zahlreiche endogene Vorgänge *(M2)*.

3. Der äußere **Erdkern** besteht vorwiegend aus den bei Temperaturen von 3000 bis 4000 °C flüssigen Metallen Eisen und Nickel. Hier hat das sehr starke Erdmagnetfeld seinen Ursprung. Es breitet sich von hier bis zur Erdoberfläche und von da bis in den Weltraum aus.

Magnetfelder bauen sich durch einen Dynamo-Effekt auf. Deshalb gilt als sicher, dass die flüssige Metallschicht walzenartige Bewegungen ausführt. Über deren Ursache gibt es noch keine endgültig gesicherten Erkenntnisse.

Der innere Erdkern ist bei gleichem metallischen Aufbau auf Grund des dort herrschenden gewaltigen Druckes trotz Temperaturen von über 5000 °C fest.

1. Erkläre den Begriff Lithosphäre unter Einbeziehung ihrer wichtigsten Merkmale, ihres geologischen Aufbaus und der Vorgänge in ihr.

2. Nenne charakteristische Merkmale der Asthenosphäre und ihre Bedeutung für die endogenen Vorgänge.

3. Begründe, warum sich die Gesteinsmassen des Erdmantels unter der festen oberen Schicht im zähplastischen Zustand befinden und in größerer Tiefe wieder fest sind.

Die Platten- tektonik

Eine Theorie setzt sich durch

Nach dem Auffinden der aktiven Zonen der Mittelozeanischen Rücken wurde das „sea-floor-spreading" entdeckt, das scheitelförmig nach beiden Seiten gerichtete Wachstum des Ozeanbodens. Dieser bildet mit seiner ozeanischen Kruste ebenso einen Teil der Lithosphäreplatten wie die Kontinente. Die Entdeckung der Plattenbewegungen bestätigte in mehreren Punkten die von A. WEGENER behauptete „Drift der Kontinente". Seine Hypothesen konnten nun mithilfe wissenschaftlicher Methoden überprüft werden. Dazu gehört auch die präzise Vermessung der Plattenbewegungen mit Satellitentechnik. Die sich entwickelnde Theorie der Plattentektonik geht auch auf die Ursachen der Plattenbewegungen ein.

Der „Antrieb" erfolgt durch walzenförmige thermische Konvektionen, die durch Temperaturunterschiede im Erdmantel hervorgerufen werden. Ihr Zustandekommen wird durch einen Hitzestau unter den besonders mächtigen Platten der Kontinente erklärt. Zusätzlich könnten Häufungen radioaktiver Prozesse zur Aufheizung beitragen. Das Gesteinsmaterial befindet sich in einem plastischen Zustand, in diesem wird es auch transportiert. Eine Aufschmelzung des Gesteins findet nicht statt. Weitere hypothetische Vorstellungen werden heute von den Geowissenschaftlern diskutiert. So wird überlegt, ob die Konvektion ihren Ausgangspunkt sogar in der Tiefe des metallischen Erdkerns haben könnte. Wo der flüssige Erdkern in den festen übergeht werden gewaltige Wärmemengen freigesetzt, die den Aufstieg flüssigen Metalls bewirken.

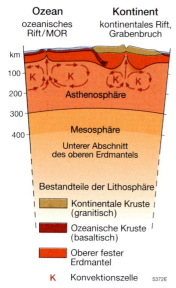

M2: Konvektionszelle (schematisch)

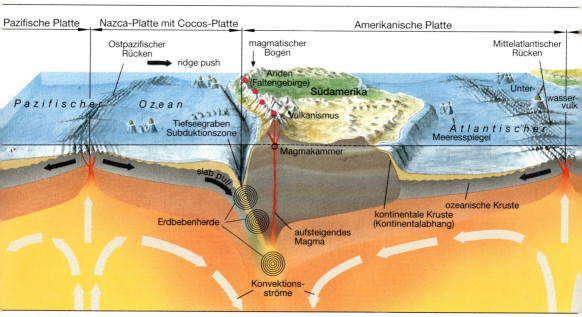

M1: Modell der Plattentektonik

Oberflächengestaltung infolge von Plattenbewegungen

1. In Gebieten eines aufsteigenden Konvektionsstromes wird die Lithosphäre aufgeschmolzen und auseinander gedrückt. Dabei entsteht ein lang gezogenes Spaltensystem, die 12 bis 50 km breite **Riftzone** (*rift valley*). Lava, die aus untermeerischen Riften austritt, bildet durch Abkühlung und Erstarrung neuen Ozeanboden, der sich auf diese Weise ausdehnt („*sea-floor-spreading*"). Die so entstehenden Ozeanischen Rücken bilden weltumspannend die ausgedehntesten Gebirgssysteme der Erde. Sie haben mit Höhen bis zu 4000 m über dem sie umgebenden Tiefseeboden und Breiten zwischen 1000 und 1650 km eine globale Gesamtlänge von über 60 000 km. An den Flanken dieser Gebirgszüge ziehen sich seitwärts Querspalten hin, die infolge ungleicher Ausbreitungsgeschwindigkeiten entstehen.

Konvektionsströme können auch unter Kontinenten aufsteigen. Bricht die Erdkruste durch den Konvektionsdruck an der Erdoberfläche auf, entstehen kontinentale Riftzonen, die auch als Grabenbrüche bezeichnet werden. Solche Gräben verbreitern und vertiefen sich weiter und stellen das Geburtsstadium eines neuen Ozeans dar.

2. Subduktion: Zwischen zwei sich aufeinander zu bewegenden Konvektionsströmen sinkt Gesteinsmaterial ab. Die mitdriftenden Platten bewegen sich folgerichtig ebenfalls aufeinander zu, bis sie schließlich kollidieren. Dabei wird die schwerere ozeanische Kruste unter die Kontinentalkruste geschoben und sinkt in die Asthenosphäre ab. Hier wird Kruste gewissermaßen „verschluckt" und dabei aufgeschmolzen. Dieser Vorgang heißt Subduktion (Verschluckung).

1. Nenne Ansichten A. WEGENERS, die mit der Theorie der Plattentektonik bestätigt wurden sowie solche, die spätere Erkenntnisse erweiterten?

2. Beschreibe die Vorgänge des Magmakreislaufes in einer geschlossenen Konvektionszelle und erläutere seine Auswirkungen auf die Lithosphäreplatten.

3. Erläutere den „Antriebsmechanismus" der Plattenbewegung, gehe dabei auch auf das „*sea-floor-spreading*" ein.

4. Überlege, warum die meisten Grenzen der Lithosphäreplatten nicht an den Küsten der Kontinente verlaufen, sondern weitab von ihnen im Ozean?

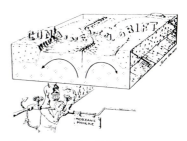

M3: Ursache der Drift?

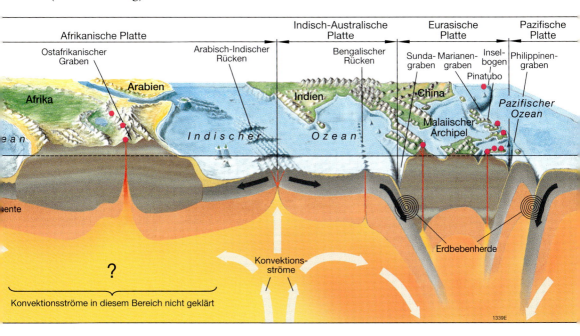

M1: Island – die Naht zwischen Europa und Amerika

Subduktionszonen ziehen sich als Tiefseegräben an verschiedenen Küstenabschnitten der Kontinente hin. Ein auffallendes Beispiel ist an der Westküste Südamerikas zu finden. Infolge der Subduktion am Rand des Kontinents wird hier ein junges Faltengebirge, die Anden, herausgepresst. Damit verbunden sind starke Erdbeben und Vulkanismus. Derartige Vorgänge spielen sich auch im Bereich der Tiefseegräben im Westpazifik ab. Von Osten her taucht hier der Ozeanboden der Pazifischen Platte unter andere ozeanische Platten. Das führt am Subduktionsrand zur Entstehung von Inselbögen. Auch diese Region wird häufig von verheerenden Erdbeben und Vulkanausbrüchen heimgesucht.

3. Transformstörungen (Blattverschiebungen): Zwei Platten gleiten aneinander vorbei, ohne dass ein Magmaaufstieg erfolgt. Neue Erdkruste wird nicht gebildet und alte nicht verschluckt. Da sich die Plattenränder ineinander verhaken, kommt es zeitweise zu Kräftestauungen, die sich in starken Erdbeben lösen. Das bekannteste Beispiel dafür ist die San-Andreas-Spalte in Kalifornien.

Der Plattentektonische Zyklus (Wilson-Zyklus)

Aus den Bewegungsraten der ozeanischen Kruste an den Mittelozeanischen Rücken und an den Subduktionszonen lässt sich berechnen, ob sich ein Ozean ausdehnt oder ob er schrumpft. Aus der Summe beider Bewegungen ermittelte der kanadische Geologe WILSON, dass sich ein Ozean in rund 200 Mio. Jahren öffnet und wieder schließt.

1. Erkläre den Begriff Subduktion und nenne ihre unterschiedlichen Auswirkungen hinsichtlich der Entstehung neuer Oberflächenformen.

2. Warum kommt es an den Subduktionsrändern zu Erdbeben und Vulkantätigkeit?

3. Erläutere die unterschiedlichen Folgen des Magmaaufstiegs in Ozeanböden und auf Kontinenten und beschreibe die damit verbundenen Vorgänge an den Plattenrändern.

Typ	Divergierende Platten ⇐⇒ auseinander driftend		Konvergierende Platten ⇒⇐ aufeinander zuwandernd			Transformstörungen ⇐⇒ sich begegnend
Bereich der Lithosphäre	ozeanisch	kontinental	Ozeanboden mit Ozeanboden	Ozeanboden mit Kontinent	Kontinent mit Kontinent	alle Bereiche möglich
Vorgang am Plattenrand	Magmaaufstieg und -austritt in lang gestreckten Dehnungsspalten, den Riftzonen (Mittelozeanische Rücken, MOR)		Subduktion und Absinken		Faltung und Aufstieg von Kettengebirgen (Faltengebirge)	horizontales Vorbeigleiten aneinander ohne Absinken in die Tiefe, keine Neubildung von Erdkruste
			einer der beiden Platten	des schwereren Ozeanbodens in den Erdmantel im Bereich der Tiefseegräben		
Folgeerscheinungen	der Ozeanboden verbreitert sich (sea-floor-spreading); es entstehen die untermeerischen Gebirgszüge (MOR)	Grabenbrüche, Vulkanismus (basaltische Lava)	Entstehung von Inselbögen, Vulkangürteln und Tiefseegräben	Tiefseegräben, Faltengebirge Vulkanismus		
		Erdbeben	Erdbeben	Erdbeben	Erdbeben	Erdbeben
Regionale Beispiele (Auswahl)	Mittelatlantischer Rücken (10000 km lang), Ostpazifischer Rücken, Zentralindischer Rücken	Zentral- und Ostafrikanischer Grabenbruch, Rotes Meer, Baikalsee, Oberrheingraben	Marianengraben, Japangraben, Kermadecgraben, Ostasiatischer Inselbogen, Aleuten	Atacamagraben, Perugraben, Mittelamerikanischer Graben, Anden, Kordilleren	Alpen, Himalaya, Kaukasus, Pyrenäen, Karpaten	Kalifornische Küste Nordamerikas

M2: Übersicht zu den Vorgängen an den Plattenrändern

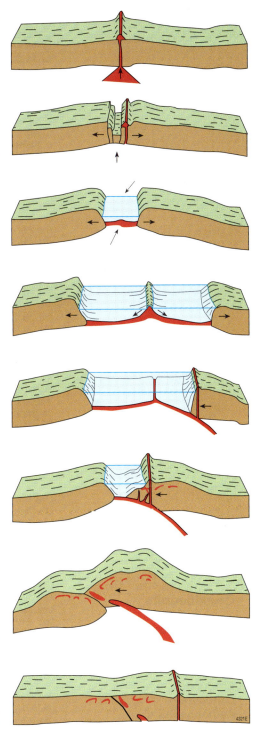

1. Ruhephase
Anfangs befinden sich die kontinentalen Platten in einem Ruhezustand. Im Erdmantel befindliche Schmelzbereiche, sog. „Hot spots", können die Ursache für einen in dieser Zeit auftretenden kontinentalen Innerplatten-Vulkanismus sein, der zu Vulkanbergen führen kann (z.B. Eifel). Befindet sich ein solcher „Hot spot" unter ozeanischer Kruste, so können sich Berge eines ozeanischen Intraplatten-Vulkanismus bilden (z.B. Hawaii).

2. Graben-Stadium
Im Innenbereich einer kontinentalen Kruste können sich (etwa im Scheitelbereich der Aufwölbung über einem „Hot spot") Grabenbrüche (kontinentale Rifts) bilden (Taphrogenese). Entlang der im Graben entstandenen Verwerfungen kann es zur Vulkanbildung kommen (z.B. Oberrheingraben).

3. Rotes-Meer-Stadium
Der Graben kann sich absenken und erweitern. Lava strömt ein und bildet zwischen den beiden Teilen der ehemals zusammenhängenden kontinentalen Kruste eine schwere ozeanische basaltische Kruste, die auf der Erde gewöhnlich vom Meer bedeckt wird: Ein neuer Ozean entsteht.

4. Atlantik-Stadium
Der entstandene Ozean befindet sich im Zustand der Öffnung, an seinen Rändern findet keine Gebirgsbildung statt. Weiterhin tritt aus sog. ozeanischen Riftzonen Lava am Meeresboden aus, die sich nach den Seiten ausbreitet. Sie kann sich zu Gebirgen auftürmen, die weit über den Meeresspiegel herausragen können (z.B. Island).

5. Pazifik-Stadium
Global wirksame Prozesse bewirken, dass die Ausdehnung zum Stillstand kommt und sich in eine Einengung umkehrt. Der entstandene Ozean wird nun wieder kleiner. Dabei wird dann (an seinen jetzt aktiven Rändern) schwerer ozeanischer Boden gewöhnlich unter die leichtere kontinentale Kruste gedrückt und gezogen (Subduktion). Über solchen Subduktionszonen kommt es zur Aufschmelzung von Gestein und zum Magmaaufstieg durch die kontinentale Kruste. Vulkane entstehen; ferner bilden sich im Bereich der Subduktion Tiefseegräben, Faltengebirge oder Inselbögen (z.B. Pazifik).

6. Mittelmeer-Stadium
Die Einengung des Ozeans wird stärker, die Faltung mariner Ablagerungen führt zu weiterer Gebirgsbildung. Die Kollision der bisher getrennten leichten kontinentalen Krustenteile setzt an verschiedenen Stellen ein.

7. Himalaja-Stadium
Nun kommt es zur Kollision beider kontinentalen Krustenteile. Es entstehen Deformationen, Faltungen und Deckenbildungen. Durch Heraushebung der so gebildeten tektonischen Komplexe kommt es zur Entwicklung von Gebirgen. Solche Gebirgsbildung kann schließlich auch Auswirkungen auf das Umland (Brüche, Vulkanismus) haben (z.B. Bodensee, Hegau).

8. Ruhephase
Nach der Kollision der beiden kontinentalen Krustenteile und der Heraushebung des so gebildeten Hochgebirges können nochmals gewaltige Massen vulkanischen Materials gefördert werden (z.B. Bozener Porphyrgebiet). Inzwischen ist wieder eine einheitliche Platte vorhanden, nur die Zone des Zusammenstoßes der beiden Krustenteile ist oft noch als sog. „Sutur-Bereich" erkennbar. In der abschließenden Phase tektonischer Ruhe erfolgt die Abtragung des Faltengebirges. Am Ende befinden sich die kontinentalen Platten wieder in Ruhe. Ein neuer Zyklus kann beginnen oder hat vielleicht schon begonnen.

M3: Plattentektonischer Zyklus (WILSON-Zyklus)

Planet Erde

Das Wichtigste kurz gefasst

Die Erdgeschichte im Überblick

Die *Erdneuzeit* umfasst den Zeitraum, in dem sich die heutigen Landschaftsformen herausbildeten. Die Tier- und Pflanzenwelt entfaltete einen großen Artenreichtum. Der Mensch entwickelte sich. Während des Tertiärs kam es zur völligen Heraushebung und bereits beginnenden Abtragung der Alpen. Unter den dabei auftretenden Spannungen und Bewegungen zerbrach der variszische Tafelbereich in einzelne Schollen, die gehoben, gekippt oder gesenkt wurden. Im Laufe der einsetzenden Abtragungsprozesse erhielten die mitteleuropäischen Bruchschollengebirge, die Schichtstufenlandschaften und Gräben ihre heutige Gestalt. An den Brüchen austretende Lava breitete sich deckenförmig aus oder ergoss sich in Täler. In der Erdneuzeit kam es auch zur Bildung der mitteleuropäischen Braunkohlenlagerstätten.

Die *Erdmittelzeit* war die Zeit der Saurier, der ersten Vögel und einer artenreichen marinen Tierwelt. Der alpidische Sedimentationsraum füllte sich mit mächtigen Kalksedimenten, den Rückständen abgestorbener Meerestiere. Zur Ablagerung großer Sandmassen (bis 1000 m), die aus dem Schutt des Variszischen Gebirges hervorgingen, kam es in der Zeit des Buntsandsteins. Die Absenkung des mitteleuropäischen Raumes führte zu einer flachen Meeresbedeckung.

Die *Erdaltzeit* war gekennzeichnet durch das Auftreten wirbelloser Meerestiere und die Besiedlung des Festlandes durch die ersten Pflanzen und Tiere. Weitere Merkmale der Erdaltzeit waren die wiederholte Meeresbedeckung des Festlandes und die zunehmende Erwärmung des Klimas. Mächtige marine und terrestrische Sedimente wurden abgelagert. Im Karbon zum Beispiel kam es in den Randsenken des Variszischen Gebirges, die nur noch zu geringen Teilen von Wasser bedeckt waren, zur Ausbildung einer reichen Sumpfvegetation und ausgedehnter Moorwälder. Das abgestorbene Pflanzenmaterial konnte auf Grund eingeschränkter Luftzufuhr nicht verwesen, es bildete sich Torf. Der weitere Entzug von Sauerstoff, Stickstoff, Wasser und Wasserstoff und die relative Erhöhung des Kohlenstoffgehalts führte zur Entstehung der Kohlen.

Die Plattentektonik

Die Plattentektonik ist eine in den sechziger Jahren des 20. Jahrhunderts entstandene Theorie, nach der die Erdkruste und Teile des oberen Erdmantels aus verschiedenen kleineren und größeren Platten bestehen, die sich auf der Fließzone (Asthenosphäre) gleitend bewegen. Nach dieser Theorie geht die Verschiebung der Platten von den großen Mittelozeanischen Rücken aus. Aus deren Riftzonen („rift valleys") tritt basisches Magma/Lava aus. Auf diese Weise wird ständig neue ozeanische Erdkruste gebildet. Die neugebildete Kruste wird symmetrisch nach beiden Seiten verfrachtet und verschiebt damit auch kontinentale Krustenabschnitte. An ihrem Rand kann die ozeanische Kruste in so genannte Subduktionszonen abtauchen. Diesen Vorgang bezeichnet man als Subduktion.

Die Theorie der Plattentektonik wird mithilfe geophysikalischer Methoden ständig überprüft und weiterentwickelt. Eines der weltweit bedeutendsten geowissenschaftlichen Forschungsprojekte der neunziger Jahre war das „Kontinentale Tiefenbohrprogramm" (KTB). Im Rahmen des KTB wurde in Windischeschenbach (in der Oberpfalz) eine der tiefsten Bohrungen niedergebracht.

Grundbegriffe

Sonnensystem
Planet
Meteorit
Erdkruste
Erdmantel
Lithosphäre
Asthenosphäre
Erdkern
Riftzone

Minilexikon
Erklärung wichtiger Begriffe

alternative Energiequelle (Seite 70)
(„alternativ" bedeutet hier „anders", andere Möglichkeit) Neben der Gewinnung von Energie durch → fossile Energieträger gibt es auch andere Möglichkeiten, Energie zu erzeugen. Alternative Energiequellen sind die unerschöpflichen und umweltverträglichen Energiequellen, z.B. Sonne-, Wind- und Wasserkraft.

Asthenosphäre (Seite 167)
Zone geringer Materialfestigkeit im oberen → Erdmantel unterhalb der Lithosphäre. Die A. liegt in einer Tiefe von 100 bis 300 km Tiefe. Auf der A. gleiten große → Lithosphäreplatten.

Außenhandel (Seite 33)
Handelsbeziehungen (Importe und Exporte) eines Landes mit anderen Staaten.

Betriebssystem (Seite 83)
entsteht aus der Kombination von Ackerbau und Viehhaltung. Nach natürlichen und wirtschaftlichen Standortbedingungen bilden sich unterschiedliche Produktionsschwerpunkte heraus.

Bevölkerungsdichte (Seite 32)
Durchschnittliche Zahl der Einwohner eines Raumes je Flächeneinheit. Sie wird meist als Zahl der Einwohner je Quadratkilometer angegeben.

Binnenmeer (Seite 18)
fast vollständig von den Weltmeeren abgetrennter Meeresteil (z.B. Ostsee).

Brackwasser (Seite 20)
das schwach salzige Gemisch aus Fluss- und Meerwasser im Mündungsbereich von Flüssen, in abgetrennten Meeresbuchten oder in → Randmeeren.

Bruttosozialprodukt (BSP) (Seite 146)
Wert aller Güter und Dienstleistungen, die innerhalb eines Jahres in einem Raum (z.B. Staat) erwirtschaftet werden.

City (Seite 100)
1. Das Wort kommt aus dem Englischen und bezeichnet ursprünglich das Gebiet einer Stadt mit eigener Verwaltung. Im englischen Sprachraum wird jede größere Stadt als City bezeichnet (New York City – die Stadt New York). 2. Der Begriff „City" bezeichnet das Geschäfts- und Verwaltungsviertel in der Stadtmitte einer Großstadt. Hier gibt es viele Arbeitsplätze, aber kaum Wohnungen. Häufig ist ein Teil der City als Fußgängerzone ausgewiesen (City von New York = ein Teil des Stadtteils Manhattan mit Hochhäusern, Geschäften, Theatern und Kinos).

Dienstleistungsgesellschaft (Seite 47)
Gesellschaft, in der der größte Teil der Beschäftigten im tertiären Sektor arbeitet. Dieser Sektor erbringt auch den größten Anteil am BIP. Dies trifft auf die meisten Industrieländer zu.

Diversifikation (Seite 47)
Maßnahmen zum Abbau von Monostrukturen. Dadurch versucht man die Abhängigkeit von nur einem Produkt zu vermindern.

Emission (Seite 17)
Abgabe von Stoffen, die die Umwelt belasten. Verursacher sind z.B. Industriebetriebe, Kraftwerke und Kraftfahrzeuge. Zu den Emissionen rechnet man auch Geräusche.

Entwicklungshilfe (Seite 36)
finanzielle, technische und personelle Hilfe, die den Entwicklungsländern von den Industriestaaten gegeben wird.

Entwicklungsstrategie (Seite 148)
Kombination von Maßnahmen zur → Entwicklungshilfe, von der man sich besonders große Erfolge für die Entwicklung eines Landes erhofft.

Erdkern (Seite 167)
innerster Teil des Erdkörpers, beginnt ab 2900 km Tiefe. Es wird ein äußerer und innerer Kern unterschieden. Der E. besteht hauptsächlich aus Molekülen schwerer Metalle, über seine Entstehung und Entwicklung sowie seine genaue Beschaffenheit existieren verschiedene Theorien, die sich z.T. widersprechen.

Erdkruste (Seite 166)
äußere Schale des Erdkörpers. Die kontinentale Kruste weist eine Dicke von 30 bis 50 km auf, die ozeanische Kruste ist hingegen nur 5 bis 10 km dick. Beide Krustenabschnitte unterscheiden sich außerdem hinsichtlich ihrer Gesteinszusammensetzung.

Erdmantel (Seite 167)
zwischen → Erdkruste und → Erdkern gelegene Schale des Erdkörpers. Es wird zwischen einem oberen und einem unteren Erdmantel unterschieden. Die Grenze liegt bei 700 km.

Euregio (Seite 130)
Regionen an den Binnen- und Außengrenzen der → EU, in denen grenzüberschreitende Zusammenarbeit vereinbart und praktiziert wird, z.B. auf dem Gebiet des Tourismus, der Umwelt, des Sports, der Kultur u.a.

Europäische Union (EU) (Seite 108)
Zusammenschluss von fünfzehn europäischen Staaten mit dem Ziel der wirtschaftlichen und politischen Vereinigung.

Europarat (Seite 108)
1949 gegründetes multinationales europäisches Gremium, das die Aufgabe der Zusammenarbeit auf allen Gebieten verfolgt. Der E. schloss z.B. die Europäische Konvention zum Schutz der Menschenrechte und Grundfreiheiten ab. Nach Beitritt Russlands (1996) hat der E. 39 Mitglieder. Entscheidungen werden auf Außenministerebene getroffen. Amtssitz ist Straßburg.

Flurbereinigung (Seite 78)
Oftmals bestand früher der Besitz eines Landwirts aus vielen kleinen Feldern, die weit verstreut in der Feldflur lagen. Durch Zusammenlegung vieler kleiner Felder zu einem großen Feld wurde die Arbeit des Bauern sehr erleichtert. Das Zusammenlegen der Felder zu größeren Ackerflächen bezeichnet man als Flurbereinigung – manchmal wurden dann auch gleich neue Wege mit angelegt.

fossiler Energieträger (Seite 56)
Aus der erdgeschichtlichen Vergangenheit stammende Ener-

gierohstoffe. Dazu zählen vor allem Torf, Braunkohle, Steinkohle, Erdöl und Erdgas.

Genossenschaft (Seite 89)
Zusammenschluss mehrerer Personen mit dem Ziel, die gemeinsamen wirtschaftlichen Interessen zu realisieren und möglichst hohe Gewinne zu erzielen.

Grundstoffindustrie (Seite 90)
Industriegruppe in der Industriestatistik. Dazu zählen diejenigen Industriezweige, in denen Grundstoffe eine Weiterverarbeitung erfahren.

Human Development Index (HDI) (Seite 146)
Methode, nach der die Vereinten Nationen seit Beginn der neunziger Jahre den Entwicklungsstand der Länder berechnen. Dabei werden die Lebenserwartung, der Anteil der Analphabeten, die durchschnittliche Dauer des Schulbesuchs und die Kaufkraft der Bevölkerung (errechnet aus dem BIP) berücksichtigt. Endresultat ist eine Rangfolge der Länder der Erde.

Huerta (Seite 120)
Industriegruppe in der Industriestatistik. Dazu zählen diejenigen Industriezweige, in denen Grundstoffe eine Weiterverarbeitung erfahren.

Immission (Seite 16)
Das Einwirken von Schadstoffen in gasförmiger, fester oder im Niederschlagswasser gelöster Form auf Menschen, Tiere, Pflanzen und Gestein.

Infrastruktur (Seite 90)
Dazu zählen alle Einrichtungen, die zur Entwicklung eines Raumes notwendig sind, wie Verkehrswege, Wasser- und Stromleitungen, Entsorgungsanlagen, Bildungs- und Erholungseinrichtungen, Krankenhäuser.

Intensivhaltung (Seite 86)
Massentierhaltung in stark automatisierten Ställen (z.B. Futterzufuhr).

Intensivkultur (Seite 120)
Pflanzenbau, der mit hohem Arbeits- und Kapitalaufwand und infolgedessen hohen Ernteerträgen betrieben wird.

Investitionsgüterindustrie (Seite 90)
Industriezweige, die Produkte mit einer langen Lebensdauer herstellen. Solche Produkte sind z.B. Autos, Maschinen, Werkzeuge, Produktionsanlagen oder elektronische Installationen. Zumeist dienen die Investitionsgüter der Herstellung anderer Produkte, u.a. Industrierobotern. Sie bilden daher eine Investition in die Produktion.

Joint Venture (Seite 138)
Zusammenarbeit von Unternehmen aus verschiedenen Ländern um ein gemeinsames Projekt durchzuführen. Anfang der neunziger Jahre entstanden Joint Ventures vor allem zwischen westlichen Industriestaaten und osteuropäischen Ländern.

Klimaanomalie (Seite 64)
kurzzeitig (einige Jahrzehnte bis Jahrhunderte) auftretende Abweichung von den durchschnittlichen Klimawerten einer Region. Bekannt sind z.B. Temperatursprünge von mehreren Grad innerhalb eines Zeitraums von wenigen Jahrzehnten. Die Folgen können verheerend sein. Als Ursachen kommen vor allem gewaltige Vulkanausbrüche und kosmische Einwirkungen infrage. Als eine solche, jedoch relativ schwache Abweichung kann die sog. Kleine Eiszeit (Ende 16. Jh. bis Mitte 19. Jh.) angesehen werden, die nachweislich mit einer Ausdehnung der Gletscher verbunden war.

Konsumgüterindustrie (Seite 90)
Gruppe von Industriezweigen, die Konsumgüter (z.B. Möbel, Bekleidung, Haushaltsgeräte) herstellen.

Lithosphäre (Seite 167)
Gesteinshülle der Erde. Zur L. gehören die → Erdkruste und die obere, feste Schicht des → Erdmantels.

Meteorit (Seite 158)
Ein Meteorit ist ein Gesteinsbrocken, der im Sonnensystem umherfliegt und von der Anziehungskraft der Erde eingefangen wird. Er rast mit einer Geschwindigkeit von bis zu 70 km/sec auf die Erde zu. Dabei wird die Luft so heiß, dass die meisten Meteoriten zu glühen anfangen und schließlich schmelzen.

Migration (Seite 122)
Wanderung einzelner Menschen oder von Menschen in Gruppen, die mit einem Wechsel des Wohnsitzes verbunden ist. Gründe für die Migration können die Suche nach einem Arbeitsplatz, aber auch die Flucht vor Hunger und Krieg sein.

Oberzentrum (Seite 100)
Zentraler Ort oberster Stufe mit der höchsten Bedeutung in seinem Einzugsgebiet, der seine Bevölkerung mit hoch- und höchstwertigen Gütern und Dienstleistungen versorgt. In einem O. findet man z.B. zahlreiche Spezialgeschäfte und Warenhäuser, obere Behörden, Spezialkliniken, Hochschulen, Museen, Theater sowie ein umfangreiches Angebot an Arbeitsplätzen. Darüber hinaus sind in einem O. Einrichtungen der Mittel- und Unterzentren vorhanden.

NIC (Seite 42)
Abkürzung für Newly Industrializing Country. Bezeichnung für ein Land, das durch ein rasches Wachstum der Industrie gekennzeichnet ist. Ein solches Land ist kein Entwicklungsland mehr und bereits so weit entwickelt, dass es fast ein Industrieland ist. Beispiele für NICs sind die sogenannten vier kleinen Tiger.

Offshore (Seite 114)
(engl. küstenfern) Verfahren zur Förderung von Erdöl und Erdgas vor der Küste auf dem das Festland umgebenden Schelf oder in größeren Binnengewässern. Gefördert wird meist von Bohrinseln oder von Schiffen aus.

Ökosystem (Seite 6)
Wirkungsgefüge zwischen Lebewesen verschiedenster Arten und ihrer anorganischen Umwelt.

Ozonloch (Seite 62)
Man spricht von einem Ozonloch, wenn die → Ozonschicht teilweise zerstört und so dünn geworden ist, dass ein größerer Teil der UV-Strahlung bis zur Erdoberfläche gelangt.

Ozonschicht (Seite 62)
Schicht der Atmosphäre in einer Höhe von 20 bis 30 Kilometern. Hier kommt das Gas Ozon in höchster Konzentration vor. Die Ozonschicht schützt die Erde vor der gefährlichen ultravioletten Strahlung der Sonne. Der Mensch zerstört die Ozonschicht z. B. durch Flugzeugabgase und die Verwendung von Kühlmitteln sowie Treibmitteln in Spraydosen.

Planet (Seite 158)
Himmelskörper, der sich auf einer Umlaufbahn um die Sonne bewegt. Er leuchtet nicht selbst, sondern nur im Licht der Sonne. Die Sonne hat neun Planeten, einer davon ist die Erde.

Plankton (Seite 9)
Lebensformengruppe und Lebensgemeinschaft von Organismen, die frei im Wasser schweben, mit fehlender oder allenfalls nur geringer Eigenbewegung. Das P. wird ausschließlich vom Wasser verfrachtet, es kann gegen die Strömung nicht ankämpfen. Unterschieden werden Phytoplankton (pflanzlich) und Zooplankton (tierisch). Das ozeanische Plankton umfasst vor allem Einzeller, Medusen, Quallen, Kleinkrebse, Flügelschnecken und Manteltiere. Im Schelfbereich ist es zusätzlich mit Larven von Hohltieren, höheren Krebsen, Muscheln und Fischen angereichert.

Planwirtschaft (Seite 88)
Eine Wirtschaftsordnung, in der alle wirtschaftlichen Vorgänge zentral gelenkt werden: Produktion, Verkehr, Handel und Verbrauch werden von staatlichen Stellen geplant (meistens Fünfjahrespläne). Preise und Löhne werden festgelegt. Die zentral gelenkte Planwirtschaft war in unterschiedlicher Form in allen sozialistischen Ländern anzutreffen. Sie gilt heute in den meisten dieser Länder als überholt.

Primärenergie (Seite 54)
Gesamtheit der Primärenergieträger (Kohle, Erdöl, Erdgas, Uran in unverarbeiteter, naturgegebener Form), aus denen Gebrauchsenergie in anwendungsgerechter Form erzeugt wird (Elektrizität, Dampf, Heißwasser, Koks, Kraftstoffe u.ä.).

Produktivität (Seite)
Verhältnis der Herstellungskosten zu den produzierten Mengen oder zum Produktionswert. Die Produktivität steigt, wenn bei gleichem Einsatz von Arbeit oder Kapital das Produktionsergebnis erhöht wird.

Randmeer (Seite 18)
Meeresteil, der überwiegend von Land umschlossen ist und nur einen mehr oder weniger schmalen Zugang zu einem Ozean hat oder dem vom Ozean durch eine Inselgruppe getrennt ist (z.B. Nordsee), auch Nebenmeer genannt.

regenerative Energie (Seite 70)
neben der Gewinnung von Energie in herkömmlichen Kraftwerken durch Verbrennung von Kohle, Erdöl und Erdgas (= nicht regenerierbare Energie) gibt es auch andere Möglichkeiten, Energie zu erzeugen. Dazu gehören die Gewinnung von Sonnenenergie und die Gewinnung von Wind- und Wasserkraft. R.E. sind unerschöpflich, ihre Nutzung schont die Umwelt.

Riftzone (Seite 169)
(engl. Spalte, Riss); Zentralgraben der mittelozeanischen Rücken, der zugleich Austrittstelle submariner vulkanischer Schmelzen ist.

Schelf, Schelfmeer (Seite 12)
Teil des Festlandssockels zwischen der Küste und einer Meerestiefe von ca. 200 m. Die heutigen Nebenmeere sind weitgehend Schelfmeere und wichtige Sedimentations-, Lebens- und Wirtschaftsräume.

schlanke Produktion (Seite 113)
Moderne Organisationsform von Industrieunternehmen nach japanischem Vorbild zur Herstellung von Verkaufsprodukten mit einem möglichst geringen Aufwand an Verwaltungs-, Personal- oder Lagerkosten.

Schlüsselindustrie (Seite 112)
Industriezweig, deren Produkte eine Grundlage für weitere Industriezweige sind (z.B. die Stahlindustrie für den Maschinenbau) oder für dessen Produkte eine Reihe von Zulieferbetrieben nötig sind (z.B. Automobilindustrie). Eine Schlüsselstellung nehmen solche Industriezweige auch hinsichtlich des Produktionswertes und/oder der Zahl der Arbeitsplätze innerhalb der Wirtschaft einer Region bzw. eines Landes ein.

Seifen (Seite 12)
Ablagerungen von sandigem Feinmaterial und/oder Geröll mit abbauwürdiger Konzentration an Schwermineralien (z.B. Gold-, Zinnstein-, Zirkonseife) oder Diamanten. Seifen entstehen bei der Gesteinsverwitterung durch Anreicherung, wenn die weniger widerstandsfähigen Gesteinskomponenten zerstört und ausgeräumt werden. S. treten in Flüssen und Seen auf, kommen aber auch im Meer vor. Sie können sich in der Brandungszone in Form von Brandungssäumen bilden.

Sekundärenergie (Seite 54)
Bezeichnung für die aus → Primärenergie gewonnene Gebrauchsenergie (Elektrizität, Dampf, Heißwasser, Koks, Kraftstoffe u.ä.).

Sonnensystem (Seite 158)
Die Sonne mit ihren → Planeten und deren Trabanten bildet das Sonnensystem. Unser Sonnensystem umfasst neun Planeten mit zusammengenommen 31 Monden. Der Mittelpunkt unseres Sonnensystems ist die Sonne.

Stadtviertel (Seite 99)
Eine Stadt besteht aus verschiedenen Vierteln oder Gebieten. Sie unterscheiden sich durch ihre Nutzung, das Aussehen der Gebäude, den Verlauf der Straßen. Man unterscheidet die → City, Wohngebiete, Erholungsgebiete, Industrie- und Gewerbegebiete.

Strukturwandel (Seite 78)
Um wirtschaftlichen Krisen vorzubeugen, strebt man eine möglichst vielseitige Wirtschaftsstruktur an. Die Umstellung einer einseitigen Wirtschaftsstruktur auf eine Wirtschaft, die von vielen Branchen getragen wird, nennt man Strukturwandel. In der Landwirtschaft ist der Strukturwandel durch → Flurbereinigung und Veränderung der Dörfer zu Wohngemeinden oder Fremdenverkehrsorten gekennzeichnet.

Subsistenzlandwirtschaft (Seite 154)
Wirtschaftsform, die nur der Eigenversorgung dient. Sie ist in den Entwicklungsländern verbreitet.

Treibhauseffekt (Seite 64)
Der natürliche Treibhauseffekt verhindert, dass sich die Erde zu stark abkühlt. Die Atmosphäre lässt die Strahlung der Sonne zur Erde durch. Die von der Erde zurückgestrahlte Wärme wird von der Atmosphäre jedoch zurückgehalten wie beim Glasdach eines Treibhauses und wiederum zur Erde zurückgeworfen. Der Treibhauseffekt wird vom Menschen dadurch verstärkt, dass zum Beispiel bei Verbrennungsvorgängen Kohlendioxid in die Atmosphäre entweicht. Die Folge kann eine weltweite Zunahme der Temperaturen auf der Erde sein.

ultraviolette Sonnenstrahlung (Seite 62)
UV-Strahlung; elektromagnetische Strahlung mit Wellenlängen zwischen 100 und 380 nm. UV-Strahlung hat eine starke biologische Wirkung – sie führt z.B. zur Bräunung der Haut, ruft aber auch Krebs und Mutationen hervor (sprunghafte Veränderungen des Erbgutes).

Umwelttechnologie (Seite 41)
alle zum Schutz der Natur und

ihrer Ressourcen auf dem aktuellen Stand von Wissenschaft und Technik entwickelten technischen und infrastrukturellen Anlagen und Geräte.

Viehbesatz (Seite 84) wird errechnet aus der Summe der Vieheinheiten dividiert durch die landwirtschaftliche Nutzung des Betriebes. Der Viehbesatz lässt Rückschlüsse auf das → Betriebssystem und den Nährstoffkreislauf zu.

Wirtschaftskrise (Seite 44) Wenn die Wirtschaft eines Landes längere Zeit nicht mehr wächst, spricht man von einer Wirtschaftskrise. Merkmale einer Wirtschaftskrise sind z.B. fehlende Aufträge für die Industrie, Rückgang der Exporte, Entlassungen von Arbeitnehmern.

Bildquellen:

Aerocamera, Rotterdam/NL: 15 M4; Agrarprodukte Ludwigshof: 88 M2; argus Fotoarchiv, Hamburg: 18 M1 (Andrews); Amt für Lübeck-Werbung und Tourismus, Lübeck: 99 M3+M5; Archiv für Kunst und Geschichte, Berlin: 98 M2; Arend, J., Hamburg: 27 M2; Baaske, W., München: 67 M4; BASF, Ludwigshafen: 82 M2, M3, 83 M6-M8; Bavaria, Gauting: 15 M5 (TCL), 52/53 (Erdkugel: PLI), 67 M2 o.l. (Schmied), 135 M2 (Wiersma); Berger, M., Braunschweig: 144/145; Bensch, Köln: 38 M1; Beyer, R.; Braunschweig: 107 u.r.; Bilderberg, Hamburg: 54 M2 (Grames); Blaank, R. Hamburg: 13 M3; Bølstad, T., N-Oslo: 67 M2 u.r.; Bronny, H., Castrop-Rauxel: 123 M4; Claas, Harsewinkel: 83 M5; Colditz, M., Halle: 106 o.l.; Demmrich, A., Berlin: 12 M1, 59 M4, 130 M1, 131 M2, 138 M3; Deutsche Luftbild, Hamburg: 76 beide; Dittrich, R., Braunschweig: 124 M1; dpa, Frankfurt/M.: 24 M1 (Agence France), 38 M2, 45 M2 (Parks), 58 M2 (Hoffmann), 62 M2, 152 M3 (Scheidemann); Druck- und Verlagshaus Bitter GmbH, Recklinghausen: 142 M1 (nach: Schmitz, K.: Bock auf Europa, 1986); Eck, T., Berlin: 76/77 Mitte; Esso AG, Hamburg: 4/5; Europäische Gemeinschaften, Luxemburg: 111 M5; Europäisches Parlament, Luxemburg: 110 M1; Faust-Ern, U., Düsseldorf: 100 M2; Focus, Hamburg: 63 M6 (Quirk/Wildlight), 123 M5 (Möller); Das Fotoarchiv, Essen: 151 b (Lentz), c (Stillings); Gardin, J., F-Riedisheim: 131 M2; GEO, Hamburg: 166 M1 (Everling); Globus Kartendienst, Hamburg: 42 M3, 43 M4-M5; 56 M1, 69 M5, 71 M6, 138 M1; Greenpeace, Hamburg: 41 M3; Grohe, M., Kirchentellinsfurt: 77 u. l.; Hachette, F-Paris: 164 M2; Heinemann, H., Braunschweig: 106 u.l.; Hofemeister, U., Diepholz: 72 M1-M2, 73 M4; IBA Emscher Park, Gelsenkirchen: 77 u.r. (Liedtke); IFA-Bilderteam, Taufkirchen: 118 M1 (Amberg); IMA, Hannover: 87 M5; Institut für angewandte Geowissenschaften (IFG), Offenbach: 133 M2; Jürgens, Berlin: 69 M4; Kaminske, V., Pfinztal: 167 M2; Kils, U., Kiel: 13 M3; Lade Fotoagentur, Frankfurt/M.: 33 M5 (Thompson), 71 M5; Lange, J., Braunschweig: 137; Lüftner, H., Dortmund: 60 M2; Marcus, F., NL-Nijmegen: 148; Mauritius, Mittenwald: 84 M1 (Lehn), 150 M2 (Phototheque), 151 a (Baczat); Mazda, J-Hiroshima: 30/31; Milbradt, J., Velburg: 78 M2, 79 M6; Müller, K., Hamburg: 136 u.l.; Museum für Naturkunde der Humboldt-Universität, Berlin: 159 M2; NRSC Limited, GB-Farnborough: 106/107 Mitte (NOAA AVHRR, Mosaikbild); Pandis Media, München: 67 M2 o.r.; Pauly, F., Wiesbaden: 103 u.; Picture Press, Hamburg: 24 M2 (Gebhardt); Reinhard-Tierfoto, Heiligenkreuzsteinach-Eiterbach: 85 M3; REM Labor, Universität Basel: 82 M4 (Guggenheim/Bader) mit Genehmigung des Schweizerischen Bundes für Naturschutz (SBN); Roberts, G.R., NZ-Nelson: 112 M2; Ryss, G., Mannheim: 38 M4; Schönauer-Kornek, S., Wolfenbüttel: 44 M1, 48 M1, 102, 103, 109 M3; Scholz, U., Gießen: 42 M2; Schulte-Kellinghaus, M., Grenzach: 132 M1; Schwanke & Raasch, Hannover: 159 M3; Six, R., Karlsruhe: 170 M1; Skoda Automobile Deutschland GmbH, Weiterstadt: 138 M2; Silvestris, Kastl: 20 M2 (Lane); Technologie-ZentrumDortmund GmbH, Dortmund: 94 M2; Thaler, U., Leipzig: 77 o., 82 M1, 107 o.r.; The Image Bank, München: 52/53 (Welle: King); Thetis, Hannover: 13 M4; Tony Stone Bilderwelten, München: 36 M2 (Murphy); TransFair, Köln: 153 M5; Transglobe Agency, Hamburg: 98 M1 (Elsen); Verkehrsverein Samtgemeinde Scharnebeck: 80 M1, 81 M5; Westfälisches Amt für Denkmalpflege: 59 M4; Wolter, J., Lohmar: 55 M3; Woods Hole, Ozeanografic Instution, USA: 164 M1; Zefa, Düsseldorf: Titel; Zeilsheimer Heimat- und Geschichtsverein, Zeilsheim: 102 u.

Dieses Buch entstand unter Mitwirkung folgender Autorinnen und Autoren:
Klaus Hell, Jürgen Heller, Uwe Hofemeister, Norma Kreuzberger, Thomas Michael, Fritz-Gerd Mittelstädt, Werner Moors, Friedrich Pauly, Hans-Jürgen Pröchtel, Christian Seeber, Walter Weidner, Ralf Wendt, Bernd Wienrich.